独角兽网校®
www.dujiaoshou.cn

独角兽法考应试宝典

民事诉讼法与仲裁制度

独角兽网校◎组编　　张进德◎编著

中国政法大学出版社

2022·北京

图书在版编目（ＣＩＰ）数据

独角兽法考应试宝典：全八册/独角兽网校组编. —北京：中国政法大学出版社，2022.3
ISBN 978-7-5764-0381-7

Ⅰ.①独… Ⅱ.①独… Ⅲ.①法律－中国－资格考试－自学参考资料 Ⅳ.①D920.4

中国版本图书馆 CIP 数据核字(2022)第 042734 号

出 版 者	中国政法大学出版社
地　　址	北京市海淀区西土城路 25 号
邮寄地址	北京 100088 信箱 8034 分箱　邮编 100088
网　　址	http://www.cuplpress.com (网络实名：中国政法大学出版社)
电　　话	010-58908285(总编室) 58908433（编辑部）58908334(邮购部)
承　　印	保定市中画美凯印刷有限公司
开　　本	787mm×1092mm　1/16
印　　张	185
字　　数	3840 千字
版　　次	2022 年 3 月第 1 版
印　　次	2022 年 3 月第 1 次印刷
定　　价	485.00 元（全八册）

CONTENTS 目 录

第一专题 民事诉讼与民事诉讼法

【本专题复习建议】

本专题不是考试重点章节，考生需要掌握的知识点为：

1. 民事纠纷的解决方式包括和解、调解、仲裁和诉讼。民事诉讼法的程序包括一审、二审、再审程序，以及特别程序、督促程序、公示催告程序和执行程序，其中只有一审、二审和再审程序是解决民事权利义务纠纷的，称之为诉讼程序，而其他的特别程序、督促程序、公示催告程序以及执行程序均不解决纠纷，并不是诉讼程序。

2. 民事诉讼法的性质，即民事诉讼法属于基本法、部门法、程序法和公法；以及民事诉讼法的效力，即在中国进行民事诉讼必须遵守中国的民事诉讼法。

知识体系

民事纠纷及纠纷解决方式	民事纠纷	平等主体之间因财产、人身关系发生的争议 特点：主体的平等性→民事诉讼中诉讼权利平等原则、辩论原则 权利的可处分性→民事诉讼中的处分原则、诉讼和解、诉讼调解	
	纠纷解决方式	和解	争议方当事人就争议问题协商、达成协议而消灭争议
		调解	争议方当事人在第三人主持下达成协议，而消灭争议
		仲裁	争议方当事人将争议提交仲裁机构进行裁决
		诉讼	由法院代表国家行使审判权，依法审理和解决民事争议
民事诉讼法	性质	基本法	角度：法律地位
		部门法	角度：调整的社会关系
		程序法	角度：内容
		公法	角度：公法和私法的划分
	效力	对人	中华人民共和国国籍的公民、法人和其他组织；申请在我国进行民事诉讼的外国人、无国籍人以及外国企业和组织
		地域	中国领域内，包括：领空、领海、领土以及领土的延伸部分，即我国驻外使领馆、航行或停泊于国外或公海上的我国飞行器或船舶等；凡居住于中国领域内的人，不管其国籍如何，均适用民事诉讼法
		对事	主要是平等主体之间的民事争议，也包括一些非民事争议的案件

考点讲解

一、民事诉讼的概念

民事诉讼是指法院在当事人和其他诉讼参与人的参与下，按照法律规定的程序，审理和解决民事案件的诉讼活动以及在活动中产生的各种法律关系的总和。其本质在于解决民事纠纷，这一点与特别程序、督促程序、公示催告程序相区别；其解决纠纷的方式在于国家审判权的行使，这一点与人民调解、仲裁等程序相区别。

二、民事纠纷的解决途径

1. 和解：纠纷当事人就民事纠纷自行协商并达成协议，从而消灭争议。当事人达成的执行和解协议，具有合同的效力。诉讼和解与仲裁和解，法律尚未赋予其合同效力。

2. 调解：（此处调解仅指诉讼外的调解，不包括法院调解）由第三方（调解组织）就纠纷对双方当事人进行调停、说和，从而解决纠纷。注意，调解达成的协议不具有强制执行力，但是具有法律效力，其效力类似于合同，对双方都有法律上的约束力。经人民调解达成的人民调解协议，双方当事人可以共同到调解委员会所在地的基层人民法院申请司法确认，经司法确认的人民调解协议，具有强制执行力。

注意：1. 诉讼外调解没有次数限制，调解不成可以再次调解。

2. 当事人之间的纠纷经人民调解委员会或者其他依法设立的调解组织调解达成协议后，一方当事人不履行调解协议，另一方当事人向人民法院提起诉讼的，应以对方当事人为被告。

3. 仲裁：财产纠纷双方当事人达成仲裁协议，将纠纷提交仲裁委员会予以裁决。仲裁机构的性质为民间组织，但是其所作裁决书具有法律约束力，并且具有强制执行力。

4. 民事诉讼：通过人民法院在平等主体之间行使国家审判权，解决平等主体之间的民事权利义务纠纷。人民法院作出的生效裁判，具有既判力；给付内容的裁判，具有强制执行力。

三、民事诉讼法的属性

1. 基本法。区分标准：根据民事诉讼法在法律体系中的地位来看，民事诉讼法地位仅次于宪法，属于基本法。

2. 部门法。区分标准：根据民事诉讼调整的社会关系来看，民事诉讼法调整的民事诉讼关系是社会关系中具有自身特点的一类社会关系，民事诉讼法属于部门法。

3. 程序法。区分标准：根据民事诉讼法的内容来看，调整的主要是程序问题属于程序法；程序法对应的概念是实体法。

4. 公法。区分标准：从公法与私法的划分来看，民事诉讼法规范的是法院和当事人之间的关系，涉及国家审判权的行使，属于公法调整的范围。

第二专题

诉的基本理论

【本专题复习建议】

本专题是每年必考专题之一，主要考点有三个：诉讼标的，诉的分类和反诉。

1. 关于诉讼标的，掌握与诉讼请求的区别；以及诉讼标的、诉讼请求变更后人民法院的处理。

2. 关于诉的分类，根据原告的诉讼请求，将诉分为三类，即确认之诉、给付之诉和形成之诉。其中确认之诉是要求法院确认某种法律关系是否存在；给付之诉要求法院判决对方履行一定义务，给付的内容包括财物和行为，行为有可能是积极的作为也有可能是消极的不作为；形成之诉要求法院变更或者消灭某种既存的法律关系。

3. 关于反诉，主要考点在于三方面：一是反诉的要件，即反诉的主体、管辖、提起时间、牵连关系、适用程序；二是对反诉的理解，即反诉是一个"独立的诉"，关于"独立的诉"主要有两方面的考查，一方面考查反诉的判断，即反诉与反驳的区分，另一方面，既然反诉是一个独立的诉，所以案件中有两个诉，原告告被告叫本诉，被告告原告叫反诉，本、反诉相互独立；三是对反诉的处理，在第一审程序中与本诉合并审理，第二审程序中先行调解，调解不成，告知另诉。如果双方当事人同意交由第二审法院一并处理的，第二审人民法院可以一并裁判。

此外，还应当注意在发回重审时，诉讼请求变更、提起反诉的，人民法院的处理。

知识体系

诉的要素	诉的主体	双方当事人，因民事权利义务发生争议，而以自己名义在法院参加诉讼的人；不包括第三人		
	诉讼标的	法院裁判的对象，当事人发生争议并请求法院作出裁判的**民事法律关系**		
	诉的理由	当事人所依据的事实与法律		
概念区分	诉讼标的	当事人发生争议并要求法院作出裁判的**民事法律关系**		
	诉讼标的物	诉讼标的（民事法律关系）指向的具体对象		
	诉讼请求	原告基于该诉讼标的（民事法律关系）要求法院进行审理的具体实体请求		
诉的分类	确认之诉	请求确认与被告间是否存在某种民事法律关系	积极确认之诉	要求法院确认法律关系存在或有效
			消极确认之诉	要求法院确认法律关系不存在或无效

续表

给付之诉	要求法院判令被告履行一定的义务	财物的给付	
		行为的给付	积极的给付之诉；即作为
			消极的给付之诉；即不作为
变更之诉	要求法院改变或者消灭既存的民事法律关系，也称形成之诉		
反诉	概念	在诉讼程序进行中，本诉被告针对本诉原告向法院提出的**独立的诉**	
	要件	主体	本诉的被告向原告提出
		时间	**一审法庭辩论终结前；二审中也可以提出**
		牵连	本反诉之间应当具有牵连关系
		管辖	向受理本诉的法院提出，且受诉法院有管辖权（牵连管辖）
		程序	与本诉适用同一程序
	处理	一审	合并审理
		二审	在二审中提出反诉的——调解，调解不成，告知另行起诉 但当事人同意由二审法院一并审理的除外（重点掌握）

◎ 考点讲解

一、诉的要素

1. 当事人。（详见第五专题）

2. 诉讼标的：当事人之间发生争议，并请求法院作出裁判的实体法律关系。

3. 诉的理由，是指原告起诉并提出诉讼请求在事实和法律上的依据。

★提　示　注意掌握诉讼标的与诉讼请求的区别：

①诉讼标的：是指当事人之间发生争议，并请求法院作出裁判的实体法律<u>关系</u>；在法考中，考生掌握诉讼标的是当事人之间的实体法律关系即可；

②诉讼请求：当事人基于实体法律关系（诉讼标的）而请求法院进行审理的具体的实体请求。

【经典真题】

例1（2015年卷三37题）李某驾车不慎追尾撞坏刘某轿车，刘某向法院起诉要求李某将车修好。在诉讼过程中，刘某变更诉讼请求，要求李某赔偿损失并赔礼道歉。针对本案的诉讼请求变更，下列哪一说法是正确的？[1]

A. 该诉的诉讼标的同时发生变更

B. 法院应依法不允许刘某变更诉讼请求

---

〔1〕 2015年卷三37题答案为：D

C. 该诉成为变更之诉

D. 该诉仍属给付之诉

【解析】本题考查人民法院对诉讼请求的变更的处理以及诉讼请求的变更与诉的种类的关系。本案中诉讼标的是李某驾车撞坏刘某轿车的侵权关系，刘某起诉要求李某修车是诉讼请求，属于给付之诉。后刘某要求李某赔偿损失并赔礼道歉，仍然是基于前面的侵权关系，因此诉讼标的没有变化，仅是诉讼请求发生变化。变更后的诉讼请求，仍为给付之诉。人民法院对于诉讼请求的增加、变更，只要在法定的期间内提出，均应准许。所以D项正确。

▶★提　示　诉的种类是以诉讼请求的性质来判断的，诉讼请求的变更，只有涉及性质发生变化，才会影响诉的种类。例如，由要求继续履行合同变更为解除合同，此时，该诉由给付之诉变为变更之诉。

例2（2011年卷三37题）甲因乙久拖房租不付，向法院起诉，要求乙支付半年房租6000元。在案件开庭审理前，甲提出书面材料，表示时间已过去1个月，乙应将房租增至7000元。关于法院对甲增加房租的要求的处理，下列哪一选项是正确的？[1]

A. 作为新的诉讼受理，合并审理　　　B. 作为诉讼标的的变更，另案审理

C. 作为诉讼请求增加，继续审理　　　D. 不予受理，告知甲可以另行起诉

【解析】本题考查诉讼标的和诉讼请求的区分。给付房租为诉讼请求，甲将房租增加则是诉讼请求的增加。而请求变更前后，本案的诉讼标的均为甲、乙之间的房屋租赁合同关系，没有发生变化，所以选择C选项。

二、诉的分类

根据原告的诉讼请求将诉分为三类：即确认之诉、给付之诉和形成之诉（又称为变更之诉）。

1. 确认之诉：原告请求法院确认与被告之间是否存在某种法律关系的诉，进一步分为积极的确认之诉与消极的确认之诉。原告请求法院确认与被告存在某种法律关系的为积极的确认之诉，如请求法院确认婚姻关系有效，确认合同有效等；原告请求法院确认与被告之间不存在某种法律关系的为消极的确认之诉，如请求法院确认婚姻关系无效，确认合同无效等。

2. 给付之诉：原告请求法院判令被告履行一定义务的诉。

▶★提　示　给付之诉中给付的内容可能是财物，如给付价款、交付货物等，也有可能是行为。如果给付的内容是行为的话，可以是积极的作为，如赔礼道歉，也可以是消极的不作为，如停止侵权。

3. 形成之诉：请求法院消灭或者变更某种既存的法律关系，又称之为变更之诉。如解除合同，离婚等，即要求法院消灭既存的合同关系、婚姻关系等。

例：股东起诉解散公司是什么诉？

答：股东起诉解散公司，其诉讼请求是消灭股东与公司之间既存的权利义务关系，为形成之诉。

▶★提　示　给付之诉、形成之诉与确认之诉的关系问题。在给付之诉和形成之诉中往

---

〔1〕　2011年卷三37题答案为：C

往含有确认的内容，如给付之诉中要求履行合同，前提是要确认合同关系存在，如在形成之诉中要求离婚，前提是要确认婚姻关系存在；但是请考生注意，只要原告提出了给付或者变更、消灭的请求，就是给付之诉或形成之诉，不再是确认之诉，因为确认之诉只要求确认，不能有给付、变更、消灭的请求。

【经典真题】

(2013 年卷三 37 题) 关于诉的分类的表述，下列哪一选项是正确的? [1]

A. 孙某向法院申请确认其妻无民事行为能力，属于确认之诉

B. 周某向法院申请宣告自己与吴某的婚姻无效，属于变更之诉

C. 张某在与王某协议离婚后，又向法院起诉，主张离婚损害赔偿，属于给付之诉

D. 赵某代理女儿向法院诉请前妻将抚养费从每月 1000 元增加为 2000 元，属于给付之诉

【解析】 诉的分类仅是针对诉讼案件进行的，对于特别程序、督促程序以及公示催告程序审理的案件，不属于诉的分类中的诉。A 项的案件属于特别程序审理的案件，因此不属于某种类型的诉，A 项错误；变更之诉，又称形成之诉，是指原告请求法院以判决改变或者消灭既存的某种民事法律关系的诉。确认之诉，是指原告请求法院确认与被告之间是否存在某种民事法律关系的诉。在本选项中，婚姻无效是自始无效的，因此如果被宣告无效，那么周某与吴某之间是自始不存在法律关系的。所以，宣告婚姻无效实为确认原被告之间不存在婚姻关系，而不是改变，属于确认之诉。因此，B 项错误。张某在与王某协议离婚后，又向法院起诉，主张离婚损害赔偿，属于给付之诉，C 项正确；赵某代理女儿向法院诉请前妻将抚养费从每月 1000 元增加为 2000 元，该诉强调的是抚养费用的增加与否，非给付与否，因此属于变更之诉更为准确，D 项错误。本题选项为 C。

★提示 一个法律关系包含主体、客体和内容三个方面，变更之诉也包括三个方面：

1. 对主体的变更。
2. 对客体的变更。
3. 对内容的变更。

三、反诉

1. 概念：反诉是指在诉讼进行中，本诉被告对本诉原告向法院提出独立反请求。

2. 构成：

(1) 主体：由本诉的被告向原告提出。即反诉的当事人必须是本诉的当事人。双方当事人不增加、不减少，只是诉讼地位互换。

(2) 本、反诉之间有牵连关系。

例：张三将李四打伤，李四起诉主张医疗费，在诉讼中，张三提出在半年前李四曾向张三借款 5 万元，要求偿还。张三的主张不构成反诉，因为该借款与人身损害赔偿没有牵连性。

---

[1] 2013 年卷三 37 题答案为：C

★提示 《民诉司法解释》第233条对反诉与本诉的牵连性做了明确的规定，即诉讼标的及诉讼请求所依据的事实、理由有关联，具体地说，即反诉与本诉的诉讼请求基于相同法律关系、诉讼请求之间具有因果关系，或者反诉与本诉的诉讼请求基于相同事实等。

（3）时间：在本诉诉讼过程中提出。

★提示 ①《民诉司法解释》第232条明确：反诉应当在**一审法庭辩论终结前**提出。第一审法院将本诉与反诉合并审理。

②二审中提出反诉的处理：二审法院应当进行调解，调解不成，告知另行起诉。

但"双方当事人同意由第二审人民法院一并审理的，第二审人民法院可以一并裁判。"（《民诉司法解释》第328条）

（4）管辖：反诉应当向受理本诉的法院提出，且受理本诉的法院对反诉有管辖权。

（5）程序：本、反诉应当适用同一程序审理。

★提示 关于独立的诉要注意以下几点：

①反诉与反驳的区分：区分关键在于反诉是一个独立的诉，而反驳并非独立的诉，只是一种防御主张。最简单的判断方法是假设如果没有本诉存在，看被告对原告的主张能否单独向法院提起一个诉讼，如果能则该主张是一个独立的诉，构成反诉；如果不能，说明该主张不是一个独立的诉，仅仅是一种反驳的主张而已，不构成反诉。

②反诉虽然以本诉为前提，但是独立于本诉存在，不因本诉的撤销而撤销。

③反诉虽然是一个独立的诉，从理论上讲可以独立于本诉另行提起，但有些反诉必须与本诉一并提出，另行诉讼有可能构成重复起诉，而不被人民法院受理。即有些反诉是强制反诉。

例：原告要求被告给付，被告要求确认法律关系无效。

【解析】如果此时被告向其他法院另行起诉要求确认法律关系无效，因为符合《民诉司法解释》第247条明确规定的重复起诉标准，即①后诉与前诉的当事人相同；②后诉与前诉的诉讼标的相同；③后诉的诉讼请求实质上否定前诉裁判结果。人民法院对被告的该项起诉，裁定不予受理；已经受理的，裁定驳回起诉。因此，属于后诉的诉讼请求实质上否定前诉裁判结果的反诉必须在本诉过程中一并提出，而不能另行诉讼。

【经典真题】

（2014年卷三43题）刘某与曹某签订房屋租赁合同，后刘某向法院起诉，要求曹某依约支付租金。曹某向法院提出的下列哪一主张可能构成反诉？[1]

A. 刘某的支付租金请求权已经超过诉讼时效

B. 租赁合同无效

C. 自己无支付能力

D. 自己已经支付了租金

【解析】本题通过反诉和反驳的区分考查反诉的判断。解题的关键在于反诉是一个独立的诉，而反驳不是。即反诉的主张可以独立于本诉的主张而独立存在，通过一个简单的方法即可判断：假设没有原告的起诉，被告能否就自己的主张单独直接向法院起诉，如果

---

[1] 2014年卷三43题答案为：B

能，就是一个独立的诉，是反诉，如果不能，即为反驳。

首先，在没有原告起诉被告支付租金的情况下，被告不可能向法院提出该请求超过诉讼时效、自己没有支付能力或者已经支付过租金的主张，所以 ACD 选项显然必须是依赖于原告请求被告支付租金的请求而提出主张，并非独立的诉，不是反诉。而 B 选项中，就算没有原告起诉被告支付租金，被告也可以直接向法院提出一个消极的确认之诉，即请求法院确认合同无效，所以该主张是一个独立的诉，是反诉。所以本题选择 B。

四、发回重审时诉讼请求增加、变更以及提起反诉的处理

1. 二审发回重审当事人诉求变化的处理：二审裁定撤销一审判决发回重审的案件，当事人申请变更、增加诉讼请求或者提出反诉，第三人提出与本案有关的诉讼请求的，依照《民事诉讼法》第 143 条规定处理。（《民诉司法解释》第 251 条）

2. 再审发回重审当事人诉求变化的处理：《民诉司法解释》第 252 条规定，再审裁定撤销原判决、裁定发回重审的案件，当事人申请变更、增加诉讼请求或者提出反诉，符合下列情形之一的，人民法院应当准许：

（1）原审未合法传唤缺席判决，影响当事人行使诉讼权利的；

（2）追加新的诉讼当事人的；

（3）诉讼标的物灭失或者发生变化致使原诉讼请求无法实现的；

（4）当事人申请变更、增加的诉讼请求或者提出的反诉，无法通过另诉解决的。

注意：在再审发回重审时，对于当事人申请变更、增加的诉讼请求或者提出的反诉，除前三种情形之外，只有无法通过另诉解决的，才可以合并审理。

【经典真题】

（2015 年卷三 82 题）章俊诉李泳借款纠纷案在某县法院适用简易程序审理。县法院判决后，章俊上诉，二审法院以事实不清为由发回重审。县法院征得当事人同意后，适用简易程序重审此案。在答辩期间，李泳提出管辖权异议，县法院不予审查。案件开庭前，章俊增加了诉讼请求，李泳提出反诉，县法院受理了章俊提出的增加诉讼请求，但以重审不可提出反诉为由拒绝受理李泳的反诉。关于本案，该县法院的下列哪些做法是正确的？[1]

A. 征得当事人同意后，适用简易程序重审此案

B. 对李泳提出的管辖权异议不予审查

C. 受理章俊提出的增加诉讼请求

D. 拒绝受理李泳的反诉

【解析】本题考查二审发回重审时当事人增加诉讼请求、提起反诉人民法院的处理。首先，对于发回重审的案件，一律组成合议庭审理，不能适用简易程序审理，因此，A 选项错误；对于管辖权异议的提出，法律明确规定为第一审程序中递交答辩状期间，也即管辖权异议的提出，仅限于第一审程序，而不包括适用第一审程序重审的情形，B 选项正确；对于二审发回重审的案件，当事人申请变更、增加诉讼请求或者提出反诉，应当准予，并且合并审理。C 项正确，D 项错误。

---

[1]　2015 年卷三 82 题答案：BC

第三专题
基本原则与基本制度

> 本专题是必考章节，考生必须掌握辩论原则、诚信原则、处分原则以及合议制度、回避制度和公开审判制度。对于基本原则，主要结合案例分析考查，因此，需要在理解的基础上会运用；对于基本制度，主要掌握具体规定。

【本专题复习建议】

一、基本原则

1. 平等原则包括诉讼中当事人的诉讼权利义务相同或者相对应两方面。同等原则和对等原则适用于外国人，外国当事人在中国参加民事诉讼享有和中国当事人相同的诉讼权利义务，为同等原则；而对等原则则是该国法院限制我国当事人诉讼权利，我国法院对该国当事人进行对等限制。

2. 诚信原则要求所有参与民事诉讼的主体均要诚实信用，特别是当事人行使处分权时要遵守诚信原则。

3. 处分原则是指在民事诉讼中当事人有权处分自己的实体权利和程序权利，要求法院的判决不能超出原告的诉讼请求。

4. 辩论原则是指在诉讼中当事人有权进行辩论，辩论的形式包括口头和书面，辩论的内容包括实体和程序，辩论的阶段包括一审、二审、再审（即诉讼案件审判程序），而执行程序、特别程序、督促程序和公示催告程序不适用辩论原则。

5. 支持起诉原则是指有关机关组织对当事人提供物质和精神上的帮助，帮助其以当事人自己的名义起诉，与公益诉讼无关。

6. 在线诉讼与线下诉讼同等效力原则要求适用在线诉讼必须经当事人同意。

二、基本制度

1. 合议制。主要需要考生掌握各种程序的审理组织，一审简易程序必须用独任制；一审普通程序和二审程序原则上适用合议制，在法定的例外情况下可适用独任制，一审普通程序的合议庭可适用人民陪审员，二审程序合议庭只能适用审判员；再审程序按照原来的一审或者二审程序组成合议庭审理，原来是一审生效的，按照一审程序组成合议庭，原来是二审生效或者上级法院提审的，按照二审程序组成合议庭；特别程序一般应当由审判员独任审理，但选民资格案件、重大疑难案件或担保财产标的额超过基层法院管辖范围的实现担保物权案件应当由审判员组成合议庭审理，人民陪审员不能参加特别程序合议庭。

2. 回避制度。审判人员、书记员、翻译人员、鉴定人、勘验人员符合法定情形，应当回避（注意证人不需要回避）；院长担任审判长或者独任审判员时的回避由审判委员会决定，审判人员的回避由院长决定，其他人员的回避由审判长或者独任审判员决定。当事人申请回避后，被申请回避的人应当暂停本案工作；当事人对驳回回避申请决定不服，可以申请复议一次，复议不停止原决定的执行。

3. 公开审理制度。人民法院审理案件除法律另有规定的外，应当向社会和群众公开，其中涉及国家秘密、个人隐私和法律规定的其他案件法定不公开审理，商业秘密和离婚诉讼经申请不公开审理。但无论案件是否公开审理，评议笔录一律不公开，而判决书一律公开。

4. 两审终审。一个民事案件经过两级人民法院审理后即告终结；但下列程序一审终审：最高人民法院一审的判决、裁定，特别程序、督促程序、公示催告程序，调解书，一般的裁定一审终审（不予受理、驳回起诉和管辖权异议裁定除外），小额诉讼程序。

考点一　基本原则

知识体系

平等原则		当事人享有平等的诉讼权利，包括诉讼权利**相同**和**相对应**	
同等原则		外国人、无国籍人在中国法院起诉、应诉，其权利、义务与中国当事人相同	
对等原则		外国法院限制我国当事人诉讼权利，我国法院对该国当事人实行对等原则	
辩论原则	法院审理案件时当事人有权进行辩论	辩论的阶段	整个诉讼过程中
		辩论的形式	口头或书面
		辩论的内容	实体或者程序
		例外	**执行程序、特别程序、督促程序以及公示催告程序**不适用辩论原则
处分原则		当事人有权在**法律规定的范围内**处分自己的**民事权利**与**诉讼权利**	
诚信原则	概念	民事诉讼应当遵循诚信原则	
	体现	《民事诉讼法》第 115 条：当事人之间恶意串通，企图通过诉讼、调解等方式侵害他人合法权益的，人民法院应当驳回其诉讼请求，并根据情节轻重予以罚款、拘留；构成犯罪的，依法追究刑事责任。《民事诉讼法》第 116 条：被执行人与他人恶意串通，通过诉讼、仲裁、调解等方式逃避履行法律文书确定的义务，人民法院应当根据情节轻重予以罚款、拘留；构成犯罪的，依法追究刑事责任。	
检察监督原则	监督范围	所有民事诉讼活动	
	监督方式	抗诉和检察建议	
支持起诉原则		机关、社会团体、企业事业单位对损害国家、集体或者个人民事权益的行为，可以支持受损害的单位或者个人向人民法院起诉。	
		考点提示：公益诉讼与支持起诉原则无关。	

⊙ 考点讲解

一、平等原则

平等原则是指诉讼当事人诉讼权利、义务平等。

平等原则包括两方面内容，即规范中权利义务的平等和实现中的平等。对于规范中的平等，一方面，当事人诉讼权利、义务相同，比如在诉讼中，原被告均有权委托诉讼代理人，原被告均有权申请回避；另一方面，当事人由于诉讼地位的不同，有一些权利虽然不相同，但是相对应，也是平等原则的体现，如原告有权起诉，被告有权应诉答辩，原告有权选择有管辖权的法院，被告有权提出管辖权异议。两方面均为平等原则的体现。对于实现中的平等，要求人民法院审理案件时，平等保护双方当事人的诉讼权利，同时在适用法律上一律平等。

二、同等、对等原则

同等和对等原则是针对外国人、无国籍人的。

同等原则指外国当事人或无国籍的当事人在中国参加民事诉讼享有和中国当事人相同的诉讼权利义务，即在民事诉讼中的国民待遇原则，一视同仁。

对等原则是指如果外国法院对我国当事人的诉讼权利加以限制的，我国实行对等原则，即同样限制。

三、辩论原则

辩论原则是指人民法院审理案件时，当事人有权进行辩论。

1. 时间：整个诉讼过程中，不仅仅限于法庭辩论阶段，包括整个一审程序、二审程序、再审程序。

2. 内容：包括实体和程序方面的问题。

3. 形式：包括书面形式和口头形式。

【经典真题】

（2009 年卷三 82 题）关于辩论原则的表述，下列哪些选项是正确的?[1]

A. 当事人辩论权的行使仅局限于一审程序中开庭审理的法庭调查和法庭辩论阶段

B. 当事人向法院提出起诉状和答辩状是其行使辩论权的一种表现

C. 证人出庭陈述证言是证人行使辩论权的一种表现

D. 督促程序不适用辩论原则

【解析】 A 选项中辩论权的行使不仅仅包括法庭调查和辩论阶段，而是贯穿诉讼始终；B 选项正确，考点在于辩论权的行使方式包括口头和书面两种形式，提交起诉状和答辩状是双方当事人通过书面形式进行辩论的一种形式；C 选项辩论权的主体是当事人，证人没有辩论权，只能如实作证；D 选项，辩论原则只适用于诉讼案件，不适用于非诉讼案件，督促程序属于非诉讼案件，没有争议，没有辩论存在的空间。

──────────────

〔1〕 2009 年卷三 82 题答案为：BD

四、处分原则

处分原则是指当事人有权在法律规定的范围内处分自己的权利。

1. 处分的范围包括实体权利和诉讼权利。

2. 处分权的行使必须在法律规定范围内。

3. 违反处分原则的判断：判决超出了原告的诉讼请求或遗漏原告的诉讼请求即为违反处分原则。

★提 示　辩论原则 VS 处分原则

处分原则：法院审理和裁判的对象或范围受当事人处分权的约束，即法院应当围绕当事人的诉讼请求进行审理和裁判，超出当事人诉讼请求的审理和裁判，遗漏审理和裁判当事人的诉讼请求，均是对处分原则的违反。简言之，处分原则即不告不理原则。当事人不告之不能审，告之必须审，不能超裁，也不能漏判。

辩论原则：法院的审判权行使范围受当事人辩论的约束，具体有如下要求：

"（1）只有当事人提出并加以主张的事实，法院才能予以认定；

（2）对双方当事人都没有争议的事实，法院应当予以认定，也即法院应当受当事人自认之事实的约束；

（3）法院对证据的调查，原则上仅限于当事人提出的证据，而不允许法院依职权主动调查证据。"[1]

故根据辩论原则的要求，法院就原被告没有主张的事实进行裁判，即超出了当事人主张的事实进行裁判的行为违反辩论原则；法院对当事人自认的事实没有认定的行为，也属于违反辩论原则。

【经典真题】

（2014 年卷三 79 题）当事人可对某些诉讼事项进行约定，法院应尊重合法有效的约定。关于当事人的约定及其效力，下列哪些表述是错误的？[2]

A. 当事人约定"合同是否履行无法证明时，应以甲方主张的事实为准"，法院应根据该约定分配证明责任

B. 当事人在诉讼和解中约定"原告撤诉后不得以相同的事由再次提起诉讼"，法院根据该约定不能再受理原告的起诉

C. 当事人约定"如果起诉，只能适用普通程序"，法院根据该约定不能适用简易程序审理

D. 当事人约定"双方必须亲自参加开庭审理，不得无故缺席"，如果被告委托了代理人参加开庭，自己不参加开庭，法院应根据该约定在对被告两次传唤后对其拘传

【解析】本题考查当事人行使处分权的形式。民事诉讼中当事人处分诉讼权利的方式以单方处分为主，但法律也明确规定了当事人双方合意处分诉讼权利的情形，也称诉讼契约。包括：协议管辖、合意确定举证期限、合意确定证据交换日期、合意选定鉴定人、合

---

〔1〕[日]兼子一、竹下守夫：《民事诉讼法》，白绿铉译，法律出版社 1995 年版，第 71 页；[日]谷口安平：《程序的正义与诉讼》，王亚新、刘荣军译，中国政法大学出版社 1996 年版，第 107 页。

〔2〕2014 年卷三 79 题答案：ABCD

意选择适用简易程序审理普通案件，以及二审程序中特定的案件当事人合意放弃上诉权（在二审程序中原审原告增加独立的诉讼请求、原审被告提起反诉的情形，一审判决不准离婚，二审法院认为应当离婚时，对子女抚养和财产分割问题一并调解，调解不成的，双方当事人同意由二审法院一并审理的，二审法院可以一并审理）。除了法律明确规定的诉讼契约对人民法院产生约束力之外，其他的当事人对诉讼权利的合意处分，对人民法院均不产生约束力。所以，ABCD 均为错误。

五、诚信原则

诚信原则是指民事诉讼应当遵循诚信原则。作为民事诉讼的基本原则，应当注意如下几点：

1. 诚信原则应当贯穿整个民事诉讼全过程，包括依法行使诉讼权利，履行诉讼义务，遵守诉讼秩序，自觉履行生效文书等。

2. 诚信原则不仅仅约束当事人，同时也约束法院和其他诉讼参与人。具体指：对当事人，要求其在进行诉讼时诚实和善意，主要表现为：禁止当事人恶意制造诉讼（以欺骗方法形成不正当诉讼状态）；禁止当事人无故拖延诉讼（促进诉讼的义务）；禁止当事人滥用诉讼权利；当事人在诉讼时负有真实陈述义务；不能进行虚假陈述或实施相互矛盾的行为（禁反言）。对法院，要求其在行使民事审判权的过程中应当公正、合理，善意行使自由裁判权，认定事实不得对当事人提出的证据进行任意取舍等。对其他诉讼参与人，要求其应当诚实地、善意地实施诉讼行为，如证人应当如实作证，鉴定人应当如实出具鉴定意见，代理人不得滥用或者超越代理权等。

3. 违背诚信原则在主观上要求必须是故意，例如：当事人故意找各种借口拖延诉讼，证人提供伪证等。

4. 相关法条：

《民事诉讼法》第 115 条：当事人之间恶意串通，企图通过诉讼、调解等方式侵害他人合法权益的，人民法院应当驳回其请求，并根据情节轻重予以罚款、拘留；构成犯罪的，依法追究刑事责任。（注意此处是驳回诉讼请求而不是驳回起诉，与此相对应，此处适用的文书应当是判决而不是裁定）

《民事诉讼法》第 116 条：被执行人与他人恶意串通，通过诉讼、仲裁、调解等方式逃避履行法律文书确定的义务，法院应当根据情节轻重予以罚款、拘留；构成犯罪的，依法追究刑事责任。

《民诉司法解释》对当事人的诚信又规定了下列情形：

第 110 条：【当事人签署保证书及拒签的后果】人民法院认为有必要的，可以要求当事人本人到庭，就案件有关事实接受询问。在询问当事人之前，可以要求其签署保证书。

保证书应当载明据实陈述、如有虚假陈述愿意接受处罚等内容。当事人应当在保证书上签名或者捺印。

负有举证证明责任的当事人拒绝到庭、拒绝接受询问或者拒绝签署保证书，待证事实又欠缺其他证据证明的，人民法院对其主张的事实不予认定。

第 119 条：【证人签署保证书】人民法院在证人出庭作证前应当告知其如实作证的义务以及作伪证的法律后果，并责令其签署保证书，但无民事行为能力人和限制民事行为能力人除外。

证人签署保证书适用本解释关于当事人签署保证书的规定。

第 120 条：【证人拒绝签署的后果】 证人拒绝签署保证书的，不得作证，并自行承担相关费用。

第 144 条：【虚假调解的制裁】 人民法院审理民事案件，发现当事人之间恶意串通，企图通过和解、调解方式侵害他人合法权益的，应当依照《民事诉讼法》第 115 条的规定处理。

第 518 条：【失信被执行人名单】 被执行人不履行法律文书确定的义务的，人民法院除对被执行人予以处罚外，还可以根据情节将其纳入失信被执行人名单，将被执行人不履行或者不完全履行义务的信息向其所在单位、征信机构以及其他相关机构通报。

【经典真题】

（2014 年卷三 37 题）根据《民事诉讼法》规定的诚信原则的基本精神，下列哪一选项符合诚信原则?[1]

A. 当事人以欺骗的方法形成不正当诉讼状态

B. 证人故意提供虚假证言

C. 法院根据案件审理情况对当事人提供的证据不予采信

D. 法院对当事人提出的证据任意进行取舍或否定

[解析] 本题考查诚信原则。诚信原则是指"民事诉讼应当遵循诚信原则"，其适用应当贯穿民事诉讼的全部过程，适用于所有参与民事诉讼活动的主体，不仅仅约束当事人，同时也约束法院和其他诉讼参与人。具体指：

1. 当事人在实施诉讼行为时应当诚实和善意，不得滥用权利；

2. 法院在行使民事审判权的过程中应当公正、合理，不得滥用自由裁量权，认定事实应当客观中立、实事求是，不得对当事人提出的证据进行任意取舍等，应当充分保障当事人的诉讼权利等；

3. 其他诉讼参与人应当诚实地、善意地实施诉讼行为，如证人应当如实作证，鉴定人应当如实出具鉴定意见，代理人不得滥用或者超越代理权等。

综上所述 A、B、D 选项均违背了诚信原则。

而 C 选项法院是根据案件的审理情况而决定对当事人提供的证据是否采信，并未违背诚信原则。其中 C、D 选项的区别在于 C 选项是"根据案件审理情况"而做出的取舍，是法院行使裁判权的体现，而 D 选项则是"任意"取舍，显然违背诚信原则。

六、检察监督原则

检察监督原则是指人民检察院作为国家的法律监督机关，有权对民事诉讼活动进行法律监督。

1. 监督的范围：所有民事诉讼活动。

2. 监督的方式：抗诉和检察建议。

★提示 注意三点：

1. 人民检察院不仅有权对人民法院的审判活动进行监督，也有权对包括当事人在内的

---

[1] 2014 年卷三 37 题答案为：C

民事诉讼全过程进行监督。

2. 人民检察院对人民法院民事审判活动进行监督的方式主要表现为两方面：一是对审判人员在民事审判活动中是否存在贪赃枉法、徇私舞弊等违法行为进行监督；二是通过对人民法院作出的生效判决、裁定、调解书存在法定情形而提出抗诉或者检察建议以启动审判监督程序。

3. 只有抗诉能够直接引起再审，检察建议则是法院依审判监督引起再审的原因之一。

七、支持起诉原则

机关、社会团体、企业事业单位对损害国家、集体或者个人民事权益的行为，可以支持受损害的单位或者个人向人民法院起诉。

支持起诉原则是指有关机关、组织为受害人提供物质或者精神上的帮助，支持受害人起诉，但注意，仍然是以受害人名义起诉（即以受害人作为适格当事人）。

2017 年《民事诉讼法》修订，明确规定人民检察院在法律规定的机关或组织提起公益诉讼时，可以支持起诉。

八、在线诉讼与线下诉讼同等效力原则

1. 立案、调解、证据交换、询问、庭审、送达等全部或部分诉讼环节可以在线进行。在线诉讼需要经当事人同意（可适用"同意方当事人线上、不同意方当事人线下"的方式）。

2. 线上与线下的诉讼活动有同等效力。

考点二　基本制度

✎ 知识体系

		一审	原则上适用合议制，**审判员、人民陪审员**组成或者由**审判员**组成
合议制度	合议庭的组成	二审	原则上适用合议制，由**审判员**组成合议庭
		再审	原来是一审的，按照一审程序另行组成合议庭
			原来是二审或者上级法院提审的，按照二审程序另行组成合议庭
		特别程序	选民资格案件、重大疑难案件和担保财产标的额超过基层法院管辖范围的实现担保物权案件由**审判员**组成合议庭
		公示催告程序	除权判决应当由审判员组成合议庭作出

续表

	独任制适用情形	简易程序	**基层法院**（及其派出法庭）审理简单的**第一审民事案件**
		一审普通程序	例外情况下适用独任制（《民事诉讼法》第40条）
		二审程序	例外情况下适用独任制（《民事诉讼法》第41条）
		特别程序	宣告公民失踪、死亡，认定公民无、限制民事行为能力，认定财产无主，确认调解协议效力，实现担保物权；但是其中重大疑难或者选民资格案件和担保财产标的额超过基层法院管辖范围的实现担保物权案件应由**审判员**组成合议庭审理
		督促程序	支付令的做出、支付令异议的审查
		公示催告程序	公示催告阶段适用独任制
回避	适用对象		审判人员（包括参与本案审理的人民法院院长、副院长、审判委员会委员、庭长、副庭长、审判员、助理审判员和人民陪审员）、书记员、翻译人员、鉴定人、勘验人员。
	适用情形		1. 有下列情形之一： （1）是本案当事人或者当事人近亲属的； （2）本人或者其近亲属与本案有利害关系的； （3）担任过本案证人、鉴定人、辩护人、诉讼代理人、翻译人员的； （4）是本案诉讼代理人近亲属的； （5）本人或近亲属持有本案非上市公司当事人的股份或者股权的； （6）与本案当事人或代理人有其他利害关系，可能影响公正审理的。 2. 有接受当事人、诉讼代理人请客送礼，为本案当事人推荐代理人、律师，违反规定会见当事人、诉讼代理人等不正当行为的，当事人可要求其回避，并应当依法追究其法律责任。 3. 在一个审判程序中参与过本案审判工作的审判人员，不得再参与该案其他程序的审判。但发回重审的案件，在一审法院作出裁判后又进入第二审程序的，原第二审程序中合议庭组成人员不受前款规定的限制。
	回避的方式		自行回避；申请回避；指令回避
	申请程序		1. 方式：口头、书面 2. 时间：案件开始审理时提出，在开始审理后知道回避事由的，可以在法庭辩论终结前提出
	申请的效力		申请后，回避决定作出前，被申请回避人应当暂停本案工作，但需要采取紧急措施的除外
	回避的决定		1. 院长担任审判长或者独任审判员时的回避由审判委员会决定 2. 审判人员的回避由院长决定 3. 其他人员的回避由审判长或者独任审判员决定
	救济		对于驳回回避申请的决定不服，可以申请复议一次，复议期间，被申请回避人员不停止工作

续表

公开审理制度	公开审理	民事案件的审理过程和判决结果应当向社会公开	
	例外	法定不公开	涉及国家秘密、个人隐私
		申请不公开	离婚案件，涉及商业秘密
	注意	无论公开审理与否，判决一律公开，评议一律不公开	
两审终审制度	两审终审	一个民事案件经过两级人民法院审理后即告终结	
	例外	1. 最高人民法院一审的判决、裁定为终审判决、裁定 2. 小额诉讼程序（包括其实体判决与裁定） 3. 调解书自签收之日起生效 4. 特别程序、督促程序、公示催告程序一审终审 5. 一般的裁定一审终审	
	总结	可以上诉的裁定：不予受理、驳回起诉、管辖权异议	

🔷 考点讲解

一、合议制

合议制是由审判人员组成合议庭对案件审理的原则。其对应的概念是独任制。

1. 合议制的适用以及合议庭的组成：

程序种类	合议庭组成形式	备注
第一审程序	审判员组成或审判员与陪审员共同组成	在7人合议庭中，陪审员对事实的认定有表决权，对法律适用可以发表意见，但无表决权
第二审程序	只能由审判员组成	
发回重审程序	按一审程序另行组成合议庭	另行组成合议庭，<u>不能适用简易程序</u>
再审程序	原为一审，按一审程序另行组成合议庭	另行组成合议庭，<u>不能适用简易程序</u>
	原为二审或者上级法院提审，按二审程序另行组成合议庭	
特别程序	只能由审判员组成合议庭	仅限于特别程序中选民资格案件、重大疑难案件
公示催告程序	只能由审判员组成合议庭	限于除权判决作出的程序

2. 合议庭评议原则：合议庭成员权利义务相同，平等地就案件的事实认定和法律适用问题发表意见，实行少数服从多数原则，不同意见应如实记入评议笔录，评议过程和评议笔录保密。

注意：根据《人民陪审员法》第22条，人民陪审员参加七人合议庭审判案件，对事实认定，独立发表意见，并与法官共同表决；对法律适用，可以发表意见，但不参加表决。

此外，人民陪审员不能担任审判长。

▶ ★提 示 人民陪审员参加的合议庭：适用一审程序审理的诉讼程序。

注意两个要件：一为审级，即适用一审程序审理的案件，包括一审程序，也包括适用一审程序审理的发回重审和再审程序；二为案件的性质，即诉讼程序。此处对于法院的级别没有要求，所以，中院、高院、最高人民法院只要是适用一审程序审理的诉讼案件，都可以有人民陪审员参加。该人民陪审员从该中院、高院、最高院所在城市的基层法院名单中随机抽取。

【经典真题】

（2016 年卷三 35 题）不同的审判程序，审判组织的组成往往是不同的。关于审判组织的适用，下列哪一选项是正确的？[1]

A. 适用简易程序审理的案件，当事人不服一审判决上诉后发回重审的，可由审判员独任审判

B. 适用简易程序审理的案件，判决生效后启动再审程序进行再审的，可由审判员独任审判

C. 适用普通程序审理的案件，当事人双方同意，经上级法院批准，可由审判员独任审判

D. 适用选民资格案件审理程序的案件，应组成合议庭审理，而且只能由审判员组成合议庭

【解析】 本题考查审判组织在不同程序中的适用。发回重审和再审均带有纠错的性质，为保障案件的公正审理，无论原一审是适用简易程序，还是普通程序审理，只要是发回重审或再审的案件，一律组成合议庭审理，不适用独任制审理，A、B 项错误；对于适用普通程序审理的案件，当事人双方合意适用简易程序审理的，适用简易程序，由审判员独任审判，不需要经上级法院批准，C 项错误；根据《民事诉讼法》第 185 条的规定，选民资格案件由审判员组成合议庭审理，D 项正确。

3. 独任制的案件范围

（1）民事诉讼案件

①一审简易程序必须用独任制。

②一审普通程序一般用合议制，例外情况下适用独任制的条件：A. 仅限基层法院；B. 仅限基本事实清楚、权利义务关系明确的案件。

③二审程序一般用合议制，例外情况下适用独任制的条件：

A. 仅限中级法院。

B. 仅限两类案件：a. 一审适用简易程序的案件；b. 针对裁定的上诉案件。

C. 必须经双方当事人同意。

（2）非讼案件（选民资格案件不是非讼）

①特别程序一般用独任制，但选民资格案件或重大、疑难案件适用合议制。

②督促程序必用独任制。

③公示催告程序：公示催告阶段可用独任制，但判决宣告票据无效的应当用合议制。

（3）不得适用独任制的案件

①涉及国家利益、社会公共利益的案件；②涉及群体性纠纷，可能影响社会稳定的案

---

[1] 2016 年卷三 35 题答案：D

件；③群众广泛关注或其他社会影响较大的案件；④属于新类型或疑难复杂的案件；⑤法律规定应当组成合议庭审理的案件；⑥其他不宜适用独任制的案件。

4. 独任转合议

不宜适用独任制的案件在审理中应当转为合议制。

（1）启动：依职权或依申请（当事人提出异议）

（2）转换方式：以裁定方式进行转换，或者裁定驳回异议

（3）转换范围：仅为审判组织的转换（发生于普通程序内部或者二审程序内部），而非程序转换。

二、回避制度

回避制度是指为了保证案件的公正审判，要求与案件有一定利害关系的审判人员和其他人员不得参与本案的审判和其他诉讼活动的制度。

1. 适用的对象：审判人员（包括参与本案审理的人民法院院长、副院长、审判委员会委员、庭长、副庭长、审判员和人民陪审员）、书记员、翻译人员、鉴定人、勘验人员。

> ★提 示 证人不需要回避。

2. 法定原因：

（1）①是本案当事人或者当事人近亲属的；

②本人或者其近亲属与本案有利害关系的；

③担任过本案的证人、鉴定人、辩护人、诉讼代理人、翻译人员的；

④是本案诉讼代理人近亲属的；

⑤本人或者其近亲属持有本案非上市公司当事人的股份或者股权的；

⑥与本案当事人或者诉讼代理人有其他利害关系，可能影响公正审理的。

（2）有接受当事人、诉讼代理人请客送礼，为本案当事人推荐代理人、律师，违反规定会见当事人、诉讼代理人等不正当行为的，当事人可要求其回避，并应当依法追究其法律责任。

（3）在一个审判程序中参与过本案审判工作的审判人员，不得再参与该案其他程序的审判。但发回重审的案件，在一审法院作出裁判后又进入第二审程序的，原第二审程序中合议庭组成人员不受前款规定的限制。

3. 回避方式：自行回避、申请回避和指令回避。

4. 申请程序：

（1）方式：口头、书面；

（2）时间：案件开始审理时提出，在开始审理后知道回避事由的，可以在法庭辩论终结前提出。

5. 申请的效力：申请后，回避决定作出前，被申请回避人应当暂停本案工作，但需要采取紧急措施的除外。

6. 回避的决定：

（1）院长担任审判长或者独任审判员时的回避由审判委员会决定；

（2）审判人员的回避由院长决定；

（3）其他人员的回避由审判长或者独任审判员决定。

7. 救济：申请人对于驳回回避申请的决定不服，可以复议一次，复议期间，被申请回

避人员不停止工作。

注意，被决定回避的人无权申请复议，如院长决定审判长张三回避，张三不能申请复议。

【经典真题】

（2015 年卷三 36 题）某区法院审理原告许某与被告某饭店食物中毒纠纷一案。审前，法院书面告知许某合议庭由审判员甲、乙和人民陪审员丙组成时，许某未提出回避申请。开庭后，许某始知人民陪审员丙与被告法定代表人是亲兄弟，遂提出回避申请。关于本案的回避，下列哪一说法是正确的？[1]

A. 许某可在知道丙与被告法定代表人是亲兄弟时提出回避申请

B. 法院对回避申请作出决定前，丙不停止参与本案审理

C. 应由审判长决定丙是否应回避

D. 法院作出回避决定后，许某可对此提出上诉

【解析】 本题综合考查回避制度。对于回避申请提交的时间，应当在开庭审理前提出，但回避的事由是在开庭后知道的，则在法庭辩论终结前提出即可。A 选项正确；提出回避申请后，人民法院在对回避申请处理期间，被申请回避的人员应当停止参与本案的工作，避免产生不公正，B 选项错误；对于人民陪审员的回避，与审判员一样，由院长决定，而非审判长决定，C 错误；回避决定一经作出发生法律效力，对回避决定不服的，可以申请复议，非上诉，D 错误。

三、公开审判制度

公开审判制度是指人民法院审理民事案件，除法律规定的情况外，审判过程及结果应当向群众、社会公开。即允许民众旁听，允许媒体报道，以便接受社会监督。

1. 例外规定。

（1）法定不公开：涉及国家秘密的案件；涉及个人隐私的案件；法律规定的其他案件。

（2）经申请不公开：离婚诉讼；涉及商业秘密的案件。

2. 注意：不论案件是否公开审理，判决书一律要公开；合议庭评议笔录一律不得公开。

【经典真题】

（2012 年卷三 36 题）唐某作为技术人员参与了甲公司一项新产品研发，并与该公司签订了为期 2 年的服务与保密合同。合同履行 1 年后，唐某被甲公司的竞争对手乙公司高薪挖走，负责开发类似的产品。甲公司起诉至法院，要求唐某承担违约责任并保守其原知晓的产品秘密。关于该案的审判，下列哪一说法是正确的？[2]

A. 只有在唐某与甲公司共同提出申请不公开审理此案的情况下，法院才可以不公开审理

B. 根据法律的规定，该案不应当公开审理，但应当公开宣判

C. 法院可以根据当事人的申请不公开审理此案，但应当公开宣判

---

〔1〕 2015 年卷三 36 题答案为：A

〔2〕 2012 年卷三 36 题答案为：C

D. 法院应当公开审理此案并公开宣判

【解析】从题目可以看出案件涉及商业秘密，涉及商业秘密的案件属于申请不公开，但是不管案件是否公开审理，判决一律公开进行，所以本题选择 C 选项。注意公开审理的考点在于公开审理制度是指法院审理案件，除法律特别规定的外，审判过程和结果向社会和群众公开，法律另有规定是指涉及国家秘密、个人隐私和法律规定的其他案件属于法定不公开，涉及商业秘密和离婚诉讼属于申请不公开；对于申请不公开审理的案件，只要一方申请即可。而不论案件是否公开审理，评议一律不公开进行，而判决一律公开进行。

3. 考点延伸：公众查阅诉讼文书的权利（《民事诉讼法》第 159 条，2012 修正案新增）

公众可以查阅发生法律效力的判决书、裁定书，但是涉及国家秘密、商业秘密和个人隐私的内容除外。

▶ ★提 示 对于查阅判决书、裁定书的申请，人民法院根据下列情形分别处理：（《民诉司法解释》第 255 条）

（一）判决书、裁定书已经通过信息网络向社会公开的，应当引导申请人自行查阅；

（二）判决书、裁定书未通过信息网络向社会公开，且申请符合要求的，应当及时提供便捷的查阅服务；

（三）判决书、裁定书尚未发生法律效力，或者已失去法律效力的，不提供查阅并告知申请人；（不符合查阅条件，不准许查阅）

（四）发生法律效力的判决书、裁定书不是本院作出的，应当告知申请人向作出生效裁判的人民法院申请查阅；（说明查阅应当向作出生效裁判的法院申请）

（五）申请查阅的内容涉及国家秘密、商业秘密、个人隐私的，不予准许并告知申请人。（不符合查阅条件，不准许查阅）

四、两审终审制度

两审终审制度是指一个民事案件经过两级人民法院审判后即告终结。

▶ ★提 示 民事诉讼法中一审终审的情形：

（1）最高人民法院审理的案件，一审终审；

（2）特别程序、督促程序、公示催告程序一审终审；

（3）调解书一审终审，不得上诉；

（4）一般的裁定书一审终审，不得上诉（在民诉中有三个裁定可以上诉，即裁定不予受理、裁定驳回起诉、管辖权异议裁定）；

（5）小额诉讼程序的裁定（包括小额诉讼程序中的驳回起诉、管辖权异议裁定）和判决，一审终审。

第四专题
主管与管辖

本专题为每年必考的内容，也是民事诉讼中的难点问题。本专题的考查主要集中在管辖、裁定管辖与管辖权异议，重点提示如下。管辖中掌握：（1）管辖恒定；（2）专门法院的管辖，即海事、军事、铁路运输法院的管辖范围。级别管辖，重点掌握：（1）级别管辖的确定标准，即案件的影响力和案件的性质；（2）中级人民法院管辖的第一审案件；（3）最高人民法院管辖的第一审案件，除在全国范围有影响力的案件外，可以管辖认为应由本院审理的案件。地域管辖是高频考点，必须掌握如下几点：（1）一般地域管辖的确定标准，即当事人所在地。对公民而言，所在地包括经常居住地和住所地，且经常居住地优先于住所地的适用。因此，注意掌握经常居住地的确定；（2）一般地域管辖的原则和例外以及《民诉司法解释》的补充规定；（3）合同纠纷案件的协议管辖的有效条件；（4）合同履行地的具体确定；（5）法律规定的特殊合同管辖法院的确定，特别是新增加的对于公司案件的管辖；（6）各种具体侵权纠纷案件管辖法院的确定；（7）专属管辖的具体情形，尤其要注意不动产专属管辖的界定；（8）共同管辖情形下具体管辖法院的确定。

裁定管辖作为法定管辖的必要补充，掌握移送管辖的条件、指定管辖的情形以及管辖权异议的条件和法院对管辖权异议的处理。

【本专题复习建议】

一、主管是指人民法院受理案件的范围

法院主管范围为平等主体之间的人身和财产权利纠纷。考点在于法院主管和其他机关处理民事纠纷的关系。其中涉及法院与人民调解委员会的关系在于人民调解委员会主持下制作的调解协议具有法律效力，但是不具有强制执行力，一方不履行调解协议，另一方当事人可以就调解协议向人民法院起诉（即调解协议没有既判力）。法院与仲裁委员会的关系在于或裁或审，即诉讼和仲裁两种方式只能选择其一，当事人之间存在有效的仲裁协议，法院便不能行使管辖权。法院与劳动仲裁委员会的关系在于劳动纠纷仲裁前置，即劳动纠纷当事人应当先向劳动仲裁委员会申请仲裁，对仲裁裁决不服可以向法院起诉，当事人未经劳动仲裁而直接向法院起诉，法院不予受理。

二、管辖

1. 管辖权恒定原则。确定案件管辖权，以起诉时为标准，起诉时对案件享有管辖权的法院，不因确定管辖的事实在诉讼中发生变化而影响其管辖权。

2. 级别管辖。一审案件原则上由基层法院管辖；中院管辖范围包括重大涉外案件，本辖区有重大影响的案件和最高人民法院确定由中院管辖的案件，最高人民法院确定由中院管辖的案件包括：（1）海事、海商案件；（2）知识产权案件。其中，专利纠纷案件，由知识产权法院和中级人民法院管辖，但最高人民法院可以指定基层法院管辖专利纠纷案件；著作权案件和商标纠纷案件，原则上由中级及以上的人民法院管辖，高级人民法院可以指定基层人民法院管辖；（3）重大涉港澳台案件；（4）仲裁相关：确认仲裁协议效力，撤销、执行仲裁裁决等，涉外仲裁裁决的财产、证据保全的案件。

3. 地域管辖。

（1）专门管辖：第一，双方当事人均为军人或者军队单位的民事案件由军事法院管辖；第二，海事海商案件由海事法院管辖；第三，专利案件由知识产权法院与最高院指定的中级人民法院和基层人民法院管辖；第四，网络购物合同或网络服务合同纠纷，由互联网法院以及相关辖区的基层法院管辖。目前，北京、杭州、广州设有互联网法院集中管辖本辖区内的互联网产生的争议。

（2）一般地域管辖指以法院与当事人住所地的联系确定管辖权，以原告就被告为原则，被告就原告为例外。

（3）特殊地域管辖中主要注意：①侵权纠纷由侵权行为地或者被告住所地法院管辖；②合同纠纷由合同履行地或者被告住所地法院管辖；③专属管辖中不动产纠纷由不动产所在地法院专属管辖，港口作业由港口所在地人民法院专属管辖，遗产继承纠纷由被继承人死亡时住所地和主要遗产所在地人民法院专属管辖；④公司诉讼中公司设立、确认股东资格、分配利润、解散等诉讼，由公司住所地法院管辖；⑤共同海损和海难救助案件需要大家记住的是被告住所地没有管辖权。

（4）协议管辖是指对于合同或者其他财产权益纠纷，当事人可以通过书面协议来选择原告住所地、被告住所地、合同签订地、合同履行地、标的物所在地等与案件有实际联系地点的人民法院管辖。

4. 共同管辖和选择管辖。共同管辖是指根据《民事诉讼法》的规定，一个案件两个以上法院都有管辖权。选择管辖是指在共同管辖情况下，原告有权选择向其中一个法院起诉。

5. 裁定管辖。包括移送管辖、指定管辖和管辖权转移。其中移送管辖是指法院受理案件后，发现自己没有管辖权，裁定将案件移送有管辖权的法院；移送管辖的实质是受理案件的法院认为自己没有管辖权（包括没有级别管辖和地域管辖）而纠正错误立案的方法。管辖权转移是指根据上级法院的决定或同意，将案件管辖权在上下级法院之间进行转移。指定管辖是指特殊情况下，由上级法院通过裁定方式将某一具体案件指定下级法院管辖，主要适用于如下情形：（1）受移送法院认为自己对移送来的案件无管辖权，报上级法院指定管辖；（2）有管辖权法院由于特殊原因不能行使管辖权，由上级法院指定管辖；（3）通过协商不能解决管辖权争议，报共同的上级法院指定管辖。

6. 管辖权争议是指人民法院受理案件后，当事人对管辖权有异议的，应当在提交答辩状期间提出，管辖权异议既可以针对地域管辖，也可以针对级别管辖，人民法院应当对其进行审查，异议成立的，裁定将案件移送有管辖权的法院；异议不成立的，裁定驳回。当事人对驳回异议裁定不服的可以上诉。

考点一　主　管

知识体系

概念：主管是指法院受理民事案件的权限范围； 平等主体之间因财产关系和人身关系发生的争议属于人民法院主管的对象。		
法院主管与其他组织处理民事纠纷的关系	与人民调解	1. 调解不是必经程序； 2. 调解协议具有法律约束力；效力相当于合同，双方就调解协议的履行或者内容发生争议，一方当事人可以（就调解协议）向人民法院起诉； 3. 调解协议不具有强制执行力； 4. 当事人可以申请司法确认人民调解协议的效力。
	与商事仲裁	1. 法院主管的范围宽于仲裁委员会主管的范围； 2. 或裁或审：有效的仲裁协议排斥司法管辖权； 3. 当事人在仲裁裁决被撤销或者不予执行后，又未重新达成仲裁协议的情况下，向法院起诉，法院可以受理。
	与劳动仲裁	仲裁前置：对劳动仲裁裁决不服的，可以向人民法院提起诉讼。

考点讲解

主管的概念：主管是指人民法院受理民事案件的权限范围。平等主体之间因财产关系和人身关系发生的争议属于人民法院民事诉讼主管范围。

一、法院主管与人民调解的关系

1. 调解不是诉讼的必经程序。

2. 调解协议具有法律约束力。

调解协议的法律约束力相当于合同，双方当事人就调解协议的履行以及内容发生争议，一方当事人可以就调解协议向人民法院起诉。故此处调解协议没有既判力，因为就算达成调解协议，双方当事人也可以就调解协议向法院起诉。

注意，此时只能就调解协议向法院起诉，而不能就原纠纷向法院起诉，因为调解协议取代了原纠纷。起诉时，以对方当事人为被告。

3. 调解协议不具有强制执行力。

4. 调解协议经法院确认后具有强制执行力。

★提　示　人民调解委员会主持制作的调解协议具有法律约束力，其效力类似于合同，约束双方当事人；人民调解委员会主持制作的调解协议没有既判力，既判力指禁止再诉的效力，即一个有既判力的法律文书将禁止当事人就该纠纷再次向人民法院起诉。而当事人达成调解协议后可以就该调解协议向法院起诉，所以调解协议没有既判力；人民调解委员会主持制作的调解协议没有强制执行力，如果需要赋予调解协议强制执行力，当事人可以在调解协议生效后30日内共同向调解组织所在地基层法院申请确认调解协议效力，法院适用特别程序审理。

【经典真题】

（2010年卷三35题）张某与李某产生邻里纠纷，张某将李某打伤。为解决赔偿问题，双方同意由人民调解委员会进行调解。经调解员黄某调解，双方达成赔偿协议。关于该纠纷的处理，下列哪一说法是正确的？[1]

A. 张某如反悔不履行协议，李某可就协议向法院提起诉讼

B. 张某如反悔不履行协议，李某可向法院提起人身损害赔偿诉讼

C. 张某如反悔不履行协议，李某可向法院申请强制执行调解协议

D. 张某可以调解委员会未组成合议庭调解为由，向法院申请撤销调解协议

【解析】 调解协议没有强制执行力，但是具有法律约束力，其法律约束力类似于合同，且能取代原纠纷，所以，一方不履行调解协议，另一方当事人可以向法院就调解协议起诉，而不是就原纠纷起诉。请考生注意法律约束力和强制执行力是两个截然不同的概念。所以，本题选择 A。

二、法院主管与仲裁委员会

略，详见仲裁一讲。

三、法院主管与劳动仲裁委员会的关系

提示，劳动仲裁是一种行政仲裁，并非《仲裁法》所规定的仲裁，是完全不同的两种制度，请考生切莫混淆。

劳动争议的解决方式：和解、调解、劳动仲裁和诉讼；其中，和解和调解并非强制性程序，当事人可以不经过和解和调解而直接提起劳动仲裁，但是劳动仲裁是诉讼的前置程序，即未经过劳动仲裁而直接向法院起诉的，法院不予受理。如图：

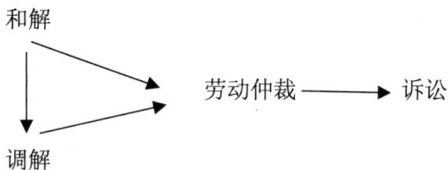

【经典真题】

（2006年卷三80题）王某是某电网公司员工，在从事高空作业时受伤，为赔偿问题与电网公司发生争议。王某可以采用哪些方式处理争议？[2]

A. 可以向本公司劳动争议调解委员会申请调解，调解不成的，可以申请劳动仲裁

B. 可以直接向劳动争议仲裁委员会申请仲裁，对仲裁裁决不服的，可以向法院提起诉讼

C. 可以不申请劳动仲裁而直接向法院起诉

---

[1] 2010年卷三35题答案为：A

[2] 2006年卷三80题答案为：ABD

D. 如果进行诉讼并按简易程序处理，法院开庭审理时，可以申请先行调解

【解析】C选项错误在于劳动仲裁是诉讼的前置程序，只有经过劳动仲裁后，对仲裁裁决不服的，才能向法院起诉。

考点二　管辖概述

知识体系

管辖权恒定	概念	确定案件管辖权，以起诉时为标准，起诉时对案件享有管辖权的法院，不因确定管辖的事实在诉讼中发生变化而影响其管辖权。
	级别管辖恒定	级别管辖根据起诉时标的额的大小而确定，不因诉讼中标的额的增加或减少而变动。
	地域管辖恒定	地域管辖根据起诉时确定，不因诉讼中当事人的住所地、经常居住地的变更以及行政区划的变化而变化。

考点讲解

一、管辖权恒定原则

管辖权恒定原则是指确定案件管辖权，以起诉时为标准，起诉时对案件享有管辖权的法院，不因确定管辖的事实在诉讼中发生变化而影响其管辖权。

1. 级别管辖恒定：级别管辖根据起诉时标的额的大小而确定，不因诉讼中标的额的增加或减少而变动。例如：案件受理后不因诉讼标的物的股票价格大涨或大跌而改变级别管辖。如果因为增加诉讼请求导致诉讼标的额超出受诉法院级别管辖时，赋予对方当事人级别管辖异议权，级别管辖异议成立，则要移送管辖。

2. 地域管辖根据起诉时确定，不因诉讼中当事人的住所地、经常居住地的变更以及行政区划的变化而变化。

提示：对管辖权恒定，主要掌握地域管辖恒定。对于地域管辖恒定，往往与移送管辖结合考查。

【经典真题】

（2009年卷三80题）2008年7月，家住A省的陈大因赡养费纠纷，将家住B省甲县的儿子陈小诉至甲县法院，该法院受理了此案。2008年8月，经政府正式批准，陈小居住的甲县所属区域划归乙县管辖。甲县法院以管辖区域变化对该案不再具有管辖权为由，将该案移送至乙县法院。乙县法院则根据管辖恒定原则，将案件送还至甲县法院。下列哪些说法是正确的？[1]

A. 乙县法院对该案没有管辖权　　　　B. 甲县法院的移送管辖是错误的

---

[1] 2009年卷三80题答案为：ABC

C. 乙县法院不得将该案送还甲县法院　　　　D. 甲县法院对该案没有管辖权

【解析】本题考查两点，其一是管辖权恒定原则，其二是移送管辖。本案中起诉时被告住所地为甲县，甲县法院对案件有管辖权，而在诉讼中行政区划的变化不影响管辖的确定，所以乙县法院对案件没有管辖权，进而甲县法院将案件从有管辖权的法院移送给没有管辖权的乙县法院是错误的，同时，移送管辖只能移送一次，受移送的乙县法院就算认为自己没有管辖权，也不能将案件再行移送或退回，只能报请自己的上级法院指定管辖，详见后文移送管辖部分内容。

二、注意确定管辖的一个规律——两便原则

两便原则即一方面方便当事人参加诉讼，另一方面方便法院审理案件。所以《民事诉讼法》中确定的管辖法院一般都是与争议有实际联系地点的法院，从而符合两便原则。

考点三　级别管辖

📐 知识体系

基层法院	基层法院管辖一审民事案件，《民事诉讼法》另有规定的除外。
中级法院	1. 重大涉外案件； 2. 本辖区有重大影响的案件； 3. 最高人民法院确定由中级人民法院管辖的案件： a. 海事、海商案件； b. 公益诉讼案件； c. 专利纠纷案件； d. 重大涉港澳台案件； e. 与仲裁相关的案件：确认仲裁协议效力，撤销、不予执行仲裁裁决等，涉外仲裁裁决的财产、证据保全。
高级法院	本辖区有重大影响的案件。
最高法院	1. 全国有重大影响的案件； 2. 认为应当由本院管辖的案件。

🔹 考点讲解

我国法院分为四级：基层人民法院，中级人民法院，高级人民法院和最高人民法院，级别管辖是划分四级法院之间受理第一审民事案件的分工和权限。确定级别管辖的标准包括两个：一为案件的影响力；二为案件的性质。对于级别管辖的考查，往往结合其他制度一并审查，单独考查的机会少。

一、基层法院管辖

原则上第一审民事案件都由基层法院管辖；但是《民事诉讼法》另有规定的除外（此处的另有规定即是接下来关于中院、高院、最高院管辖的规定）。

二、中级法院管辖

1. 重大涉外案件，考试中需要注意的并不是所有涉外案件都由中院管辖，重大和涉外两个要素缺一不可。

2. 本辖区有重大影响的案件。

3. 最高人民法院确定由中院管辖的案件，此种情况比较复杂，总结如下：

（1）海事、海商案件，海事、海商案件归海事法院管辖，海事法院的级别跟中院相当；

（2）公益诉讼案件，但法律、司法解释另有规定的除外；

（3）著作、商标、专利纠纷案件；

著作、商标等知识产权案件有可能在基层法院管辖。（最高法院《关于知识产权法庭若干问题的规定》第14条：专利案件不再由基层法院管辖）

（4）与仲裁相关的。诸如：确认仲裁协议效力，涉外仲裁的证据、财产保全，仲裁裁决的执行，撤销、不予执行仲裁裁决等都由中院管辖。

三、高级法院的管辖

全省范围内有重大影响的案件。

四、最高人民法院的管辖

1. 全国范围有重大影响的案件；
2. 认为应当由本院审理的案件。

此处需要注意，有且仅有最高人民法院有权审理自己认为应当由自己管辖的案件。民事诉讼法做如此规定主要目的在于肯定最高人民法院作为国家最高审判机关的地位，表明最高人民法院享有最广泛的审判权限。

【经典真题】

（2011年卷三39题）根据《民事诉讼法》和相关司法解释，关于中级法院，下列哪一表述是正确的?[1]

A. 既可受理一审涉外案件，也可受理一审非涉外案件

B. 审理案件组成合议庭时，均不可邀请陪审员参加

C. 审理案件均须以开庭审理的方式进行

D. 对案件所作出的判决均为生效判决

【解析】看见中级法院，同学们应当具备的第一思维应当是中级人民法院既可以作为一审法院，也可以作为二审法院，然后逐一分析选项，题目迎刃而解。其中B选项，中院如果作为一审法院，其合议庭中可以邀请人民陪审员参加，该人民陪审员从中院所在城市基层法院人民陪审员名单中随机抽取，当然如果作为二审法院，则应当由审判员组成合议庭审理，人民陪审员不得参加合议庭；C选项，中院作为一审法院审理案件必须开庭审理，如果作为二审法院，原则上应当开庭审理，但有法定情形，可以不开庭审理；D选项，中院如果作为二审法院，所作判决为生效判决，如果作为一审法院，所作判决为一审判决，

[1] 2011年卷三39题答案为：A

可以上诉。所以本题答案为 A。

考点四　地域管辖

📘 知识体系

一、专门管辖	1. **双方**当事人均为军人或者军队单位的民事案件由军事法院管辖； 2. 专利纠纷案件由知识产权法院、最高人民法院确定的中级人民法院管辖； 3. 海事、海商案件由海事法院管辖。
二、一般地域管辖：根据法院辖区与当事人所在地之间的隶属关系确定的管辖，一般地域管辖的确定以原告就被告为原则，被告就原告为例外。	
原则：原告就被告	《民诉司法解释》规定了三种情形下依然适用原告就被告的情形： 1. 双方当事人都被监禁或者被采取强制性教育措施的，由被告原住所地人民法院管辖。被告被监禁或者被采取强制性教育措施 1 年以上的，由被告被监禁地或者被采取强制性教育措施地人民法院管辖； 2. 双方当事人均被注销户籍的，由被告居住地法院管辖； 3. 夫妻双方离开住所地超过 1 年，一方起诉离婚的案件，由被告经常居住地人民法院管辖；没有经常居住地的，由原告起诉时被告居住地人民法院管辖。
例外：被告就原告	《民事诉讼法》第 23 条和《民诉司法解释》第 6 条规定： 1. 对不在中华人民共和国领域内居住的人提起**有关身份关系**的诉讼； 2. 对下落不明或者宣告失踪的人提起**有关身份关系**的诉讼； 3. 对被采取强制性教育措施的人提起的诉讼； 4. 对被监禁的人提起诉讼； 5. **被告**一方被注销城镇户口的，由原告所在地法院管辖。 **总结**：当被告一方出现特殊情形时，应当由原告住所地法院管辖；如果原被告双方均出现相同情形时，依然由被告住所地法院管辖。
特殊规定：可由原告住所地管辖	1. 追索赡养费、扶养费、抚养费案件的几个被告住所地不在同一辖区的，可以由原告住所地人民法院管辖。 2. 夫妻一方离开住所地超过一年，另一方起诉离婚的案件，**可以**由原告住所地人民法院管辖。（《民诉司法解释》第 12 条）
三、特殊地域管辖：以引起民事法律关系发生、变更、消灭的法律事实所在地与法院辖区之间的关系为标准确定的管辖。	

续表

合同纠纷		因合同纠纷提起诉讼，由被告住所地或者合同履行地法院管辖。
	关于合同履行地的管辖权需要考虑的问题	（一）合同没有实际履行	1. 当事人有一方的住所地在约定的履行地，被告住所地和合同履行地法院有权管辖； 2. 当事人住所地与约定的履行地不一致，被告所在地人民法院管辖。
		（二）合同已实际履行：被告所在地与合同履行地管辖	1. 合同约定履行地的，以约定的履行地为合同履行地。 2. 没有约定合同履行地或者约定不明的： （1）给付货币的，接收货币一方所在地为合同履行地； （2）交付不动产的，不动产所在地为合同履行地； （3）交付其他标的，履行义务一方所在地为合同履行地； （4）财产租赁合同、融资租赁合同以租赁物使用地为合同履行地； （5）以信息网络方式订立的买卖合同，通过信息网络交付标的的，以买受人住所地为合同履行地；通过其他方式交付标的的，收货地为合同履行地。
侵权纠纷		由侵权行为地或者被告住所地法院管辖；侵权行为地包括侵权行为实施地与侵权结果发生地。
	名誉侵权	受侵害的公民、法人和其他组织的住所地视为侵权结果发生地。
	信息网络侵权	信息网络侵权行为实施地包括实施被诉侵权行为的计算机等信息设备所在地，侵权结果发生地包括被侵权人住所地。
其他特殊管辖	公司诉讼	因公司设立、确认股东资格、分配利润、解散等提起的诉讼，因股东名册记载、请求变更公司登记、股东知情权、公司决议、公司合并、公司分立、公司减资、公司增资等纠纷提起的诉讼，由公司住所地法院管辖。
	保险合同纠纷	被告住所地与保险标的所在地： 1. 如果保险标的为运输工具或运输中的货物，**可以**由运输工具登记注册地、运输目的地、保险事故发生地法院管辖。 2. 因人身保险合同纠纷提起的诉讼，可以由被保险人住所地人民法院管辖。
	票据纠纷	被告住所地、票据支付地。
	运输合同纠纷	被告住所地、运输始发地、目的地。
	运输侵权纠纷	被告住所地、事故发生地、（车辆船舶最先到达地、航空器最先降落地）。
	海难救助	救助地、被救助船舶最先到达地（没有被告住所地）。
	共同海损	船舶最先到达地、共同海损理算地、航程终止地（没有被告住所地）。
	产品、服务侵权纠纷	产品制造地、产品销售地、服务提供地、侵权行为地、被告住所地。

四、专属管辖：法律对某些特殊案件，强制性规定只能由特定的人民法院管辖。

一般专属管辖	不动产纠纷	不动产所在地法院。
	港口作业	港口所在地法院。
	遗产纠纷	被继承人死亡时住所地、主要遗产所在地法院。
涉外专属管辖		在中国履行的中外合资经营企业合同、中外合作经营企业合同、中外合作勘探开发自然资源合同发生的纠纷，由中国法院管辖。

续表

五、协议管辖	
概念	合同或者其他财产权益纠纷当事人可以书面协议选择被告住所地、合同履行地、合同签订地、原告住所地、标的物所在地等与争议有实际联系的地点人民法院管辖，但不得违背本法对级别管辖和专属管辖的规定。
适用对象	合同或者其他财产权益纠纷的一审地域管辖；包括同居、婚姻、收养关系解除后的财产权益纠纷。
形式	书面协议，口头的管辖协议无效。
选择范围	被告住所地、合同履行地、合同签订地、原告住所地、标的物所在地等与争议有实际联系的地点的人民法院。
要求	1. 形式：书面协议，口头无效； 2. 管辖协议约定两个以上与争议有实际联系的地点的人民法院管辖，原告可以向其中一个人民法院起诉。
注意	1. 协议管辖不得违背级别管辖和专属管辖的规定； 2. 经营者使用格式条款与消费者订立管辖协议，未采取合理方式提请消费者注意，消费者主张管辖协议无效的，人民法院应予支持； 3. 管辖协议约定由一方当事人住所地人民法院管辖，协议签订后当事人住所地变更的，由签订管辖协议时的住所地人民法院管辖，但当事人另有约定的除外； 4. 合同转让的，合同的管辖协议对合同受让人有效，但转让时受让人不知道有管辖协议，或者转让协议另有约定且原合同相对人同意的除外。

◎考点讲解

一、专门管辖

我国法院系统划分为专门法院系统和地方法院系统。对于专门法院，是指某个领域中的案件由专门设立的法院管辖。目前我国主要的专门法院包括：军事法院、海事法院、互联网法院和知识产权法院。

1. 双方当事人均为军人或者军队单位的民事案件由军事法院管辖。（《民诉司法解释》第 11 条）

2. 海事、海商案件由海事法院管辖。（《民诉司法解释》第 2 条第 2 款）

3. 专利纠纷案件由知识产权法院、最高人民法院确定的中级人民法院和基层人民法院管辖。（《民诉司法解释》第 2 条第 1 款）

★提示 海事法院和知识产权法院在级别上相当于中级人民法院。

4. 北京、广州、杭州互联网法院集中管辖所在市辖区内应由基层法院受理的涉互联网案件。

二、一般地域管辖

一般地域管辖指以法院辖区与当事人所在地之间的隶属关系来确定的管辖权。原则上由被告所在地法院管辖，即原告就被告；当然特殊情况下也可能存在被告就原告，即以原告所在地确定管辖权。

▶★提示　当事人所在地的判断：

步骤一：确定是否有经常居住地，即公民离开住所地至起诉时已经连续居住满一年以上的地方，但公民住院就医的地方除外。经常居住地要求有二：（1）起诉时在此居住；（2）连续居住满一年。如果有经常居住地，就以经常居住地为该公民所在地，如果没有经常居住地，进入第二步；

步骤二：没有经常居住地的，以住所地为该公民所在地，户籍所在地即为公民住所地；

步骤三：没有经常居住地，又没有住所地的（即户籍迁出还未落户），由其原户籍所在地人民法院管辖。

一般地域管辖

（1）原则：原告就被告

原则的重申：《民诉司法解释》的规定。

①双方当事人都被监禁或者被采取强制性教育措施的，由被告原住所地人民法院管辖。被告被监禁或者被采取强制性教育措施一年以上的，由被告被监禁地或者被采取强制性教育措施地人民法院管辖；

②双方当事人均被注销户籍的，由被告居住地法院管辖；

③夫妻双方离开住所地超过一年，一方起诉离婚的案件，由被告经常居住地人民法院管辖；没有经常居住地的，由原告起诉时被告居住地人民法院管辖。

（2）例外规定：被告就原告

《民事诉讼法》第23条和《民诉司法解释》第6条的规定：

①对不在中华人民共和国领域内居住的人提起有关身份关系的诉讼；

②对下落不明或者宣告失踪的人提起有关身份关系的诉讼；

③对被采取强制性教育措施的人提起的诉讼；

④对被监禁的人提起的诉讼；

⑤被告被注销户籍的，由原告住所地法院管辖。

考点提示：①和②两项中都对案件性质有所要求，要求是有关身份关系的诉讼。③、④和⑤没有对案件性质和类型的要求。

（3）特殊规定：可以由原告住所地法院管辖

①追索赡养费、抚育费、扶养费的几个被告住所地不在同一辖区的，可以由原告住所地法院管辖；

②夫妻一方离开住所地超过一年，另一方起诉离婚的，可以由原告住所地法院管辖。

▶★提示　可以由原告住所地法院管辖的含义：在此种情形下，原告所在地和被告所在地均有管辖权。

【经典真题】

（2016年卷三77题）A市东区居民朱某（男）与A市西县刘某结婚，婚后双方住A市东区。一年后，公司安排刘某赴A市南县分公司工作。三年之后，因感情不和朱某向A市东区法院起诉离婚。东区法院受理后，发现刘某经常居住地在南县，其对该案无管辖权，遂裁定将案件移送南县法院。南县法院收到案件后，认为无管辖权，将案件移送刘某户籍所在地西县法院。西县法院收到案件后也认为无管辖权。关于本案的管辖问题，下列哪些说法是正确的？[1]

    A. 东区法院有管辖权

    B. 南县法院有管辖权

    C. 西县法院有管辖权

    D. 西县法院认为自己没有管辖权，应当裁定移送有管辖权的法院

【解析】本案考查离婚案件的管辖和移送管辖。根据《民诉司法解释》第 12 条第 1 款的规定，夫妻一方离开住所地超过一年，另一方起诉离婚的案件，可以由原告住所地人民法院管辖。即在此种情形下，原告住所地与被告住所地均有管辖权。由于经常居住地优先适用于住所地，因此，本案东区法院和南县法院有管辖权，AB 正确，C 错误。法律规定移送管辖只能移送一次，对于接受移送的法院认为移送错误的，应当报请上一级法院指定管辖，而不得自行移送，D 错误。

三、特殊地域管辖

特殊地域管辖指以引起法律关系发生、变更、消灭的法律事实所在地与法院辖区之间的关系为标准而确定的管辖。具体包括侵权纠纷、合同纠纷、公司诉讼、共同海损、海难救助等。

（一）合同纠纷的管辖

因合同纠纷提起诉讼，由被告住所地或者合同履行地人民法院管辖（《民事诉讼法》第 24 条）。

难点 1：合同没有实际履行的情况

合同没有实际履行，且约定的履行地与当事人住所地不在一方住所地的，由被告住所地法院管辖，即约定的履行地法院没有管辖权。

难点 2：合同已经实际履行，由被告住所地或者合同履行地法院管辖。

根据《民诉司法解释》按照如下步骤确定管辖：

（1）有约定履行地的，以约定履行地为合同履行地（即确定案件由被告住所地与合同约定的履行地法院管辖）；

（2）没有约定履行地的，以如下方式确定合同履行地，如：

①争议标的为给付货币的，接收货币一方所在地为合同履行地；

②交付不动产的，不动产所在地为合同履行地；

③交付其他标的，履行义务一方所在地为合同履行地；

④财产租赁合同、融资租赁合同以租赁物使用地为合同履行地；

⑤以信息网络方式订立的买卖合同，通过信息网络交付标的的，以买受人住所地为合同履行地；通过其他方式交付标的的，收货地为合同履行地。

【经典真题】

（2012 年卷三 95 题）2009 年 2 月，家住甲市 A 区的赵刚向家住甲市 B 区的李强借了 5000 元，言明 2010 年 2 月之前偿还。到期后赵刚一直没有还钱。2010 年 3 月，李强找到赵刚家追讨该债务，发生争吵。赵刚因所牵宠物狗易受惊，遂对李强说："你不要大声喊，狗

---

[1] 2016 年卷三 77 题答案：AB

会咬你。"李强不理，仍然叫骂，并指着狗叫喊。该狗受惊，扑向李强并将其咬伤。李强治伤花费 6000 元。

李强起诉要求赵刚返还欠款 5000 元、支付医药费 6000 元，并向法院提交了赵刚书写的借条、其向赵刚转账 5000 元的银行转账凭证、本人病历、医院的诊断书（复印件）、医院处方（复印件）、发票等。

关于李强与赵刚之间欠款的诉讼管辖，下列选项正确的是[1]

A. 甲市 A 区法院　　　　　　　　　B. 甲市 B 区法院
C. 甲市中级法院　　　　　　　　　D. 应当专属甲市 A 区法院

【解析】本题考查借款合同案件的管辖。本题没有约定合同履行地，争议标的为给付货币，接受货币的一方所在地为合同履行地，因此，A 项为被告住所地，B 项为合同履行地。

（二）侵权纠纷的管辖

1. 侵权纠纷由侵权行为地或者被告住所地法院管辖。注意：侵权行为地包括侵权行为实施地和结果发生地。

2. 几个特殊案件中侵权行为地的确定：

（1）名誉侵权案件

名誉权侵权案件，由侵权行为地或者被告住所地人民法院管辖。侵权行为地包括侵权行为实施地和侵权结果发生地。受侵害的公民、法人和其他组织的住所地视为侵权结果发生地。

（2）信息网络侵权案件

《民诉司法解释》第 25 条对信息网络侵权行为地做了明确界定，即信息网络侵权行为实施地包括实施被诉侵权行为的计算机等信息设备所在地，侵权结果发生地包括被侵权人住所地。

（三）其他特殊地域管辖的规定

1. 公司诉讼由公司住所地法院管辖。

公司诉讼包括：因公司设立、确认股东资格、分配利润、解散等纠纷以及股东名册记载、请求变更公司登记、股东知情权、公司决议、公司合并、公司分立、公司减资、公司增资等纠纷提起的诉讼。

【经典真题】

（2014 年卷三 96 题）甲县的葛某和乙县的许某分别拥有位于丙县的云峰公司 50% 的股份。后由于二人经营理念不合，已连续四年未召开股东会，无法形成股东会决议。许某遂向法院请求解散公司，并在法院受理后申请保全公司的主要资产（位于丁县的一块土地的使用权）。依据法律，对本案享有管辖权的法院是：[2]

A. 甲县法院　　　　B. 乙县法院　　　　C. 丙县法院　　　　D. 丁县法院

【解析】本题考查公司解散案件的管辖。《民事诉讼法》第 27 条规定：因公司设立、确认股东资格、分配利润、解散等纠纷提起的诉讼，由公司住所地人民法院管辖。因此，本题答案为 C。

---

[1] 2012 年卷三 95 题答案为：AB
[2] 2014 年卷三 96 题答案为：C

★**提 示** 有关公司设立、解散、权益等的纠纷案件只能由公司住所地人民法院管辖，其他法院无管辖权。

2. 保险合同纠纷：由被告住所地、保险标的物所在地法院管辖。

如果保险标的为运输工具或运输中的货物，可以由被告住所地、运输工具登记注册地、运输目的地、保险事故发生地人民法院管辖；

因人身保险合同纠纷提起的诉讼，可以由被保险人住所地人民法院管辖。（《民诉司法解释》新增）

3. 票据纠纷：由被告住所地和票据支付地法院管辖。

4. 运输合同纠纷：由被告住所地、运输始发地、目的地法院管辖。

5. 运输侵权纠纷：由被告住所地、事故发生地、车辆船舶最先到达地或航空器最先降落地法院管辖。

6. 海难救助：救助地、被救助船舶最先到达地法院管辖。

7. 共同海损：船舶最先到达地、共同海损理算地、航程终止地法院管辖。

8. 因产品、服务质量不合格造成他人财产、人身损害提起的诉讼，产品制造地、产品销售地、服务提供地、侵权行为地和被告住所地人民法院都有管辖权。

四、专属管辖

1. 《民事诉讼法》第 34 条规定：下列案件由本条规定的法院专属管辖：

（1）不动产纠纷：由不动产所在地法院专属管辖；

（2）港口作业：由港口所在地法院专属管辖；

（3）遗产纠纷：由被继承人死亡时住所地、主要遗产所在地法院管辖。

★**提 示** ①专属管辖是排斥其他法院的管辖权，即专属管辖之外的其他法院不能管辖以上三类案件，当事人也不能通过协议改变此种管辖。但是专属管辖并不排斥仲裁，当事人仍然可以通过仲裁协议约定由仲裁委员会管辖（遗产纠纷除外，因为根据《仲裁法》的规定，遗产纠纷不能仲裁）；

②不动产纠纷的判断。《民诉司法解释》确定不动产纠纷是指因不动产的权利确认、分割、相邻关系等引起的物权纠纷。

农村土地承包经营合同纠纷、房屋租赁合同纠纷、建设工程施工合同纠纷、政策性房屋买卖合同纠纷，按照不动产纠纷确定管辖。

不动产已登记的，以不动产登记簿记载的所在地为不动产所在地；不动产未登记的，以不动产实际所在地为不动产所在地。

2. 涉外专属管辖：在中国履行的中外合资经营企业合同、中外合作经营企业合同、中外合作勘探开发自然资源合同发生的纠纷，由中国法院管辖。（《民事诉讼法》第 273 条）

3. 对继承遗产纠纷中主要遗产所在地的判断，以遗产的数量和价值为判定标准。

五、协议管辖

《民事诉讼法》第 35 条：合同或者其他财产权益纠纷当事人可以书面协议选择被告住所地、合同履行地、合同签订地、原告住所地、标的物所在地等与争议有实际联系地点的人民法院管辖，但不得违背本法对级别管辖和专属管辖的规定。

1. 适用范围：合同和其他财产权益纠纷的一审案件。

补充：当事人因同居或者在解除婚姻、收养关系后发生财产争议，属于财产权益纠纷，适用协议管辖的规定。注意：仅仅是这些关系解除后发生的财产争议适用协议管辖，解除婚姻、收养关系本身不属于财产争议，不适用协议管辖。

提示：其他财产权益纠纷，主要指侵犯财产权的侵权纠纷。

2. 形式：书面形式。口头的管辖协议无效。

3. 选择范围：被告住所地、合同签订地、合同履行地、原告住所地、标的物所在地或者其他与争议有实际联系地点法院。因为只有与争议有实际联系地点的法院行使管辖权才符合两便原则。

★4. 管辖协议约定两个以上与争议有实际联系的地点的人民法院管辖，原告可以向其中一个人民法院起诉。（注意此处为《民诉司法解释》的规定，与之前的规定不一样。管辖协议约定两个以上法院管辖的，不再导致管辖协议无效，而是允许原告选择向其中一个法院起诉。）

5. 限制：不违反级别管辖和专属管辖的规定。

6. 注意：《民诉司法解释》增加了如下三条规定，请考生留意。

（1）经营者使用格式条款与消费者订立管辖协议，未采取合理方式提请消费者注意，消费者主张管辖协议无效的，人民法院应予支持。

（2）管辖协议约定由一方当事人住所地人民法院管辖，协议签订后当事人住所地变更的，由签订管辖协议时的住所地人民法院管辖，但当事人另有约定的除外。

（3）合同转让的，合同的管辖协议对合同受让人有效，但转让时受让人不知道有管辖协议，或者转让协议另有约定且原合同相对人同意的除外。

★提示 合同纠纷的解题思路：

步骤一：专属管辖优先；如果题目中出现专属管辖，直接由该专属管辖的法院管辖，无需再考虑协议管辖和法定管辖的问题。

步骤二：协议管辖；在没有专属管辖的前提下，看是否存在管辖协议，且协议是否有效，如果存在有效的管辖协议，由协议所选择的法院管辖。如果没有有效的管辖协议（包括没有管辖协议或者管辖协议无效两种情形），再进入步骤三法定管辖。

步骤三：法定管辖；在没有专属管辖，且没有有效管辖协议的前提下，看法定管辖。在法定管辖中，首先挑出被告住所地人民法院，一定有管辖权；关键问题在于合同履行地的管辖权问题，存在两个问题，一是合同是否履行的问题，二是约定履行地和实际履行地不一致的问题。

1. 合同是否实际履行：

（1）合同没有实际履行，但当事人有一方（不论原告还是被告）的住所地就在约定的履行地——被告住所地和约定的合同履行地法院有管辖权；

（2）合同没有实际履行，当事人住所地又不在约定的履行地，此时约定的履行地与争议没有实际联系，不符合两便原则，没有管辖权——由被告住所地法院管辖。

2. 合同履行了，但合同实际履行地与约定的履行地不一致——以约定履行地为准，即由被告住所地与约定履行地法院管辖。

【经典真题】

例1（2016年卷三96题）住所地在 H 省 K 市 L 区的甲公司与住所地在 F 省 E 市 D 区的乙公司签订了一份钢材买卖合同，价款数额为 90 万元。合同在 B 市 C 区签订，双方约定合同履行地为 W 省 Z 市 Y 区，同时约定如因合同履行发生争议，由 B 市仲裁委员会仲裁。合同履行过程中，因钢材质量问题，甲公司与乙公司发生争议，甲公司欲申请仲裁解决。因 B 市有两个仲裁机构，分别为丙仲裁委员会和丁仲裁委员会（两个仲裁委员会所在地都在 B 市 C 区），乙公司认为合同中的仲裁条款无效，欲向有关机构申请确认仲裁条款无效。

如相关机构确认仲裁条款无效，甲公司欲与乙公司达成协议，确定案件的管辖法院。关于双方可以协议选择的管辖法院，下列选项正确的是：[1]

A. H 省 K 市 L 区法院　　　　　　　B. F 省 E 市 D 区法院
C. B 市 C 区法院　　　　　　　　　　D. W 省 Z 市 Y 区法院

【解析】 本案考查协议管辖的选择法院范围。根据《民事诉讼法》第35条的规定，合同或者其他财产权益纠纷的当事人可以书面协议选择被告住所地、合同履行地、合同签订地、原告住所地、标的物所在地等与争议有实际联系的地点的人民法院管辖，但不得违反本法对级别管辖和专属管辖的规定。本案中，H 省 K 市 L 区为原告住所地，F 省 E 市 D 区为被告住所地，B 市 C 区为合同签订地，W 省 Z 市 Y 区为约定的合同履行地，当事人可以协商从这四个法院中选择管辖法院，因此，ABCD 均正确。

例2（2015年卷三95题）主要办事机构在 A 县的五环公司与主要办事机构在 B 县的四海公司于 C 县签订购货合同，约定：货物交付地在 D 县；若合同的履行发生争议，由原告所在地或者合同签订地的基层法院管辖。现五环公司起诉要求四海公司支付货款。四海公司辩称已将货款交给五环公司业务员付某。五环公司承认付某是本公司业务员，但认为其无权代理本公司收取货款，且付某也没有将四海公司声称的货款交给本公司。四海公司向法庭出示了盖有五环公司印章的授权委托书，证明付某有权代理五环公司收取货款，但五环公司对该授权书的真实性不予认可。根据案情，法院依当事人的申请通知付某参加（参与）了诉讼。对本案享有管辖权的法院包括[2]

A. A 县法院　　　B. B 县法院　　　C. C 县法院　　　D. D 县法院

【解析】 本题考查同时约定两个人民法院的协议管辖的效力。《民诉司法解释》第30条规定：根据管辖协议，起诉时能够确定管辖法院的，从其约定；不能确定的，依照民事诉讼法的相关规定确定管辖。管辖协议约定两个以上与争议有实际联系的地点的人民法院管辖，原告可以向其中一个人民法院起诉。也即管辖协议约定两个以上法院管辖的，不再导致管辖协议无效，而是允许原告选择向其中一个法院起诉。本案中当事人约定原告所在地或者合同签订地的基层法院管辖，A 县为原告所在地、C 县为合同签订地，均有管辖权，由原告选择即可。所以答案为：AC。

---

[1] 2016 年卷三 96 题答案为：ABCD
[2] 2015 年卷三 95 题答案为：AC

考点五　共同管辖和选择管辖

知识体系

共同管辖	对于同一个案件两个以上法院都有管辖权。
选择管辖	两个以上法院都有管辖权时原告有权选择向一个法院起诉。
原告向两个有管辖权的法院起诉	**最先立案**的法院管辖。

考点讲解

共同管辖和选择管辖其实是一个问题的两个方面，即一个案件两个法院都有管辖权，对法院而言，称之为共同管辖，即两个法院都有管辖权；对当事人而言，可以选择向其中一个法院起诉，有选择权，称之为选择管辖。本节需要解决的问题是，如果根据法律规定，一个案件多个法院具有管辖权，如何确定管辖的问题。

在共同管辖的情况下，原告向两个以上有管辖权的法院起诉时，最先立案的法院取得管辖权。后立案的法院将不再有管辖权，应当裁定将案件移送给先立案的法院。

对共同管辖的考查，往往与移送管辖和指定管辖结合考查。

考点六　裁定管辖

知识体系

移送管辖	法院受理案件后，当事人在答辩期间届满后未应诉答辩，人民法院在一审开庭前，发现案件不属于本院管辖的，应当裁定移送有管辖权的人民法院。
要件	1. 已经受理案件；2. 发现自己无管辖权；3. 受移送的法院对案件有管辖权。
注意	1. 地域管辖移送，受移送法院认为自己也无管辖权，不得再行移送，只能报请（自己的）上级法院指定管辖； 2. 两个以上法院均有管辖权的案件，先立案法院不得将案件移送其他有管辖权的法院。
指定管辖	上级法院以裁定方式指定下级法院对案件行使管辖权。
情形	1. 受移送法院认为自己对移送来的案件无管辖权，报上级法院指定管辖； 2. 有管辖权法院由于特殊原因不能行使管辖权，由上级法院指定管辖； 3. 通过协商不能解决管辖权争议，报共同的上级法院指定管辖。
管辖权转移	根据上级法院的决定或者同意，案件在上下级法院之间转移。
向上转移	上级法院有权管辖下级法院管辖的第一审民事案件： 1. 上级法院认为下级法院管辖的案件应由自己管辖，决定转移； 2. 下级法院认为自己管辖的案件需要上级法院管辖，经上级法院同意后转移。

续表

向下转移	"确有必要"将本院管辖的第一审案件交下级法院审理的，**应当报请其上级法院批准**： 1. 破产程序中有关债务人的诉讼案件； 2. 当事人人数众多且不方便诉讼的案件； 3. 最高人民法院确定的其他类型案件。

考点讲解

裁定管辖是指法院通过裁定的方式确定案件的管辖权。

具体而言包括：移送管辖、指定管辖和管辖权转移三种情形。

一、移送管辖

人民法院立案后，在一审开庭前，发现案件不属于本院管辖的，应当裁定移送有管辖权的人民法院。

1. 条件：

（1）法院已经受理案件；

（2）受理案件的法院发现自己没有管辖权；

（3）受移送的法院有管辖权。

当然，法院移送管辖的前提在于当事人没有应诉答辩，因为如果被告没有提出管辖权异议，并且应诉答辩，受理案件的法院将根据应诉管辖的规定取得管辖权，无需再行移送管辖。

注意：移送管辖可以基于地域管辖错误而发生在同级法院之间，也可以基于级别管辖错误而发生在上下级法院之间。

2. 考点提示：

（1）受移送法院认为自己也没有管辖权的，不得将案件再行移送，也不得将案件退回移送法院，只能报请上级法院指定管辖。注意，是报请自己的上级法院指定管辖。

（2）对于因当事人级别管辖异议成立而发生的级别管辖的移送，当事人未提出上诉，但受移送的上级人民法院认为确有错误的，可以依职权裁定撤销。

（3）两个以上法院均有管辖权的案件，先立案法院不得将案件移送其他有管辖权法院。

【经典真题】

（2014卷三78题）根据《民事诉讼法》和相关司法解释的规定，法院的下列哪些做法是违法的？[1]

A. 在一起借款纠纷中，原告张海起诉被告李河时，李河居住在甲市A区。A区法院受理案件后，李河搬到甲市D区居住，该法院知悉后将案件移送D区法院

B. 王丹在乙市B区被黄玫打伤，以为黄玫居住乙市B区，而向该区法院提起侵权诉讼。乙市B区法院受理后，查明黄玫的居住地是乙市C区，遂将案件移送乙市C区法院

C. 丙省高院规定，本省中院受理诉讼标的额1000万元至5000万元的财产案件。丙省E市中院受理一起标的额为5005万元的案件后，向丙省高院报请审理该案

---

[1] 2014年卷三78题答案为：ABC

D. 居住地为丁市 H 区的孙溪要求居住地为丁市 G 区的赵山依约在丁市 K 区履行合同。后因赵山下落不明，孙溪以赵山为被告向丁市 H 区法院提起违约诉讼，该法院以本院无管辖权为由裁定不予受理

【解析】本题考查管辖恒定、移送管辖以及法院在受理审查时对无管辖权案件的处理。管辖恒定是指确定案件的管辖权，以起诉时为标准，起诉时对案件享有管辖权的法院，不因确定管辖的相关因素在诉讼过程中发生变化而影响其管辖权。选项 A 因被告住所地在起诉后变化而移送错误。移送管辖的适用情形只能是法院认为本院对案件无管辖权。乙县 B 区法院作为侵权行为地的法院对本案有管辖权，其移送不正确，B 错误。而 C 项中，法院受理案件后发现该案件超出本院受案标的额的范围，应将案件移送至有管辖权的上级人民法院，非报请审理该案，C 错误。丁市 H 区作为原告住所地对该案无管辖权，因此丁市 H 区法院裁定不予受理的做法正确，D 正确。所以，本题答案为 ABC。

二、指定管辖

指定管辖是指在特殊情况下，由上级法院通过裁定的方式指定某一下级法院对某一具体案件行使管辖权。指定管辖一般发生在如下情形：

1. 有管辖权的法院不方便行使管辖权；

诸如有管辖权的法院成了案件一方当事人或者该院法官集体需要回避的情形；或者由于自然灾害，该法院无法正常工作等情形。

2. 移送管辖中，受移送法院认为自己没有管辖权，从而报请自己的上级法院指定管辖；

3. 关于管辖权发生争议，协商解决不了的，层报共同的上级法院指定管辖。

发生管辖权争议的两个人民法院因协商不成报请它们的共同上级人民法院指定管辖时，双方为同属一个地、市辖区的基层人民法院的，由该地、市的中级人民法院及时指定管辖；同属一个省、自治区、直辖市的两个人民法院的，由该省、自治区、直辖市的高级人民法院及时指定管辖；双方为跨省、自治区、直辖市的人民法院，高级人民法院协商不成的，由最高人民法院及时指定管辖。依照前款规定报请上级人民法院指定管辖时，应当逐级进行。

对报请上级人民法院指定管辖的案件，下级人民法院应当中止审理。指定管辖裁定作出前，下级人民法院对案件作出判决、裁定的，上级人民法院应当在裁定指定管辖的同时，一并撤销下级人民法院的判决、裁定。

三、管辖权转移

管辖权转移是指根据上级法院的决定或同意，将案件管辖权在上下级法院之间进行转移，其实质是对级别管辖的一种变通和个别调整。

1. 管辖权从下级法院转移到上级法院——上级法院有权审理下级法院管辖的案件。

（1）上级法院认为下级法院管辖的案件应由自己管辖，决定转移；

（2）下级法院认为自己管辖的案件需要上级法院管辖，经上级法院同意后转移。

2. 管辖权从上级法院转移到下级法院。

上级法院认为确有必要将自己管辖的案件交给下级法院审理的，应当在开庭前报请自己的上级法院批准后，下达裁定，将案件转移到下级法院审理。

根据《民诉司法解释》，此处"确有必要"系指以下情形：

（1）破产程序中有关债务人的诉讼案件；

（2）当事人人数众多且不方便诉讼的案件；

（3）最高人民法院确定的其他类型案件。

注意：对于应由上级人民法院管辖的第一审民事案件，下级人民法院不得报请上级人民法院交其审理。（《关于审理民事级别管辖异议案件若干问题的规定》第4条）

对比：管辖权转移与移送管辖

区别	移送管辖	管辖权转移
性质不同	移送的仅仅是案件	转移的是管辖权
作用不同	错误立案的纠正	级别管辖的变通
程序不同	为单方行为，移送人民法院作出移送裁定，无需经过受移送人民法院的同意，且受移送人民法院必须接受移送。	包括因上级人民法院单方决定的转移和因下级人民法院报请与上级人民法院同意双方行为而为的转移。**对于上级人民法院将案件管辖权转移下级人民法院的，需要确有必要，并应当报请其上级人民法院批准。**对于应由上级人民法院管辖的第一审民事案件，下级人民法院不得报请上级人民法院交其审理。

考点七　管辖权异议

知识体系

主体	本案当事人，实践中常为被告；有独立请求权第三人和无独立请求权第三人均无权提出管辖权异议。
客体	一审民事案件的管辖权，包括级别管辖和地域管辖。
时间	**提交答辩状期间；**注意例外情形：当事人增加诉讼请求导致级别管辖变化，对方提出级别管辖权异议，不受递交答辩状期间限制。
处理	异议成立——裁定将案件移送有管辖权的法院；异议不成立——裁定驳回。**考点提示：**在管辖权异议裁定作出前，原告申请撤回起诉，受诉人民法院作出准予撤回起诉裁定的，对管辖权异议不再审查，并在裁定书中一并写明。
救济	当事人对管辖权异议裁定不服，可以在10日内上诉。
应诉管辖	当事人没有提出管辖权异议，并应诉答辩的，视为受诉人民法院有管辖权，但违背级别管辖和专属管辖的除外。

考点讲解

人民法院受理案件后，当事人对管辖权有异议的，应当在提交答辩状期间提出。人民法院对当事人提出的异议，应当审查。异议成立的，裁定将案件移送有管辖权的人民法院；

异议不成立的，裁定驳回。

1. 主体：本案当事人。实践中常为被告。第三人（包括有独立请求权第三人和无独立请求权第三人）均无权提出管辖权异议。

2. 时间：提交答辩状期间。

3. 对象：一审民事案件的管辖权。注意，当事人对管辖权有异议的，有权提出管辖权异议，此处包括对地域管辖提出异议，也包括对级别管辖提出异议。

4. 对异议的处理：

（1）对异议成立的，裁定移送给有管辖权的法院；

理解：被告管辖权异议成立，说明受理案件的法院没有管辖权而错误立案，当然应当通过移送管辖的方式将案件移送有管辖权的法院进行纠正。

（2）异议不成立的，裁定驳回。

5. 救济：对管辖权异议裁定不服，可以上诉。

★提示　民诉中，可以上诉的裁定有三个：管辖权异议裁定，不予受理裁定，驳回起诉裁定。

6. 应诉管辖：当事人没有提出管辖权异议，并且应诉答辩的，视为受诉人民法院有管辖权，但违背级别管辖和专属管辖的除外。如何判定构成"应诉答辩"，《民诉司法解释》第 223 条第 2 款明确规定，当事人未提出管辖权异议，且就案件实体内容进行答辩、陈述或者反诉的，可以认定为构成"应诉答辩"。

7. 在管辖权异议裁定作出前，原告申请撤回起诉，受诉人民法院作出准予撤回起诉裁定的，对管辖权异议不再审查，并在裁定书中一并写明。

注意：人民法院对管辖权异议审查后确定有管辖权的，不因当事人提起反诉，增加或者变更诉讼请求等改变管辖，但违反级别管辖、专属管辖规定的除外。人民法院发回重审或者按照第一审程序再审之案件，当事人提出管辖权异议的，人民法院不予审查。

【经典真题】

例1（2017 年卷三 36 题）住所在 A 市 B 区的甲公司与住所在 A 市 C 区的乙公司签订了一份买卖合同，约定履行地为 D 县。合同签订后尚未履行，因货款支付方式发生争议，乙公司诉至 D 县法院。甲公司就争议的付款方式提交了答辩状。经审理，法院判决甲公司败诉。甲公司不服，以一审法院无管辖权为由提起上诉，要求二审法院撤销一审判决，驳回起诉。关于本案，下列哪一表述是正确的？[1]

A. D 县法院有管辖权，因 D 县是双方约定的合同履行地

B. 二审法院对上诉人提出的管辖权异议不予审查，裁定驳回异议

C. 二审法院应裁定撤销一审判决，发回一审法院重审

D. 二审法院应裁定撤销一审判决，裁定将案件移送有管辖权的法院审理

【解析】本题考查二审法院对逾期提出管辖权异议的处理。管辖权异议应当在提交答辩状期间提出，逾期提出的，包括逾期向第一审法院提出，以及一审判决作出后向第二审法院提出，此时人民法院对该管辖权异议不予审查，并裁定驳回异议。所以 B 项正确

---

［1］　2017 年卷三 36 题答案为：B

例2（2016年卷三78题）法院受理案件后，被告提出管辖异议，依据法律和司法解释规定，其可以采取下列哪些救济措施?[1]

　　A. 向受诉法院提出管辖权异议，要求受诉法院对管辖权的归属进行审查

　　B. 向受诉法院的上级法院提出异议，要求上级法院对案件的管辖权进行审查

　　C. 在法院对管辖异议驳回的情况下，可以对该裁定提起上诉

　　D. 在法院对案件审理终结后，可以以管辖错误作为法定理由申请再审

【解析】本题考查对管辖权异议的审查与救济。管辖权异议是指当事人认为受诉法院无管辖权，要求受诉法院对其管辖权的归属进行审查的意见，受诉法院应当对管辖权异议进行审查，在法院对管辖异议驳回的情况下，当事人可以对该裁定提起上诉，AC正确；管辖权异议只能向受诉法院提出，B错误；2012年《民事诉讼法》修订，已经将管辖错误的再审事由删除，因此，D项错误。

---

[1]　2016年卷三78题答案为：AC

第五专题
当事人

本专题为每年必考的内容，也是民事诉讼中的难点问题，重点提示如下：

当事人中，必须掌握：（1）非民事权利义务主体作为诉讼当事人的情形。其中，注意：民事诉讼法新增公益诉讼的主体；失踪人的财产代管人与下落不明人的财产代管人之间的区别；清算组不能作为当事人。（2）当事人适格的理解。当事人适格，又称正当当事人，是指对于特定的诉讼，有作为本案当事人起诉或应诉的资格。判定当事人是否适格的标准为与案件的诉讼标的是否有利害关系。（3）当事人适格与诉讼权利能力的关系。（4）当事人恒定与当事人变更。

当事人的具体确定中，重点掌握不同情形以及不同类型的案件中，当事人如何确定，特别是适格被告如何确定。

共同诉讼中，重点掌握：（1）法律规定的必要共同诉讼的情形。（2）必要共同诉讼人之间的内部关系，即其中一人的诉讼行为经其他人同意，对其他人有效。（3）必要共同诉讼人在各级程序中的追加。即法院在一审程序中可以依职权直接追加必要共同诉讼人，但是，在二审和审判监督程序中追加时，应根据自愿的原则进行调解，调解不成的，裁定撤销判决，发回原一审法院重审。（4）普通共同诉讼与必要共同诉讼的区别。

公益诉讼部分，需要掌握下列问题：（1）公益诉讼的特点；（2）公益诉讼的原告，即法律规定的机关和有关组织；（3）公益诉讼程序的特点。

诉讼代表人中，重点掌握：（1）诉讼代表人的确定。（2）诉讼代表人的权限。代表人可以独立行使诉讼权利，但是，承认、放弃、变更诉讼请求，进行和解需要经过被代表的当事人同意。

第三人中，重点掌握：（1）有独立请求权的第三人参诉的条件，即对本诉的诉讼标的享有独立的请求权，以起诉的方式，在本诉过程中提出。（2）有独立请求权的第三人参加诉讼后，本诉的原告撤诉，法院裁定准许的，有独立请求权的第三人作为另案原告，本诉讼中原告与被告作为另案被告，诉讼另行进行。（3）不得作为无独立请求权第三人的法定情形。（4）无独立请求权第三人的诉讼权利。即无独立请求权第三人在一审中无权对案件的管辖权提出异议，无权放弃、变更诉讼请求或者申请撤诉。有权行使诸如提供证据、委托诉讼代理人、参与庭审、进行辩论等一般性的诉讼权利。无独立请求权的第三人是否可以行使上诉权与对调解的同意权以及对调解书的签收权，取决于是否由其直接承担义务。（5）第三人撤销权之诉的内容。

【本专题复习建议】

1. 诉讼权利能力和诉讼行为能力。诉讼权利能力是指成为本案当事人，以自己名义起诉或应诉的资格，自然人始于出生终于死亡，法人始于成立终于终止都享有诉讼权利能力，以自己名义起诉或应诉；其他组织如果符合一定条件，也享有诉讼权利能力。

2. 当事人适格。对于具体的诉讼，有作为本案当事人起诉或者应诉的资格；一般本案所争议的民事法律关系（即本案诉讼标的）的主体即为本案适格当事人。

3. 共同诉讼分为必要共同诉讼和普通共同诉讼。必要共同诉讼的特征在于诉讼标的同一（即只有一个诉讼标的），所以必要共同诉讼本质上是一个诉，法院必须合并审理；而普通共同诉讼的特征在于诉讼标的同种类（即有若干诉讼标的，但是种类相同），其本质上是若干个独立的可分之诉，只是为了实现诉讼效率，经当事人同意，法院也认为可以合并审理的，可以合并审理。必要共同诉讼各共同诉讼人内部的关系为一人行为经其他共同诉讼人同意，对其他共同诉讼人生效；但是普通共同诉讼由于本质上是若干个独立之诉，所以各共同诉讼人之间相互独立。

4. 代表人诉讼。代表人诉讼本质上也是共同诉讼，只是共同诉讼人一方或双方人数众多（10 人以上），为了审理方便，由人数众多一方当事人选出代表进行诉讼，代表人的诉讼行为对其所代表的当事人发生效力；但是代表人放弃、变更、承认诉讼请求，进行和解必须经被代表的当事人同意（可见代表人的诉讼权利有点类似于一般授权的委托代理人）；根据人数众多一方当事人在起诉时人数是否确定，分为人数确定的代表人诉讼和人数不确定的代表人诉讼。人数确定的代表人诉讼可以是必要共同诉讼或者普通共同诉讼，代表人由全体当事人推选共同的诉讼代表人或者部分当事人推选自己的诉讼代表人，选不出代表人的，如果是必要共同诉讼，由该当事人自己参加诉讼（因为必要共同诉讼本质上为一个不可分之诉），如果是普通共同诉讼，则该当事人可以另行起诉（因为普通共同诉讼本质上就是若干个独立的可分之诉）。人数不确定的代表人诉讼只能是普通共同诉讼，代表人由当事人推选或者法院提出人选与当事人协商，协商不成由法院指定代表人，如果不同意该代表人的当事人可以另行起诉（因为人数不确定的代表人之诉一定是普通共同诉讼，本质上是若干个独立的可分之诉）。

5. 第三人分为有独立请求权第三人和无独立请求权第三人。有独立请求权第三人是指对本诉当事人争议的诉讼标的有独立的请求权而参加诉讼的人；有独三参加诉讼的理由在于其认为原、被告的权利主张侵犯了自己的权利，因此将其一并作为被告，提起独立的诉讼请求；由于有独三提起的是一个独立的诉，所以在案件中存在两个诉，一个是原告告被告，称之为本诉，另一个是以有独三为原告，以本诉原告、被告为共同被告，称之为有独三之诉，两个诉相互独立。有独三只能以起诉的方式参加诉讼，人民法院不能依职权追加有独三。有独三的诉讼地位类似于原告，不能提出管辖权异议。

无独立请求权第三人是指对原被告争议的诉讼标的的没有独立请求权，但与案件处理结果有法律上的利害关系而参加诉讼的人；其可以自己申请参加诉讼，也可以由法院依职权通知其参加诉讼。其诉讼权利义务的主要考点在于无独立请求权第三人不能提出管辖权异议，不能放弃、变更诉讼请求或者撤诉（因为他本身就没有独立请求权，当然不能放弃、变更诉讼请求或者撤诉了）；附条件享有的权利包括签收调解书和上诉权，调解书需要无独立请求权第三人承担责任的，调解书需要无独立请求权第三人签收才生效，一审判决无独立请求权第三人承担义务的，无独立请求权第三人可以上诉。

考点一　当事人及其具体确定

知识体系

一、诉讼权利能力和诉讼行为能力	
诉讼权利能力	又称当事人能力，解决能否充当当事人的法律资格的问题，即解决以自己的名义起诉和应诉的问题。
公民	始于出生，终于死亡；注意：未成年人和精神病患者可以作为当事人。
法人	始于成立，终于终止。
其他组织	符合条件的其他组织，具有诉讼权利能力，始于成立，终于终止： （一）**依法登记**并**领取营业执照**的个人独资企业、合伙企业、中外合作经营企业、外资企业、乡镇企业、街道企业； （二）**依法设立**并**领取营业执照**的法人的分支机构；依法成立的社会团体的分支机构、代表机构； （三）**依法设立**并**领取营业执照**的商业银行、政策性银行和非银行金融机构的分支机构。
诉讼行为能力	能否亲自进行诉讼，以自己的行为行使诉讼权利和承担诉讼义务的能力。
公民	有诉讼行为能力——完全民事行为能力人； 无诉讼行为能力——无民事行为能力人、限制民事行为能力人。
法人和其他组织	诉讼行为能力与诉讼权利能力同时产生、同时消灭。
二、当事人适格	
概念	又称正当当事人，是指当事人就**特定的诉讼**，有资格以自己的名义成为原告或者被告，因而受本案判决拘束的当事人。
原则	本案所争议的民事法律关系（即本案诉讼标的）的主体即为本案适格当事人。
例外：非实体权利义务主体成为当事人的情形	1. 基于身份关系： （1）为保护死者权利而提起诉讼的死者的近亲属； （2）为保护胎儿继承权而起诉的胎儿的母亲。 2. 基于法律规定的管理关系： （1）遗产管理人； （2）**失踪人**的财产代管人； （3）依法成立的著作权集体管理组织，根据著作权人的书面授权，可以以自己的名义起诉。 3. **基于法律的规定公益诉讼的原告**：法律规定的机关和有关组织。
三、当事人恒定与当事人的变更	
当事人恒定	在诉讼中，争议的民事实体权利义务转移的，不影响当事人的诉讼主体资格和诉讼地位。人民法院作出的发生法律效力的判决、裁定对受让人有拘束力。

续表

具体规定	受让人申请以无独立请求权的第三人身份参加诉讼的，人民法院可予准许。受让人申请替代当事人承担诉讼的，人民法院可以根据案件的具体情况决定是否准许；不予准许的，可以追加其为无独立请求权的第三人。
当事人变更	在诉讼过程中，根据法律规定或当事人的意思，原诉讼的当事人被变更或变动为新的当事人的一种诉讼现象。包括法定的当事人变更和任意的当事人变更。
任意的当事人变更	人民法院准许受让人替代当事人承担诉讼的，裁定变更当事人。变更当事人后，诉讼程序以受让人为当事人继续进行，原当事人应当退出诉讼。原当事人已经完成的诉讼行为对受让人具有拘束力。
法定的当事人变更（诉讼权利义务的承担）	自然人当事人死亡，其民事权利义务发生继承，由其继承人继承诉讼权利义务，进行诉讼。但该民事权利义务具有人身专属性除外； 法人或其他组织合并、分立，由合并或者分立后的法人或者其他组织承担诉讼权利、义务，进行诉讼。

四、常考的当事人确定的具体情形

个体工商户	以营业执照上登记的经营者为当事人；有字号的，**以登记的字号为当事人**，但应同时注明经营者的基本信息； 营业执照上登记的经营者与实际经营者不一致的，以登记的经营者和实际经营者为共同诉讼人。
职务行为	法人或者其他组织的工作人员的职务行为，以法人或者其他组织为当事人。
以责任人为当事人	1. 法人或者其他组织应该登记而未登记即以法人或者其他组织名义进行民事活动； 2. 法人或者其他组织依法终止后仍以其名义进行民事活动； 3. 冒用法人或者其他组织名义进行民事活动；注意：如果构成表见代理，则以代理关系确定当事人。

劳务损害赔偿

执行工作致人损害	因执行工作任务或提供劳务造成他人损害而发生的诉讼，用人单位或接受劳务一方为当事人。
执行工作时受侵害	1. 雇员在从事雇佣活动中遭受人身损害，雇主应当承担赔偿责任。 2. 雇佣关系以外的第三人造成雇员人身损害的，赔偿权利人可以请求第三人承担赔偿责任，也可以请求雇主承担赔偿责任。雇主承担赔偿责任后，可以向第三人追偿。
劳务派遣期间，被派遣人因工致人损害	1. 以接受劳务派遣的用工单位为当事人。 2. 当事人主张劳务派遣单位承担责任的，该劳务派遣单位为共同被告。 3. 当事人只起诉劳务派遣单位的，应当追加接受劳务派遣单位为共同被告。
法人解散	依法清算并注销前，以该企业法人为当事人； 未依法清算即被注销的，以该企业法人的股东、发起人或者出资人为当事人。

保证合同

一般保证合同	1. 债权人仅起诉债务人（即被担保人），以债务人为被告； 2. 债权人仅起诉保证人，法院应当追加债务人为共同被告； 3. 债权人起诉债务人和保证人，债务人和保证人为共同被告，但法院在判决书中应当明确对债务人的财产依法强制执行后仍不能履行义务的，由保证人承担保证责任。

续表

连带保证合同	1. 债权人起诉债务人，以债务人为被告； 2. 债权人起诉保证人，以保证人为被告； 3. 债权人起诉债务人和保证人，将债权人和保证列为共同被告。
新闻报道名誉权侵权案件	
职务行为	新闻出版单位为被告。
非职务行为	1. 只诉作者的，列作者为被告； 2. 只诉新闻出版单位的，列新闻出版单位为被告； 3. 对作者和新闻出版单位都提起诉讼的，将作者和新闻出版单位均列为被告。
教育、管理、保护关系案件	
无民事行为能力人在校受到侵害的	幼儿园、学校或者其他教育机构为被告。注意：此时幼儿园、学校或者其他教育机构应当承担过错推定责任，但能够证明已尽到教育、管理职责的，不承担责任。
限制民事行为能力人在校受到侵害的	学校或者其他教育机构为被告。注意：此时学校或者其他教育机构承担过错责任。
第三人致未成年人遭受人身损害的	1. 赔偿权利人只诉第三人的，第三人为被告； 2. 赔偿权利人诉第三人和教育机构的，第三人与教育机构为共同被告。此时教育机构承担过错补充赔偿责任； 3. 赔偿权利人只起诉教育机构的，应当将第三人作为共同被告。
安全保障关系案件	
在负有安保义务场所遭受人身损害	安全保障义务人是被告。注意：从事住宿、餐饮、娱乐等经营活动或者其他社会活动的自然人、法人、其他组织是负有安全保障义务人；安全保障义务人承担过错责任。
第三人在安保义务场所侵权	1. 赔偿权利人只诉第三人的，第三人为被告； 2. 赔偿权利人诉第三人和安保义务人的，第三人与安保义务人为共同被告。此时安保义务人承担过错补充赔偿责任。安全保障义务人承担责任后，可以向第三人追偿； 3. 赔偿权利人起诉安全保障义务人的，应当将第三人作为共同被告，但第三人不能确定的除外。
共同侵权和共同危险行为	1. 原告选择起诉一部分侵权人或危险人的，这部分侵权人或危险人是本案的被告，法院不依职权追加另一部分侵权人或危险人为本案共同被告。这部分人承担赔偿责任后，可以向未承担责任的侵权人或危险人进行追偿； 2. 原告选择起诉全部侵权人或危险人的，这些侵权人或危险人为共同被告。
动物致害案件	
饲养动物致人损害	动物饲养人或者管理人是被告。
第三人过错使动物致人损害	1. 被侵权人可以起诉动物饲养人或者管理人请求赔偿。动物饲养人或者管理人赔偿后，有权向第三人追偿； 2. 被侵权人可以起诉第三人，第三人是被告。
解散公司诉讼	1. **股东提起解散公司诉讼应当以公司为被告；** 2. 原告以其他股东为被告一并提起诉讼的，人民法院应当告知原告将其他股东变更为第三人；原告坚持不予变更的，人民法院应当驳回原告对其他股东的起诉； 3. 其他股东或者有关利害关系人申请以共同原告或者第三人身份参加诉讼的，人民法院应予准许。

○ 考点讲解

一、概念

当事人是指因民事权利义务发生争议，以自己名义进行诉讼，要求法院行使民事裁判权的人（及相对人）。当事人具有以下特征：第一，因民事权利义务发生争议；第二，以自己的名义进行诉讼。

二、诉讼权利能力和诉讼行为能力

（一）诉讼权利能力

1. 概念：民事诉讼权利能力，又称当事人能力，是能够成为民事诉讼当事人，享有诉讼权利，承担诉讼义务的资格。民事诉讼权利能力，解决的是能够成为当事人的法律资格问题，与能否以自己的行为行使诉讼权利和承担诉讼义务没有关系。

2. 判断：

（1）自然人的诉讼权利能力始于出生，终于死亡；

（2）法人的诉讼权利能力始于成立，终于终止；

（3）有一些其他组织，虽然没有法人资格，不能独立承担民事责任，但为了方便它们参与诉讼，民事诉讼法规定符合一定条件，也享有诉讼权利能力（即成为当事人的资格），它们分别是：

①依法登记领取营业执照的个人独资企业、合伙企业、中外合作经营企业、外资企业、乡镇企业、街道企业；

②依法设立并领取营业执照的法人的分支机构；依法成立的社会团体的分支机构、代表机构；

③依法设立并领取营业执照的商业银行、政策性银行和非银行金融机构的分支机构。

【经典真题】

（2008年延考卷三48题）依据我国现行法律的规定及相关诉讼理论，关于当事人诉讼权利能力，下列哪一选项是正确的？[1]

A. 民事诉讼权利能力都是以民事权利能力为基础的

B. 民事诉讼权利能力都是以民事行为能力为基础的

C. 具有民事诉讼权利能力者在实体上就具有民事权利能力

D. 具有民事诉讼权利能力者在实体上不一定就具有民事权利能力

【解析】自然人和法人的诉讼权利能力和民事权利能力一样，始于出生，终于死亡；关键是其他组织，有些其他组织不享有民事权利能力，但是为了方便其他组织解决纠纷，从诉讼便利角度出发，规定符合一定条件的其他组织具有诉讼权利能力，如法人依法设立并领取营业执照的分支机构（分公司）。

结合以上分析，我们可以看到，符合法定情形的其他组织没有民事权利能力，也没有民事行为能力，但其具有诉讼权利能力，所以AB选项错误；C选项仍然以一些符合条件的

---

〔1〕2008年延考卷三48题答案为：D

其他组织为反例，有些符合法定情形的其他组织具有诉讼权利能力，但是不具有民事权利能力，如法人依法设立并领取营业执照的分公司，所以 C 选项错误。本题选择 D 选项，其实 D 选项说的就是一些符合法定条件的其他组织，具有诉讼权利能力，但是不具有民事权利能力。此题较难，考生可以从其他组织入手，来区别诉讼权利能力和民事权利能力。

（二）诉讼行为能力

1. 概念：诉讼行为能力是指亲自参加诉讼行使诉讼权利，承担诉讼义务的能力。

2. 自然人的诉讼行为能力与民事行为能力有对应关系：

（1）完全民事行为能力人为有诉讼行为能力人。

（2）无民事行为能力人、限制民事行为能力人为无诉讼行为能力人，其只能由其法定诉讼代理人代为诉讼。

可见，民事诉讼代理制度是为了弥补和扩大当事人民事诉讼行为能力而设立的制度。法定诉讼代理制度的设置是为弥补当事人诉讼行为能力的，因此，法定代理人与当事人享有同样的诉讼权利，承担同样的诉讼义务；委托诉讼代理制度的设置是为扩大当事人及其法定代理人诉讼行为能力，为了让其更好地行使诉讼权利。

注意：未成年人和精神病人有诉讼权利能力，可以作为案件当事人，但是由于其没有诉讼行为能力，故不能亲自参加诉讼，需要法定代理人代为参加诉讼。

3. 法人和其他组织的诉讼行为能力与诉讼权利能力同时产生，同时消灭（始于成立，终于终止）。

★提　示　对于自然人，其民事诉讼权利能力与民事诉讼行为能力对于完全民事行为能力人而言是一致的；无民事行为能力或者限制民事行为能力人是无民事诉讼行为能力的人，这两种能力是分离的。

对于法人和其他组织，其民事诉讼权利能力与民事诉讼行为能力是一致的，他们的民事诉讼行为能力，由法定代表人或主要负责人具体实施。

三、当事人适格

当事人适格，又称正当当事人，是指当事人就特定的诉讼，有资格以自己的名义成为原告或者被告，因而受本案判决拘束的当事人。

1. 当事人适格 VS 诉讼权利能力或诉讼行为能力

诉讼权利能力或诉讼行为能力是抽象地说某自然人、法人或其他组织有没有作为民事诉讼当事人或亲自参加诉讼的资格和能力问题，与具体案件无关；而当事人适格必须结合具体的案件，考查该自然人、法人或其他组织有没有作为本案适格当事人的资格。

【经典真题】

（2012 年卷三 81 题）关于当事人能力与当事人适格的概念，下列哪些表述是正确的？[1]

A. 当事人能力又称当事人诉讼权利能力，当事人适格又称正当当事人

B. 有当事人能力的人一定是适格当事人

C. 适格当事人一定具有当事人能力

---

[1]　2012 年卷三 81 题答案为：AC

D. 当事人能力与当事人适格均由法律明确加以规定

【解析】B选项错在有当事人能力的人不一定是适格的当事人，因为当事人能力是抽象地规定有没有作为当事人的资格，而适格当事人要结合具体的案件进行判断，如自然人张三，有诉讼权利能力，有当事人能力，但是对于李四和王五的侵权纠纷一案，张三不是适格的当事人；D选项错在当事人能力由法律明文规定（自然人、法人和其他组织什么情况下具有当事人能力由法律规定），而适格当事人必须结合具体案件进行判断。

2. 当事人适格的判断

原则上，本案所争议的民事法律关系（即本案诉讼标的）的主体即为本案适格当事人。如侵权纠纷的行为人和受害人是适格当事人；合同纠纷的合同双方当事人是适格当事人等。

但也有一些主体并非本案争议的民事法律关系的主体，但是仍然可以成为本案适格当事人，主要有如下两类：

（1）确认之诉中，对诉讼标的有确认利益的人，是确认之诉的适格当事人。

举例说明，甲公司起诉乙公司要求法院确认其与乙公司之间不存在专利侵权关系（消极的确认之诉），在本案中，甲公司没有实施专利侵权行为，并非侵权实体法律关系的主体，但是对本案享有确认利益，该利益在于如果法院确认甲公司没有侵权行为，甲公司可以从纠纷中解脱出来。

（2）根据他人的意思或法律规定，依法对他人的民事权利享有管理权的人，也是适格的当事人。例如：下文中提到的非实体权利义务主体成为当事人的情形。

3. 法律规定的正当当事人：非实体权利义务主体成为当事人的情形

一般情况下，只有是发生争议的民事实体法律关系的主体，才能成为适格的当事人，但在某些特殊的情况下，非民事实体法律关系的主体，也可以作为适格的当事人，但必须由法律明确规定。非实体权利义务主体成为当事人的情形，主要包括：

（1）公益诉讼中的原告：法律规定的机关和有关组织

《民事诉讼法》第58条规定，对污染环境、侵害众多消费者合法权益等损害社会公共利益的行为，法律规定的机关和有关组织可以向人民法院提起诉讼。

人民检察院在履行职责中发现破坏生态环境和资源保护、食品药品安全领域侵害众多消费者合法权益等损害社会公共利益的行为，在没有前款规定的机关和组织或者前款规定的机关和组织不提起诉讼的情况下，可以向人民法院提起诉讼。前款规定的机关或者组织提起诉讼的，人民检察院可以支持起诉。

《民诉司法解释》第284条规定，公益诉讼案件的适格原告为："环境保护法、消费者权益保护法等法律规定的机关和有关组织。"

《中华人民共和国消费者权益保护法》（2013年10月第二次修正）第47条：对侵害众多消费者合法权益的行为，中国消费者协会以及在省、自治区、直辖市设立的消费者协会，可以向人民法院提起诉讼。

《环境保护法》（2014年4月24日第十二届全国人民代表大会常务委员会第八次会议修订）第58条：对污染环境、破坏生态，损害社会公共利益的行为，符合下列条件的社会组织可以向人民法院提起诉讼：（1）依法在设区的市级以上人民政府民政部门登记；（2）专门从事环境保护公益活动连续5年以上且无违法记录。符合前款规定的社会组织向人民法院提起诉讼，人民法院应当依法受理。提起诉讼的社会组织不得通过诉讼牟取经济利益。

（2）基于身份关系：

①为保护死者权益而提起诉讼的死者的近亲属。

《民诉司法解释》第69条：对侵害死者遗体、遗骨以及姓名、肖像、名誉、荣誉、隐私等行为提起诉讼的，死者的近亲属为当事人。

《民法典》第994条：死者的姓名、肖像、名誉、荣誉、隐私、遗体等受到侵害的，其配偶、子女、父母有权依法请求行为人承担民事责任；死者没有配偶、子女且父母已经死亡的，其他近亲属有权依法请求行为人承担民事责任。

②为保护胎儿继承权而起诉的胎儿的母亲。

（3）基于当事人的意思或法律规定的管理关系：

①遗产管理人；

②失踪人的财产代管人；

③依法成立的著作权集体管理组织，根据著作权人的书面授权，以自己的名义提起诉讼，人民法院应当受理。（《审理著作权问题的解释》第6条）

▶★提　示

1. 清算组不能成为当事人

《民诉司法解释》第64条：企业法人解散的，依法清算并注销前，以该企业法人为当事人；未依法清算即被注销的，以该企业法人的股东、发起人或者出资人为当事人。

公司成立清算组的，由清算组负责人代表公司参加诉讼。

2. 失踪人的财产代管人指的是经过法定程序被依法宣告为失踪人的财产代管人。

【经典真题】

例1（2014年卷三81题）根据民事诉讼理论和相关法律法规，关于当事人的表述，下列哪些选项是正确的?[1]

A. 依法解散、依法被撤销的法人可以自己的名义作为当事人进行诉讼

B. 被宣告为无行为能力的成年人可以自己的名义作为当事人进行诉讼

C. 不是民事主体的非法人组织依法可以自己的名义作为当事人进行诉讼

D. 中国消费者协会可以自己的名义作为当事人，对侵害众多消费者权益的企业提起公益诉讼

【解析】本题考查诉讼权利能力以及当事人适格的问题，需要考生区别诉讼权利能力与诉讼行为能力。

诉讼权利能力是指以自己的名义作为当事人起诉或者应诉的资格。具体规定是：自然人始于出生终于死亡具有诉讼权利能力；法人始于成立终于终止具有诉讼权利能力；符合条件的其他组织（依法登记并领取营业执照的私营企业、独资企业、合伙企业等；法人依法设立并领取营业执照的分支机构；银行、保险公司的分支机构）始于成立终于终止具有诉讼权利能力。

A选项中法人被解散、撤销后其法人资格终止，不再具有诉讼权利能力（因为法人的诉讼权利能力始于成立终于终止），所以不能以自己的名义起诉、应诉，表述错误。

B选项自然人的诉讼权利始于出生终于死亡，所以无论其是否具有行为能力，其均具

---

〔1〕 2014年卷三81题答案为：BCD

有诉讼权利能力，可以以自己的名义起诉、应诉，表述正确。

C选项中，不是民事主体的非法人组织，如果符合一定条件（如依法登记并领取营业执照的其他组织）仍然具有诉讼权利能力，可以以自己的名义起诉、应诉，表述正确。

D选项考查公益诉讼，根据民事诉讼法规定，对于环境污染、侵害众多消费者合法权益等损害公共利益的行为，法律规定的机关和有关组织可以提起公益诉讼。消费者协会虽然不是争议实体法律关系的当事人，但根据法律规定，可以基于维护社会公共利益，对侵害众多消费者合法权益的行为提起公益诉讼，表述正确。

四、当事人恒定与当事人变更

1. 当事人恒定

当事人恒定是指争议的民事实体权利义务转移的，不影响当事人的诉讼主体资格和诉讼地位。《民诉司法解释》第249条规定：在诉讼中，争议的民事权利义务转移的，不影响当事人的诉讼主体资格和诉讼地位。人民法院作出的发生法律效力的判决、裁定对受让人具有拘束力。受让人申请以无独立请求权的第三人身份参加诉讼的，人民法院可予准许。受让人申请替代当事人承担诉讼的，人民法院可以根据案件的具体情况决定是否准许；不予准许的，可以追加其为无独立请求权的第三人。

2. 当事人变更

当事人变更，是指在诉讼过程中，根据法律规定或当事人的意思，原诉讼的当事人被变更或变动为新的当事人的一种诉讼现象。包括法定的当事人变更和任意的当事人变更。

（1）任意的当事人变更：《民诉司法解释》第250条：依照本解释第二百四十九条规定，人民法院准许受让人替代当事人承担诉讼的，裁定变更当事人。变更当事人后，诉讼程序以受让人为当事人继续进行，原当事人应当退出诉讼。原当事人已经完成的诉讼行为对受让人具有拘束力。

（2）法定的当事人变更，又称诉讼权利义务的承担，是指在民事诉讼进行过程中，由于特殊原因的出现，一方当事人的诉讼权利义务转移给案外人，由案外人承受原当事人的诉讼权利和义务，作为当事人继续进行诉讼。

在民事诉讼中，发生诉讼权利义务承担的主要有以下几种：

（1）作为一方当事人的自然人死亡，有继承人的，人民法院应裁定中止诉讼并及时通知其继承人作为当事人参加诉讼，被继承人已经进行的诉讼行为对继承人有效。

但是，如果实体权利义务是专属于死亡当事人的，即基于身份而产生的案件，则不能发生权利义务承担，诉讼应当终结，如甲起诉要求与乙解除婚姻关系等。

（2）作为一方当事人的法人或其他组织终止的，其权利义务继受人作为当事人承担诉讼。

具体讲：法人分立、合并的，由分立、合并后的新法人承担。

▶★提 示 当事人恒定与任意的当事人变更是此次新《民诉司法解释》增加的内容，应当掌握。此外，需要注意法定的当事人变更时，如果继承人或继受人无法确定，需要诉讼程序中止；如果继承人或继受人可以确定，直接裁定变更当事人即可，程序不需要中止。

【经典真题】

例1（2016年卷三79题）程某诉刘某借款诉讼过程中，程某将对刘某因该借款而形成的债权转让给了谢某。依据相关规定，下列哪些选项是正确的?[1]

A. 如程某撤诉，法院可以准许其撤诉

B. 如谢某申请以无独立请求权第三人身份参加诉讼，法院可予以准许

C. 如谢某申请替代程某诉讼地位的，法院可以根据案件的具体情况决定是否准许

D. 如法院不予准许谢某申请替代程某诉讼地位的，可以追加谢某为无独立请求权的第三人

【解析】 本题考查当事人的恒定。《民诉司法解释》第249条规定了当事人恒定，即在诉讼中，争议的民事权利义务转移的，不影响当事人的诉讼主体资格和诉讼地位。人民法院作出的发生法律效力的判决、裁定对受让人具有拘束力。受让人申请以无独立请求权的第三人身份参加诉讼的，人民法院可予准许。受让人申请替代当事人承担诉讼的，人民法院可以根据案件的具体情况决定是否准许；不予准许的，可以追加其为无独立请求权的第三人。本案在诉讼过程中，程某将其债权转让给谢某，根据当事人恒定原则，程某依然是本案的原告，其享有撤诉的权利，A项正确；谢某作为权利的受让人，申请以无独立请求权的第三人身份参加诉讼的，人民法院可予准许。谢某申请替代当事人承担诉讼的，人民法院可以根据案件的具体情况决定是否准许；不予准许的，可以追加其为无独立请求权的第三人。BCD正确。

例2（2011年卷三45题）三合公司诉两江公司合同纠纷一案，经法院审理后判决两江公司败诉。此后，两江公司与海大公司合并成立了大江公司。在对两江公司财务进行审核时，发现了一份对前述案件事实认定极为重要的证据。关于该案的再审，下列哪一说法是正确的[2]

A. 应当由两江公司申请再审并参加诉讼

B. 应当由海大公司申请再审并参加诉讼

C. 应当由大江公司申请再审并参加诉讼

D. 应当由两江公司申请再审，但必须由大江公司参加诉讼

【解析】 本题为当事人变更情形，法人合并后，由合并后的法人承担其权利、义务，进行诉讼。当然，本题在不懂该知识点的情况下可以巧解，题目表述"两江公司与海大公司合并成立了大江公司"，凭常识可知，两江公司与海大公司已经不存在了，所以凡是选项中出现这两家公司的均为错误选项，即直接排除ABD选项，答案选C选项。

五、常考的当事人确定的具体情形

1. 个体工商户：个体工商户以营业执照上登记的经营者为当事人。有字号的，以营业执照上登记的字号为当事人，但应同时注明经营者的基本信息。

营业执照上登记的经营者与实际经营者不一致的，以登记的经营者和实际经营者为共同诉讼人。

---

[1] 2016年卷三79题答案为：ABCD

[2] 2011年卷三45题答案为：C

2. 法人或者其他组织的工作人员执行工作任务造成他人损害的，该法人或者其他组织为当事人。（《民诉司法解释》第56条）

> ★提示

（1）虽然以法人或其他组织的名义从事活动，但应由行为人作为当事人的情形

根据《民诉司法解释》第62条的规定，下列情形，以行为人为当事人：

①法人或者其他组织应登记而未登记，行为人即以该法人或者其他组织名义进行民事活动的；

②行为人没有代理权、超越代理权或者代理权终止后以被代理人名义进行民事活动的，但相对人有理由相信行为人有代理权的除外；

注意：如果形成民法上的表见代理，就要适用代理关系中当事人的确定，即代理人与被代理人承担连带责任。

③法人或者其他组织依法终止后，行为人仍以其名义进行民事活动的。

（2）未依法清算即被注销的企业法人，应以该企业法人的股东、发起人或者出资人为当事人。

根据《民诉司法解释》第64条规定：企业法人解散的，依法清算并注销前，以该企业法人为当事人。

未依法清算即被注销的，以该企业法人的股东、发起人或者出资人为当事人。

3. 劳务侵权案件中当事人的确定（《民诉司法解释》第57～58条，《民法典》第1191～1192条）

（1）提供劳务一方因劳务造成他人损害，受害人提起诉讼的，以接受劳务一方为被告。（《民诉司法解释》第57条）

（2）在劳务派遣期间，被派遣的工作人员因执行工作任务造成他人损害的，以接受劳务派遣的用工单位为当事人。当事人主张劳务派遣单位承担责任的，该劳务派遣单位为共同被告。（《民诉司法解释》第58条）

4. 保证关系中当事人的确定（《民诉司法解释》第66条）

（1）一般保证关系：

①债权人仅起诉被保证人（债务人）的，可只列被保证人为被告；

②债权人仅起诉保证人的，人民法院应当通知被保证人（债务人）作为共同被告参加诉讼；

③一般保证的债权人向债务人和保证人一并提起诉讼的，人民法院应当将债务人和保证人列为共同被告参加诉讼。

（2）连带责任保证的债权人有权选择：

①可以将债务人或者保证人作为单一被告提起诉讼；

②也可以将债务人和保证人作为共同被告提起诉讼。

注意：此处与一般保证的不同在于：如果债权人只起诉保证人，无须将债务人列为共同被告。

5. 村民委员会或者村民小组与他人发生民事纠纷的案件（《民诉司法解释》第68条）

居民委员会、村民委员会或者村民小组与他人发生民事纠纷的，居民委员会、村民委员会或者有独立财产的村民小组为当事人。

6. 因新闻报道或其他作品发生的名誉权侵权中当事人的确定

（1）如果作者与新闻出版单位为隶属关系，作品系作者履行职务所形成的，只列单位为被告。这是因为作者的行为是职务行为，对外应当由单位承担责任。

（2）如果作者与新闻出版单位非隶属关系，应根据原告的起诉确定被告：

①只诉作者的，列作者为被告；

②只诉新闻出版单位的，列新闻出版单位为被告；

③对作者和新闻出版单位都提起诉讼的，将作者和新闻出版单位均列为被告，此种情形有个例外，即作者与新闻出版单位为隶属关系，作品系作者履行职务所形成的，只列单位。

7. 教育、管理、保护关系案件中当事人的确定（《民法典》第1199～1201条）

（1）无民事行为能力人在幼儿园、学校或者其他教育机构学习、生活期间受到人身损害的，幼儿园、学校或者其他教育机构应当承担侵权责任；但是，能够证明尽到教育、管理职责的，不承担侵权责任。

（2）限制民事行为能力人在学校或者其他教育机构学习、生活期间受到人身损害，学校或者其他教育机构未尽到教育、管理职责的，应当承担侵权责任。

（3）无民事行为能力人或者限制民事行为能力人在幼儿园、学校或者其他教育机构学习、生活期间，受到幼儿园、学校或者其他教育机构以外的第三人人身损害的，由第三人承担侵权责任；幼儿园、学校或者其他教育机构未尽到管理职责的，承担相应的补充责任。幼儿园、学校或者其他教育机构承担补充责任后，可以向第三人追偿。

8. 安全保障关系案件中当事人的确定（《民法典》第1198条）

（1）宾馆、商场、银行、车站、机场、体育场馆、娱乐场所等经营场所、公共场所的经营者、管理者或者群众性活动的组织者，未尽到安全保障义务，造成他人损害的，应当承担侵权责任。

（2）因第三人的行为造成他人损害的，由第三人承担侵权责任；经营者、管理者或者组织者未尽到安全保障义务的，承担相应的补充责任。经营者、管理者或者组织者承担补充责任后，可以向第三人追偿。

9. 共同侵权和共同危险行为中当事人的确定（《民法典》第1168、1170条）

（1）二人以上共同实施侵权行为，造成他人损害的，应当承担连带责任。

（2）二人以上实施危及他人人身、财产安全的行为，其中一人或者数人的行为造成他人损害，能够确定具体侵权人的，由侵权人承担责任；不能确定具体侵权人的，行为人承担连带责任。

注意：《民法典》第178条规定，二人以上依法承担连带责任的，权利人有权请求部分或者全部连带责任人承担责任。也即，在共同侵权或共同危险行为案件中，被告的确定取决于原告的选择，原告选择起诉一部分侵权人或危险人的，这部分侵权人或危险人是本案的被告，法院不依职权追加另一部分侵权人或危险人为本案共同被告。这部分人承担赔偿责任后，可以向未承担责任的侵权人或危险人进行追偿。

10. 动物致害案件中当事人的确定（《民法典》第1245条、第1250条）

（1）饲养的动物造成他人损害的，动物饲养人或者管理人应当承担侵权责任；但是，能够证明损害是因被侵权人故意或者重大过失造成的，可以不承担或者减轻责任。

（2）因第三人的过错致使动物造成他人损害的，被侵权人可以向动物饲养人或者管理人请求赔偿，也可以向第三人请求赔偿。动物饲养人或者管理人赔偿后，有权向第三人追偿。

11. 解散公司诉讼中当事人的确定

《公司法解释二》第 4 条："**股东提起解散公司诉讼应当以公司为被告**。原告以其他股东为被告一并提起诉讼的，人民法院应当告知原告将其他股东变更为第三人；原告坚持不予变更的，人民法院应当驳回原告对其他股东的起诉。原告提起解散公司诉讼应当告知其他股东，或者由人民法院通知其参加诉讼。其他股东或者有关利害关系人申请以共同原告或者第三人身份参加诉讼的，人民法院应予准许。"

例如：甲县的葛某和乙县的许某分别拥有位于丙县的云峰公司 50% 的股份。后由于二人经营理念不合，已连续四年未召开股东会，无法形成股东会决议。许某遂向法院请求解散公司，并在法院受理后申请保全公司的主要资产（位于丁县的一块土地的使用权）。本案中，原告为许某，被告应为云峰公司，葛某可以作为无独立请求权第三人参加诉讼。

对于股东具备什么条件才能提起解散公司的诉讼，《公司法解释二》第 1 条做了明确的规定，即单独或者合计持有公司全部股东表决权 10% 以上的股东，以下列事由之一提起解散公司诉讼，并符合《公司法》第 182 条规定的，人民法院应予受理：（1）公司持续两年以上无法召开股东会或者股东大会，公司经营管理发生严重困难的；（2）股东表决时无法达到法定或者公司章程规定的比例，持续两年以上不能做出有效的股东会或者股东大会决议，公司经营管理发生严重困难的；（3）公司董事长期冲突，且无法通过股东会或者股东大会解决，公司经营管理发生严重困难的；（4）经营管理发生其他严重困难，公司继续存续会使股东利益受到重大损失的情形。

股东以知情权、利润分配请求权等权益受到损害，或者公司亏损、财产不足以偿还全部债务，以及公司被吊销企业法人营业执照未进行清算等为由，提起解散公司诉讼的，人民法院不予受理。

考点二　共同诉讼

知识体系

一、共同诉讼	
普通共同诉讼	当事人一方或者双方为两人以上，诉讼标的同种类，法院认为可以合并审理，当事人也同意合并审理。
特征	诉讼标的是同种类；是数个可分之诉，只是为了实现诉讼经济而合并审理。
构成要件	1. 两个以上同种类标的； 2. 由同一法院管辖并适用同一程序； 3. 符合合并审理的目的（诉讼经济）； 4. 法院认为可以合并审理，当事人也同意。
普通共同诉讼人内部关系	各共同诉讼人间行为独立，对其他共同诉讼人没有效力。
必要共同诉讼	指当事人一方或者双方为两人以上，诉讼标的同一，法院必须合并审理并且在裁判中对诉讼标的合一确定。

续表

特征	一方或者双方为两人以上；诉讼标的同一；法院必须合并审理，合一判决。
常考必要共同诉讼的类型	（1）挂靠关系； （2）个体工商户业主与实际经营者不一致； （3）个人合伙的全体合伙人； （4）企业法人分立，因分立前行为发生的纠纷，分立后的企业法人为共同诉讼人； （5）企业法人未依法清算即被注销的，以该企业法人的股东、发起人或者出资人为当事人； （6）借用关系； （7）一般保证关系中，债权人仅起诉保证人的，人民法院应当通知被保证人作为共同被告参加诉讼； （8）监护关系。无民事行为能力人、限制民事行为能力人造成他人损害的，无民事行为能力人、限制民事行为能力人和其监护人为共同被告； （9）继承关系； （10）代理关系； （11）共有财产关系； （12）在劳务派遣期间，被派遣的工作人员因执行工作任务造成他人损害的，赔偿权利人起诉劳动派遣单位的，应当将接受派遣单位作为共同被告； （13）第三人侵权致未成年人遭受人身损害的，赔偿权利人起诉学校、幼儿园等教育机构的，应当将第三人作为共同被告； （14）安全保障关系中，因第三人侵权导致损害结果发生的，赔偿权利人起诉安全保障义务人的，应当将第三人作为共同被告。
必要共同诉讼人的追加	1. 依职权或者依申请； 2. 应追加的原告已经明确表示放弃实体权利的，可以不予追加； 3. 既不愿意参加诉讼，又不放弃实体权利的，仍追加为共同原告，其不参加诉讼不影响人民法院的审理和判决； 4. 应追加的被告，如果不参加诉讼，一般可以缺席判决，符合拘传条件的将其拘传到庭。
必要共同诉讼人内部关系	一人的诉讼行为经其他共同诉讼人承认，对其他共同诉讼人生效。

二、诉讼代表人

概念	当事人一方或者双方人数众多（10人以上）的情况下，由人数众多一方或者双方推举出代表（2~5人），代表本方当事人进行诉讼活动。
权限	（1）代表人的诉讼行为对其所代表的当事人发生效力； （2）代表人放弃、变更、承认诉讼请求，进行和解必须经被代表的当事人同意。

续表

分类			
	人数确定的代表人诉讼	起诉时人数	确定。
		共同诉讼形式	可以是必要共同诉讼，也可以是普通共同诉讼。
		代表人确定方式	全体推选共同代表人或部分当事人推选自己的代表人。
		选不出代表人的	必要共同诉讼自己参加诉讼； 普通共同诉讼另行诉讼。
	人数不确定的代表人诉讼	起诉时人数	不确定。
		共同诉讼形式	只能是普通共同诉讼。
		代表人确定方式	1. 推选代表人； 2. 法院提出人选与当事人协商； 3. 法院在起诉的当事人中指定。
		选不出代表人的	另行诉讼。
		特殊程序	1. 公告：说明案件情况和诉讼请求，通知权利人向法院登记，公告期不得少于30日； 2. 权利人登记权利：应证明其与对方当事人的法律关系和所受到的损害，否则不予登记，但当事人可以另行起诉； 3. 法院作出的判决、裁定对参加登记的全体权利人发生效力；未登记的权利人在诉讼时效期间提起诉讼的，法院裁定适用该判决、裁定。 （说明代表人诉讼的判决对未参加登记而在法定时效期间以相同事实和理由提起诉讼的其他权利人有拓展性效力）

○考点讲解

一、共同诉讼的概念

诉讼一方或双方为两人以上，诉讼标的同一的诉讼，或者诉讼标的同种类，法院认为可以合并审理且当事人也同意合并审理的。其中因诉讼标的同一而必须合并审理的共同诉讼叫必要的共同诉讼；诉讼标的同种类而法院认为可以合并，当事人也同意合并而合并审理的叫普通的共同诉讼。

二、普通共同诉讼

1. 概念：当事人一方或者双方为两人以上，诉讼标的同种类，法院认为可以合并审理，当事人也同意合并审理。

2. 特征：

①诉讼标的同种类（也就是说有若干个诉讼标的，只是种类相同而已）；

②因为普通共同诉讼有若干个诉讼标的，所以其从本质上讲是数个可分之诉，只是为了实现诉讼经济而合并审理；

③合并需要法院认为可以合并，当事人也同意。

3. 普通共同诉讼人之间的关系：各共同诉讼人间行为独立，对其他共同诉讼人没有效力。

理解：由于普通共同诉讼中共同诉讼人与对方当事人之间存在若干个独立的诉讼标的，案件是若干个独立的诉，所以各共同诉讼人也是相互独立，官司各打各的，互不影响。

【经典真题】

例（2008 年卷三 42 题）张某将邻居李某和李某的父亲打伤，李某以张某为被告向法院提起诉讼。在法院受理该案时，李某的父亲也向法院起诉，对张某提出索赔请求。法院受理了李某父亲的起诉，在征得当事人同意的情况下决定将上述两案并案审理。在本案中，李某的父亲居于什么诉讼地位？[1]

A. 必要共同诉讼的共同原告　　　　　B. 有独立请求权的第三人

C. 普通共同诉讼的共同原告　　　　　D. 无独立请求权的第三人

【解析】本题中存在两个诉讼标的，即张某与李某的侵权法律关系以及张某与李某父亲的侵权法律关系，二者是两个不同，但是相类似的诉讼标的，法院合并审理，即为普通共同诉讼，本案选择 C 选项。

三、必要共同诉讼

1. 概念：指当事人一方或者双方为两人以上，诉讼标的同一，法院必须合并审理并且在裁判中对诉讼标的合一确定。

2. 特征：

①一方或者双方为两人以上；

②诉讼标的同一（也就是说只有一个诉讼标的）；

③法院必须合并审理，合一判决。

3. 各共同诉讼人之间的关系：必要共同诉讼人之间的关系为一人的诉讼行为经其他共同诉讼人承认，对其他共同诉讼人生效。

★提示 由于必要共同诉讼中共同诉讼人与对方当事人之间只有一个诉讼标的，所以共同诉讼人内部之间的行为会有一定的相互影响，体现在必要共同诉讼人之间的关系为一人的诉讼行为经其他共同诉讼人承认，对其他共同诉讼人生效。

4. 常考必要共同诉讼人

（1）挂靠关系。《民诉司法解释》第 54 条规定："以挂靠形式从事民事活动，当事人请求由挂靠人和被挂靠人依法承担民事责任的，该挂靠人和被挂靠人为共同诉讼人。"

（2）个体工商户业主与实际经营者不一致。《民诉司法解释》第 59 条第 1 款规定："在诉讼中，个体工商户以营业执照上登记的经营者为当事人。有字号的，以营业执照上登记的字号为当事人，但应同时注明该字号经营者的基本信息。"

（3）个人合伙。《民诉司法解释》第 60 条规定："在诉讼中，未依法登记领取营业执照的个人合伙的全体合伙人为共同诉讼人。个人合伙有依法核准登记的字号的，应在法律文书中注明登记的字号。全体合伙人可以推选代表人；被推选的代表人，应由全体合伙人出具推选书。"

---

〔1〕 2008 年卷三 42 题答案为：C

（4）《民诉司法解释》第 63 条规定："……企业法人分立的，因分立前的民事活动发生的纠纷，以分立后的企业为共同诉讼人。"

（5）企业法人未依法清算即被注销。《民诉司法解释》第 64 条规定："企业法人解散的，依法清算并注销前，以该企业法人为当事人；未依法清算即被注销的，以该企业法人的股东、发起人或者出资人为当事人。"

（6）借用关系。《民诉司法解释》第 65 条规定："借用业务介绍信、合同专用章、盖章的空白合同书或者银行账户的，出借单位和借用人为共同诉讼人。"

（7）一般保证关系。《民诉司法解释》第 66 条规定："因保证合同纠纷提起的诉讼，债权人向保证人和被保证人一并主张权利的，人民法院应当将保证人和被保证人列为共同被告。保证合同约定为一般保证，债权人仅起诉保证人的，人民法院应当通知被保证人作为共同被告参加诉讼；债权人仅起诉被保证人的，可以只列被保证人为被告。"

（8）监护关系。《民诉司法解释》第 67 条规定："无民事行为能力人、限制民事行为能力人造成他人损害的，无民事行为能力人、限制民事行为能力人和其监护人为共同被告。"

（9）继承关系。《民诉司法解释》第 70 条规定："在继承遗产的诉讼中，部分继承人起诉的，人民法院应通知其他继承人作为共同原告参加诉讼；被通知的继承人不愿意参加诉讼又未明确表示放弃实体权利的，人民法院仍应将其列为共同原告。"

▶ ★提　示　继承遗产诉讼中，有可能产生有独立请求权的第三人，是共同诉讼人，还是有独立请求权的第三人，取决于原告以外的提出请求的人，是否是基于新的诉讼标的提出独立的实体请求，是则构成有独立请求权第三人。

（10）代理关系。《民诉司法解释》第 71 条规定："原告起诉被代理人和代理人，要求承担连带责任的，被代理人和代理人为共同被告。原告起诉代理人和相对人，要求承担连带责任的，代理人和相对人为共同被告。"

（11）共有财产关系。《民诉司法解释》第 72 条规定："共有财产权受到他人侵害，部分共有权人起诉的，其他共有权人为共同诉讼人。"

▶ ★提　示　共有关系的案件中，共有关系人并非全都是必要共同诉讼人。

（12）在劳务派遣期间，被派遣的工作人员因执行工作任务造成他人损害的，赔偿权利人起诉劳动派遣单位的，应当将接受派遣单位作为共同被告。对于在劳务派遣期间，被派遣的工作人员因执行工作任务造成他人损害的，应当以接受派遣单位为被告，劳务派遣单位有过错的，承担补充赔偿责任。

（13）第三人侵权致未成年人遭受人身损害的，赔偿权利人起诉学校、幼儿园等教育机构的，应当将第三人作为共同被告。

（14）安全保障关系中，因第三人侵权导致损害结果发生的，赔偿权利人只起诉安全保障义务人的，应当将第三人作为共同被告，但第三人不能确定的除外。

▶ ★提　示

1. 侵权责任法中规定补充责任的情形，在程序法中如何确定当事人：侵权人可以作为单一被告；补充责任人不能作为单一被告，只能作为共同被告。

所谓补充赔偿责任，是指多个行为人基于各自不同的发生原因而产生数个责任，造成直接损害的直接责任人按照第一顺序承担全部责任，承担补充责任的责任人在第一顺序的责任人无力赔偿、赔偿不足或者下落不明的情况下，在能够防止或减少损害的范围内承担相应责任，且可以向第一顺序的直接责任人请求追偿的侵权责任形态。补充赔偿责任人享有先诉抗辩权，因此，赔偿权利人可以将直接责任人和补充责任人作为共同被告起诉，如果只起诉补充责任人，应当将直接责任人追加为共同被告。

侵权责任法中规定承担补充责任的情形具体包括：（1）在教育、管理关系中，第三人侵权致未成年人遭受人身损害的，应当承担赔偿责任。学校、幼儿园等教育机构有过错的，应当承担相应的补充赔偿责任；（2）第三人在安全保障义务场所侵权的，第三人应当承担赔偿责任，安全保障义务人在过错范围内承担相应的补充赔偿责任。

2. 侵权责任法中规定连带责任的情形，在程序法中如何确定当事人：赋予原告选择权

在侵权行为中，法律规定承担连带责任的，被侵权人有权请求部分或者全部连带责任人承担责任（《民法典》第178条）——被告的确定由原告选择。

【经典真题】

例1（2016年卷三36题）精神病人姜某冲入向阳幼儿园将入托的小明打伤，小明的父母与姜某的监护人朱某及向阳幼儿园协商赔偿事宜无果，拟向法院提起诉讼。关于本案当事人的确定，下列哪一选项是正确的？[1]

A. 姜某是被告，朱某是无独立请求权第三人

B. 姜某与朱某是共同被告，向阳幼儿园是无独立请求权第三人

C. 向阳幼儿园与姜某是共同被告

D. 姜某、朱某、向阳幼儿园是共同被告

【解析】本题考查无、限制民事行为能力人在教育管理场所侵权案件中当事人的确定。首先，根据《民诉司法解释》第67条的规定，无民事行为能力人、限制民事行为能力人造成他人损害的，无民事行为能力人、限制民事行为能力人和其监护人为共同被告。本案中，姜某和其监护人朱某应当为共同被告；其次，姜某是在幼儿园将小明打伤，根据《侵权责任法》第40条（现为《民法典》第1201条）的规定，第三人侵权致未成年人遭受人身损害的，应当承担赔偿责任。学校、幼儿园等教育机构有过错的，应当承担相应的补充赔偿责任。姜某和幼儿园可以作为共同被告，正确答案为D。

例2（2010年卷三40题）甲乙丙三人合伙开办电脑修理店，店名为"一通电脑行"，依法登记。甲负责对外执行合伙事务。顾客丁进店送修电脑时，被该店修理人员戊的工具碰伤。丁拟向法院起诉。关于本案被告的确定，下列哪一选项是正确的？[2]

A. "一通电脑行"为被告

B. 甲为被告

C. 甲乙丙三人为共同被告，并注明"一通电脑行"字号

D. 甲乙丙戊四人为共同被告

【解析】其中关于戊是雇员，雇员责任由雇主承担，不能作为被告，雇主是甲乙丙三人的修理店，为个人合伙，以全体合伙人为共同被告，所以选择C选项，以全体合伙人甲、乙、丙为共同被告。或许会有考生提到，为什么不能以"一通电脑行"为被告，此处涉及

---

〔1〕 2016年卷三36题答案为：D

〔2〕 2010年卷三40题答案为：C

诉讼权利能力问题,我们讲依法登记并领取营业执照的合伙组织有诉讼权利能力,能作为被告,但是本案中"一通电脑行"只是依法登记,并未领取营业执照,所以并非此处具有诉讼权利能力的合伙组织,应当认定为个人合伙,无诉讼权利能力,以全体合伙人为被告。

本题是个人合伙,并非依法登记并领取营业执照的合伙组织,故应当以合伙人为共同被告。同时注意,本题是个人合伙,不论是否有字号,均以合伙人为被告。当然,如果本题为个体工商户,未登记字号的,以经营人为被告,已经登记字号,以登记的字号为当事人,列明经营者信息。注意个人合伙与个体工商户关于字号的处理方式存在差异,如下表所示:

个人合伙	未依法登记领取营业执照的个人合伙的全体合伙人为共同诉讼人。 个人合伙有依法核准登记的字号的,应在法律文书中注明登记的字号。
个体工商户	个体工商户以营业执照上登记的经营者为当事人。 有字号的,**以营业执照上登记的字号为当事人**,但应同时注明经营者的基本信息。

5. 必要共同诉讼人的追加

A. 依职权或者依申请;

B. 应追加的原告已经明确表示放弃实体权利的,可以不予追加;

C. 既不愿意参加诉讼,又不放弃实体权利的,仍追加为共同原告,其不参加诉讼不影响人民法院的审理和判决;

D. 应追加的被告,如果不参加诉讼,一般可以缺席判决,符合拘传条件的将其拘传到庭。

附:普通共同诉讼和必要共同诉讼比较

	必要共同诉讼	普通共同诉讼
标的	同一标的	同类标的
诉讼请求	一个或者多个诉讼请求	多个诉讼请求
性质	一个诉,不可分	多个可分之诉
是否合并审理	强制合并	经当事人同意,可以合并审理
内部关系	一人的诉讼行为经其他共同诉讼人承认,对其他共同诉讼人产生效力	其中任一共同诉讼人的诉讼行为,对其他共同诉讼人没有效力

四、诉讼代表人制度

1. 概念:当事人一方或者双方人数众多(10人以上)的情况下,由人数众多一方或者双方推举出代表(2~5人),代表本方当事人进行诉讼活动。

2. 代表人的权限

(1)代表人的诉讼行为对其所代表的当事人发生效力;

(2)代表人放弃、变更、承认诉讼请求,进行和解必须经被代表的当事人同意。

总结:诉讼代表人的权限有点类似于一般授权的诉讼代理人,诉讼代表人所为的一般程序性权利对所代表的当事人发生效力,但是如果涉及当事人实体权利义务的行为,则需要被代表的当事人同意。

但是，切记诉讼代表人与诉讼代理人是有根本区别的。其诉讼地位不同，诉讼代表人本身就是案件的当事人，而诉讼代理人本身不是案件的当事人。

3. 分类：诉讼代表人，可以根据所代表的当事人人数是否确定，分为人数确定的代表人诉讼和人数不确定的代表人诉讼。他们的区别关键点在于起诉时，人数众多的一方当事人人数是否确定。如果起诉时，人数众多的一方当事人人数确定的为人数确定的代表人之诉；起诉时，人数众多的一方当事人人数不确定的为人数不确定的代表人之诉。

4. 诉讼代表人确定方式的主要考点

种　类	代表人的确定方式	未推选代表的当事人的行为
起诉时人数确定的代表人诉讼（《民诉司法解释》第76条）	全体当事人推选共同的代表人部分当事人推选自己的代表人	必要共同诉讼中自己参加诉讼
		普通共同诉讼中可以另行起诉
起诉时人数不确定的代表人诉讼（《民诉司法解释》第77条、80条）管辖→发布公告→权利人登记（证据）→推选或商定代表人→审理和裁判→判决公告→扩张	当事人推选代表——推不出	未登记的权利人可以在诉讼时效期间内另行起诉注意：此时人民法院认定其诉讼请求成立的，可以不实质审理，直接裁定适用人民法院已作出的判决和裁定（裁判效力的扩张性）
	法院提出人选与当事人协商——协商不成	
	法院在起诉的当事人中指定	

考点三　公益诉讼程序

1. 公益诉讼程序起诉条件要求有四：（1）有明确的被告；（2）有具体的诉讼请求；（3）有社会公共利益受到损害的初步证据；（4）属于人民法院受理民事诉讼的范围和受诉人民法院管辖。

2. 公益诉讼案件由侵权行为地或者被告住所地中级人民法院管辖。

人民法院受理公益诉讼案件后，应当在10日内书面告知相关行政主管部门。

人民法院受理公益诉讼案件后，依法可以提起诉讼的其他机关和有关组织，可以在开庭前向人民法院申请参加诉讼。人民法院准许参加诉讼的，列为共同原告。

3. 对公益诉讼案件，当事人可以和解，人民法院可以调解。当事人达成和解或者调解协议后，人民法院应当将和解或者调解协议进行公告。公告期间不得少于30日。公告期满后，人民法院经审查：和解或者调解协议不违反社会公共利益的，应当出具调解书；和解或者调解协议违反社会公共利益的，不予出具调解书，继续对案件进行审理并依法作出裁判。

4. 公益诉讼案件的裁判发生法律效力后，其他依法具有原告资格的机关和有关组织就同一侵权行为另行提起公益诉讼的，人民法院裁定不予受理，但法律、司法解释另有规定的除外。

5. 人民法院受理公益诉讼案件，不影响同一侵权行为的受害人依法向人民法院提起诉讼。

✂️ 知识体系

起诉条件	（1）有明确的被告； （2）有具体的诉讼请求； （3）有社会公共利益受到损害的初步证据； （4）属于人民法院受理民事诉讼的范围和受诉人民法院管辖。
原告	法律规定的机关和社会组织。
管辖	（1）<u>侵权行为地</u>或者<u>被告住所地</u>**中级人民法院**管辖； （2）因污染海洋环境提起的公益诉讼，由污染发生地、损害结果地或者采取预防污染措施地海事法院管辖； （3）对同一侵权行为分别向两个以上法院提起公益诉讼的，由**最先立案**的人民法院管辖，必要时由它们的共同上级人民法院指定管辖。
告知程序	法院受理公益诉讼案件后，应当在 10 日内书面告知相关行政主管部门。
其他机关、组织参诉	法院受理公益诉讼案件后，其他依法可以提起公益诉讼的机关和组织，可以在开庭前向人民法院申请参加诉讼。法院准许的，列为共同原告。
和解、调解	（1）公益诉讼案件，当事人可以和解，人民法院可以调解。 （2）和解、调解协议应当公告不少于 30 日。公告期满经审查： A. 不违反社会公共利益的，应当出具调解书； B. 违反社会公共利益的，不予出具调解书，依法审理并作出裁判。

🔷 考点讲解

一、公益诉讼的特点

1. 诉讼目的的特殊性：为了维护社会公共利益。

2. 起诉主体的法定性：公益诉讼的原告必须以获得法定授权的机关或团体为前提，个人不能成为公益诉讼的原告。

3. 民事公益诉讼的原告与案件没有直接利害关系，即原告并不是违法行为侵害的直接利害关系人。

4. 民事公益诉讼的提起并不以存在实际损害为前提条件，可以针对那些给社会公众或不特定多数人造成潜在危害的不法行为提起民事公益诉讼。

二、适格的原告：法律规定的机关和有关组织

根据新《民事诉讼法》第 58 条第 1 款的规定，对污染环境、侵害众多消费者合法权益等损害社会公共利益的行为，法律规定的机关和有关组织可以向人民法院提起诉讼。

根据《民诉司法解释》第 284 条的规定，公益诉讼案件的适格原告为："环境保护法、消费者权益保护法等法律规定的机关和有关组织"。

2014 年《环境保护法》（2014 年 4 月 24 日第十二届全国人民代表大会常务委员会第八

次会议修订）第 58 条明确赋予相关的社会组织提起公益诉讼的权利。[1]

新《消费者权益保护法》（2013 年 10 月第二次修正）明确赋予中国消费者协会以及在省、自治区、直辖市设立的消费者协会对侵害众多消费者合法权益的行为，可以提起公益诉讼。[2]

三、起诉条件

1. 有明确的被告；
2. 有具体的诉讼请求；
3. 有社会公共利益受到损害的初步证据；
4. 属于人民法院受理民事诉讼的范围和受诉人民法院管辖。

四、管辖

公益诉讼案件由侵权行为地或者被告住所地中级人民法院管辖，但法律、司法解释另有规定的除外。

因污染海洋环境提起的公益诉讼，由污染发生地、损害结果地或者采取预防污染措施地海事法院管辖。

对同一侵权行为分别向两个以上人民法院提起公益诉讼的，由最先立案的人民法院管辖，必要时由它们的共同上级人民法院指定管辖。

五、其他机关、组织参与诉讼

人民法院受理公益诉讼案件后，应当在 10 日内书面告知相关行政主管部门。

人民法院受理公益诉讼案件后，依法可以提起诉讼的其他机关和有关组织，可以在开庭前向人民法院申请参加诉讼。人民法院准许参加诉讼的，列为共同原告。

六、公益诉讼案件的和解、调解、申请撤诉

1. 和解与调解

《民诉司法解释》第 289 条规定：对公益诉讼案件，当事人可以和解，人民法院可以调解。当事人达成和解或者调解协议后，人民法院应当将和解或者调解协议进行公告。公告期间不得少于 30 日。

公告期满后，人民法院经审查，和解或者调解协议不违反社会公共利益的，应当出具调解书；和解或者调解协议违反社会公共利益的，不予出具调解书，继续对案件进行审理并依法作出裁判。

2. 申请撤诉

《民诉司法解释》第 290 条规定：公益诉讼案件的原告在法庭辩论终结后申请撤诉的，人民法院不予准许。

---

〔1〕 即第 58 条：对污染环境、破坏生态，损害社会公共利益的行为，符合下列条件的社会组织可以向人民法院提起诉讼：（1）依法在设区的市级以上人民政府民政部门登记；（2）专门从事环境保护公益活动连续五年以上且无违法记录。符合前款规定的社会组织向人民法院提起诉讼，人民法院应当依法受理。提起诉讼的社会组织不得通过诉讼牟取经济利益。

〔2〕 即《消费者权益保护法》第 47 条：对侵害众多消费者合法权益的行为，中国消费者协会以及在省、自治区、直辖市设立的消费者协会，可以向人民法院提起诉讼。

【经典真题】

（2017 年卷三 98～100 题）大洲公司超标排污导致河流污染，公益环保组织甲向 A 市中级法院提起公益诉讼，请求判令大洲公司停止侵害并赔偿损失。法院受理后，在公告期间，公益环保组织乙也向 A 市中级法院提起公益诉讼，请求判令大洲公司停止侵害、赔偿损失和赔礼道歉。公益案件审理终结后，渔民梁某以大洲公司排放的污水污染了其承包的鱼塘为由提起诉讼，请求判令赔偿其损失。[1]

（1）（2017 年卷三 98 题）对乙组织的起诉，法院的正确处理方式是：

A. 予以受理，与甲组织提起的公益诉讼合并审理

B. 予以受理，作为另案单独审理

C. 属重复诉讼，不予受理

D. 允许其参加诉讼，与甲组织列为共同原告

【解析】本题考查符合公益诉讼原告资格的其他组织加入公益诉讼的诉讼地位。根据《民诉司法解释》第 287 条，人民法院受理公益诉讼案件后，依法可以提起诉讼的其他机关和有关组织，可以在开庭前向人民法院申请参加诉讼。人民法院准许参加诉讼的，列为共同原告。D 项正确。

（2）（2017 年卷三 99 题）公益环保组织因与大洲公司在诉讼中达成和解协议申请撤诉，法院的正确处理方式是：

A. 应将和解协议记入笔录，准许公益环保组织的撤诉申请

B. 不准许公益环保组织的撤诉申请

C. 应将双方的和解协议内容予以公告

D. 应依职权根据和解协议内容制作调解书

【解析】本题考查公益诉讼的撤诉和和解。根据《民诉司法解释》第 289 条规定，对公益诉讼案件，当事人可以和解，人民法院可以调解。当事人达成和解或者调解协议后，人民法院应当将和解或者调解协议进行公告。公告期间不得少于三十日。公告期满后，人民法院经审查，和解或者调解协议不违反社会公共利益的，应当出具调解书；和解或者调解协议违反社会公共利益的，不予出具调解书，继续对案件进行审理并依法作出裁判。CD 正确；根据《民诉司法解释》第 290 条的规定，公益诉讼案件的原告在法庭辩论终结后申请撤诉的，人民法院不予准许。A 错误，B 正确。本题答案 BCD。

（3）（2017 年卷三 100 题）对梁某的起诉，法院的正确处理方式是：

A. 属重复诉讼，裁定不予受理

B. 不予受理，告知其向公益环保组织请求给付

C. 应予受理，但公益诉讼中已提出的诉讼请求不得再次提出

D. 应予受理，其诉讼请求不受公益诉讼影响

【解析】本题考查公益诉讼与私益诉讼的关系。根据《民诉司法解释》第 288 条的规定，人民法院受理公益诉讼案件，不影响同一侵权行为的受害人根据民事诉讼法第一百一十九条规定提起诉讼。

---

〔1〕（1）D（2）BCD（3）D

七、检察机关办理公益诉讼的特别规定（2020 最高人民法院、最高人民检察院《关于检察公益诉讼案件适用法律若干问题的解释》）

1. 在公益诉讼中，检察院作为起诉人引发二审叫作上诉，而非抗诉。
2. 检察院免交诉讼费。
3. 检察院提起公益应履行 30 日的诉前公告程序。

【注意】 检察院办理侵害英雄烈士等人格利益公益诉讼案件，可用征询近亲属意见替代公告程序。

4. 法院认为检察院的诉讼请求不足以保护社会公益的，可向其释明变更或增加停止侵害、恢复原状等诉讼请求。
5. 检察院提起公益诉讼案件裁判生效后，被告不履行的，法院应当移送执行。

考点四　第三人

📖 知识体系

有独立请求权第三人	概念	对本诉当事人争议的诉讼标的有独立的请求权，而参加诉讼的人。	
	参诉理由	认为原、被告的权利主张侵犯了自己的权利，因此将其一并作为被告，提起**独立**的诉讼请求。	
	诉讼地位	相当于原告（不能提管辖权异议）。	
	参诉方式	提起诉讼（法院不得主动追加）。	
	参诉时间	一审法庭辩论终结前； 一审中未参加诉讼的第三人，申请参加二审程序的，法院可以准许； 二审法院可以予以调解；调解不成的，**发回重审**。	
无独立请求权第三人	概念	对原被告争议的诉讼标的没有独立请求权，但与案件处理结果有法律上的利害关系而参加诉讼的人。	
	参诉理由	与案件处理结果有法律上利害关系。	
	参诉方式	申请参加或者由法院依职权追加。	
	诉讼权利	无权享有的权利	管辖权异议，放弃、变更诉讼请求或者撤诉。
		附条件享有的权利	1. 判决其承担民事责任的无独立请求权第三人有权提起上诉； 2. 调解需要确定无独立请求权第三人承担义务的，需要经过无独立请求权第三人同意，调解书应当送达无独立请求权第三人，无独立请求权第三人签收前反悔的，调解书不生效，法院应当及时判决。
第三人撤销之诉	上述第三人（有独三、无独三）因不能归责于本人的事由未参加诉讼，但有证据证明发生法律效力的判决、裁定、调解书的部分或者全部内容错误，损害其民事权益的，可以提起第三人撤销之诉予以救济。（本部分后文专章讲解）		

◉ 考点讲解

《民事诉讼法》第59条规定:"对当事人双方的诉讼标的,第三人认为有独立请求权的,有权提起诉讼。

对当事人双方的诉讼标的,第三人虽然没有独立请求权,但案件处理结果同他有法律上的利害关系的,可以申请参加诉讼,或者由人民法院通知他参加诉讼。人民法院判决承担民事责任的第三人,有当事人的诉讼权利义务。

前两款规定的第三人,因不能归责于本人的事由未参加诉讼,但有证据证明发生法律效力的判决、裁定、调解书的部分或者全部内容错误,损害其民事权益的,可以自知道或者应当知道其民事权益受到损害之日起六个月内,向作出该判决、裁定、调解书的人民法院提起诉讼。人民法院经审理,诉讼请求成立的,应当改变或者撤销原判决、裁定、调解书;诉讼请求不成立的,驳回诉讼请求。"

一、第三人的种类

根据《民事诉讼法》2012年修正案,第三人可以分为有独立请求权第三人与无独立请求权第三人。

二、有独立请求权第三人

1. 概念:对本诉当事人争议的诉讼标的有独立的请求权,为了维护自己权利而参加诉讼的人;这种独立的请求权既可以是主张全部,也可以是主张部分。

2. 参诉理由:认为原、被告的权利主张侵犯了自己的权利,为主张自己权利,而将原告和被告一并作为被告,提起独立的诉讼请求。

3. 参诉方式:提起诉讼(法院不得主动追加)。

4. 诉讼地位:相当于原告(不能提出管辖权异议)。

5. 参诉时间:案件受理后,辩论终结前。

注意:第一审程序中未参加诉讼的第三人,申请参加第二审程序的,人民法院可以准许。

对于有独立请求权第三人在二审中参加诉讼,二审法院可以根据当事人自愿的原则予以调解;调解不成的,发回重审。(《民诉司法解释》新增)

▶ ★提 示 有独立请求权第三人撤诉权的行使。即有独立请求权的第三人撤销参加之诉,本诉可以继续审理;本诉原告撤销本诉,有独立请求权第三人作为另案原告,原案原告、被告作为另案被告,诉讼继续进行。

【经典真题】

例1(2017年卷三78题)李立与陈山就财产权属发生争议提起确权诉讼。案外人王强得知此事,提起诉讼主张该财产的部分产权,法院同意王强参加诉讼。诉讼中,李立经法院同意撤回起诉。关于该案,下列哪些选项是正确的?[1]

A. 王强是有独立请求权的第三人

---

[1] 2017年卷三78题答案为:AD

　B. 王强是必要的共同诉讼人

　C. 李立撤回起诉后，法院应裁定终结诉讼

　D. 李立撤回起诉后，法院应以王强为原告、李立和陈山为被告另案处理，诉讼继续进行

【解析】本题考查有独立请求权第三人的判断与本诉撤诉后参加之诉的处理。有独立请求权第三人是指对本诉当事人争议的诉讼标的享有独立的请求权，为维护自己的权利，以本诉的原告和被告为共同被告，以起诉的方式参加到本诉中的人。有独立请求权第三人是参加之诉的原告，因此，当本诉撤诉后，有独立请求权第三人应当作为另案原告，本诉的原被告作为另案被告，诉讼继续进行。本案中，王强对李立与陈山的财产权权属争议中的财产主张部分产权，符合有独立请求权第三人，因此，AD项正确。

例2（2015年卷三38题）赵某与刘某将共有商铺出租给陈某。刘某瞒着赵某，与陈某签订房屋买卖合同，将商铺转让给陈某，后因该合同履行发生纠纷，刘某将陈某诉至法院。赵某得知后，坚决不同意刘某将商铺让与陈某。关于本案相关人的诉讼地位，下列哪一说法是正确的？[1]

　A. 法院应依职权追加赵某为共同原告

　B. 赵某应以刘某侵权起诉，陈某为无独立请求权第三人

　C. 赵某应作为无独立请求权第三人

　D. 赵某应作为有独立请求权第三人

【解析】本案中赵某对刘某与陈某签订的房屋买卖合同中的商铺享有共有权，因而参加到刘某与陈某的诉讼中是因为该二人的买卖行为侵害了其所有权，因此，赵某为有独立请求权第三人，D项正确。本题中，如果赵某同意刘某将商铺转让与陈某，则赵某应为共同原告。

6. 有独立请求权第三人与必要共同原告的区别

区别项	有独立请求权的第三人	必要共同原告
参诉依据	对本诉诉讼标的享有独立的请求权	存在共同的权利义务关系
争议对象	本诉的原、被告双方当事人	仅为对方当事人
参诉方式	主动参加	可主动参加，也可被法院通知参加
参诉时间	一审、二审	起诉的同时，或在诉讼程序开始后追加，可在一审、二审、再审的各阶段
参诉目的	仅维护自己的合法权益	维护自己及共同诉讼人的合法权益
合并种类	两个独立之诉的合并	诉讼主体的合并

三、无独立请求权第三人

1. 概念：对原被告争议的诉讼标的没有独立请求权，但与案件处理结果有法律上的利害关系而参加诉讼的人。

---

〔1〕 2015年卷三38题答案为：D

2. 参诉理由：与案件处理结果有法律上利害关系。

3. 参诉方式：无独立请求权第三人申请参加或者法院依职权追加。

4. 无独立请求权第三人的诉讼权利

（1）附条件享有的权利：

A. 判决其承担民事责任的无独立请求权第三人有权提起上诉。

B. 调解需要确定无独立请求权第三人承担义务的，需要经过无独立请求权第三人同意，调解书应当送达无独立请求权第三人，无独立请求权第三人签收前反悔的，调解书不生效，法院应当及时判决。

（2）无权享有的权利：管辖权异议，放弃、变更诉讼请求或者撤诉。

5. 考点补充：

诉讼中，民事实体权利义务发生转移的情形：

在诉讼中，争议的民事权利义务转移的，不影响当事人的诉讼主体资格和诉讼地位。人民法院作出的发生法律效力的判决、裁定对受让人具有拘束力。

受让人申请以无独立请求权的第三人身份参加诉讼的，人民法院可予准许。受让人申请替代当事人承担诉讼的，人民法院可以根据案件的具体情况决定是否准许；不予准许的，可以追加其为无独立请求权的第三人。

【经典真题】

（2011 年卷三 80 题）关于无独立请求权第三人，下列哪些说法是错误的?[1]

A. 无独立请求权第三人在诉讼中有自己独立的诉讼地位

B. 无独立请求权第三人有权提出管辖异议

C. 一审判决没有判决无独立请求权第三人承担民事责任的，无独立请求权的第三人不可以作为上诉人或被上诉人

D. 无独立请求权第三人有权申请参加诉讼和参加案件的调解活动，与案件原、被告达成调解协议

【解析】A 选项是正确的，第三人（包括有独立请求权第三人和无独立请求权第三人）是本案的当事人，有独立诉讼地位，有独立请求权第三人或者无独立请求权第三人即是他们的诉讼地位；B 选项中第三人（包括有独立请求权第三人和无独立请求权第三人）都不能提出管辖权异议；C 选项，一审判决无独三不承担民事责任的，无独立请求权第三人无权上诉，即不能成为上诉人，但是并不妨碍其成为被上诉人；D 选项中无独立请求权第三人有权参加调解，并达成调解协议。

6. 无独立请求权第三人与必要共同被告的区别。

必要共同被告一定是本案所争议的法律关系（即本案诉讼标的）的一方当事人；而无独三本身并非本案所争议的法律关系一方当事人，只是因为其与该案件处理结果存在法律上的利害关系而参加诉讼。

---

[1]   2011 年卷三 80 题答案为：BC

四、第三人撤销权之诉

考点归纳

概念		（有独三、无独三）因不能归责于本人的事由未参加诉讼，但有证据证明发生法律效力的判决、裁定、调解书的部分或者全部内容错误、损害其民事权益的，可以自知道或者应当知道其权益受到损害之日起 6 个月内向作出该生效判决、裁定、调解书的法院起诉，要求撤销、改变原生效判决、裁定、调解书。
		考点提示：第三人撤销权之诉是**形成之诉（变更之诉）**。
起诉与受理	审查	法院应将起诉状和证据材料在 5 日内送交对方当事人（原审双方当事人），对方当事人可以自收到起诉状之日起 10 日内提出书面意见。 人民法院应当对第三人提交的起诉材料以及对方当事人的书面意见进行审查。
	受理	1. 符合起诉条件，收到起诉状之日起 30 日内立案； 2. 不符合起诉条件，收到起诉状之日起 30 日内裁定不予受理； 3. 受理后发现不符合起诉条件，裁定驳回起诉； 对不予受理和驳回起诉裁定不服的，可以**上诉**。
起诉与受理	不予受理的情形	对下列情形提起第三人撤销之诉的，人民法院裁定不予受理： （1）适用特别程序、督促程序、公示催告程序、破产程序等非讼程序处理的案件； （2）婚姻无效、撤销或者解除婚姻关系等判决、裁定、调解书中涉及身份关系的内容； （3）《民事诉讼法》第 57 条规定的未参加登记的权利人对代表人诉讼案件的生效裁判； （4）《民事诉讼法》第 58 条规定的损害社会公共利益行为的受害人对公益诉讼案件的生效裁判。
审理方式	开庭审理	第三人撤销之诉，法院应当组成合议庭开庭审理。
		考点提示：第三人撤销权之诉不允许适用简易程序。
	当事人诉讼地位	（1）提起撤销权之诉的第三人为原告； （2）原审的原告、被告、有独三和承担责任的无独三都是第三人撤销权之诉的被告； （3）原审不承担责任的无独三应当作为撤销权之诉的第三人。
	中止执行	（1）执行受理第三人撤销权之诉案件后，原告提供相应担保，请求中止执行的，人民法院可以准许； （2）第三人提起撤销权之诉后，该第三人以案外人身份向执行法院提出案外人对执行标的的异议成立的，裁定中止执行。
判决结果		对第三人撤销或者部分撤销发生法律效力的判决、裁定、调解书内容的请求，人民法院经审理，按下列情形分别处理： （1）请求成立且确认其民事权利的主张全部或部分成立的，改变原判决、裁定、调解书内容的错误部分； （2）请求成立，但确认其全部或部分民事权利的主张不成立，或者未提出确认其民事权利请求的，撤销原判决、裁定、调解书内容的错误部分； （3）请求不成立的，驳回诉讼请求。 原判决、裁定、调解书的内容未改变或者未撤销的部分继续有效。

续表

救济	对撤销权之诉的裁判不服的，当事人可以上诉。
与再审的关系	第三人撤销权之诉审理期间，法院对生效判决、裁定、调解书**裁定再审**的，受诉法院应当裁定将第三人的诉讼请求并入再审程序。 但有证据证明原审当事人之间恶意串通损害第三人合法权益的，法院应当先行审理第三人撤销权之诉案件，裁定中止再审诉讼。

（一）第三人撤销权之诉的起诉要件

1. 起诉条件

（1）第三人未参加诉讼，且对此无过错。根据《民诉司法解释》第 295 条的规定，包括下列情况：不知道诉讼而未参加的；或申请参加未获准许的；或知道诉讼，但因客观原因无法参加的；或因其他不能归责于本人的事由未参加诉讼的。

（2）第三人必须提出证据证明发生法律效力的判决、裁定、调解书的部分或者全部内容错误。倘若生效的法律文书没有错误，即使会损害第三人利益，第三人也不能提出第三人撤销权之诉。需要注意的是，根据法条的表述，应当是一个起诉要件，若不符合该要件，法院应当裁定不予受理，但是在受理案件之前对证据的要求相对较低，只要能够初步证明即可，至于原判决是否真的错误，则应当在随后的审理过程中予以判断。

（3）原判决需损害第三人的民事权益。如果原判决确有错误，但没有损害第三人的民事权益，则对于第三人来说并没有诉讼利益，故不能提起撤销之诉。

注意：可以撤销或者变更的法律文书包括判决、裁定和调解书。根据《民诉司法解释》第 296 条的规定：《民事诉讼法》第 59 条第 3 款规定的判决、裁定、调解书的部分或者全部内容，是指判决、裁定的主文，调解书中处理当事人民事权利义务的结果。

2. 提起第三人撤销之诉的当事人

第三人撤销之诉的原告：应当是未参加过原诉讼的第三人，既可以是无独立请求权的第三人，也可以是有独立请求权的第三人。

★提 示 有独立请求权的第三人选择以另行起诉的方式维护自己的合法权益时，如果涉及需要撤销或者改变原生效判决的，当事人可以一并提起撤销之诉，合并审理，人民法院也可以依职权提起再审后合并审理。

撤销之诉的被告：为生效判决、裁定、调解书的当事人；并将生效判决、裁定、调解书中没有承担责任的无独立请求权的第三人列为第三人。

3. 第三人撤销之诉的管辖

第三人应当向作出该判决、裁定、调解书的人民法院提起诉讼。如果生效的法律文书是由一审法院作出的，则向一审法院提起诉讼；如果是由二审法院作出的，则应当向二审法院提起撤销之诉。第三人可以起诉撤销一审和二审法律文书，也可以起诉仅撤销二审法律文书。

4. 第三人撤销之诉的起诉期间

自第三人知道或者应当知道其民事权益受到损害之日起 6 个月内。该期间是不变期间，超出该期间的，第三人可以通过其他途径救济，但不能提起撤销之诉。

（二）对第三人撤销之诉的受理与不予受理

1. 审查受理

《民诉司法解释》第 293 条规定：人民法院应当在收到起诉状和证据材料之日起 5 日内送交对方当事人，对方当事人可以自收到起诉状之日起 10 日内提出书面意见。

人民法院应当对第三人提交的起诉状、证据材料以及对方当事人的书面意见进行审查。必要时，可以询问双方当事人。

经审查，符合起诉条件的，人民法院应当在收到起诉状之日起 30 日内立案。不符合起诉条件的，应当在收到起诉状之日起 30 日内裁定不予受理。

2. 不予受理（不适用第三人撤销之诉）的具体情形

《民诉司法解释》第 297 条规定：对下列情形提起第三人撤销之诉的，人民法院不予受理：

（1）适用特别程序、督促程序、公示催告程序、破产程序等非讼程序处理的案件；

（2）婚姻无效、撤销或者解除婚姻关系等判决、裁定、调解书中涉及身份关系的内容；

（3）《民事诉讼法》第 57 条规定的未参加登记的权利人对代表人诉讼案件的生效裁判；

（4）《民事诉讼法》第 58 条规定的损害社会公共利益行为的受害人对公益诉讼案件的生效裁判。

（三）第三人撤销之诉的审理和处理

1. 根据《民诉司法解释》第 294 条的规定：人民法院对第三人撤销之诉案件，应当组成合议庭开庭审理。

【注意】第三人撤销之诉，不适用简易程序审理。

2. 根据《民诉司法解释》第 300 条的规定，对第三人撤销之诉的审理方式如下：

（1）请求成立且确认其民事权利的主张全部或部分成立的，改变原判决、裁定、调解书内容的错误部分；

（2）请求成立，但确认其全部或部分民事权利的主张不成立，或者未提出确认其民事权利请求的，撤销原判决、裁定、调解书内容的错误部分；

（3）请求不成立的，驳回诉讼请求。

【注意】

1. 对第三人撤销之诉裁判不服的，当事人可以上诉。

2. 原判决、裁定、调解书的内容未改变或者未撤销的部分继续有效。

（四）第三人撤销之诉与执行的关系

1. 人民法院受理第三人撤销之诉后，执行程序并不中止；如果原告提供相应担保，请求中止执行的，人民法院可以准许。

2. 第三人撤销之诉受理后，未中止执行的，可以提出执行异议，但被驳回后不能申请再审。

《民诉司法解释》第 303 条第 1 款：第三人提起撤销之诉后，未中止生效判决、裁定、调解书执行的，执行法院对第三人依照民事诉讼法第 234 条规定提出的执行异议，应予审查。第三人不服驳回执行异议裁定，申请对原判决、裁定、调解书再审的，人民法院不予受理。

3. 第三人先提出执行异议，被驳回后，不能提起第三人撤销之诉。

《民诉司法解释》第 303 条第 2 款：案外人对人民法院驳回其执行异议裁定不服，认为原判决、裁定、调解书内容错误损害其合法权益的，应当根据民事诉讼法第 234 条规定申请再审，提起第三人撤销之诉的，人民法院不予受理。

【经典真题】

（2017 年卷三 77 题）汤某设宴为母祝寿，向成某借了一尊清代玉瓶装饰房间。毛某来祝寿时，看上了玉瓶，提出购买。汤某以 30 万元将玉瓶卖给了毛某，并要其先付钱，寿典后 15 日内交付玉瓶。毛某依约履行，汤某以种种理由拒绝交付。毛某诉至甲县法院，要求汤某交付玉瓶，得到判决支持。汤某未上诉，判决生效。在该判决执行时，成某知晓了上述情况。对此，成某依法可采取哪些救济措施？[1]

　A. 以案外人身份向甲县法院直接申请再审

　B. 向甲县法院提出执行异议

　C. 向甲县法院提出第三人撤销之诉

　D. 向甲法院申诉，要求甲县法院依职权对案件启动再审

【解析】本题综合考查案外第三人的救济途径。现行民诉立法及其司法解释，规定案外第三人在判决发生法律效力后，得知自己的合法权利受到侵害，可以直接向生效裁判作出法院提起第三人撤销之诉，或者在执行过程中向执行法院提出案外执行异议的方式进行救济；第三人虽然不能直接向法院申请再审，但是向法院申诉是其合法的民主权利，而第三人申诉是人民法院发现生效裁判错误的途径之一，如果申诉有理，人民法院可以依职权提起再审进行救济。本题的答案为 BCD。

（五）第三人撤销之诉与再审的关系

第三人撤销之诉案件审理期间，人民法院对生效判决、裁定、调解书裁定再审的，受理第三人撤销之诉的人民法院应当裁定将第三人的诉讼请求并入再审程序。但有证据证明原审当事人之间恶意串通损害第三人合法权益的，人民法院应当先行审理第三人撤销之诉案件，裁定中止再审诉讼。

★提示　再审程序与第三人撤销之诉均是对错误生效裁判的救济程序，针对同一个生效裁判，这两个程序不能同时适用。如果出现再审审理程序与第三人撤销之诉并行时，裁定将第三人撤销之诉并入再审程序，为一次性解决多方当事人的民事权利义务争议，第三人撤销之诉应当裁定终结。

例外的情形：有证据证明原诉讼属于原审当事人之间恶意串通损害第三人合法权益时，人民法院应当先行审理第三人撤销之诉案件，并裁定中止再审程序。

第三人诉讼请求并入再审程序审理的，按照下列情形分别处理：

1. 按照第一审程序审理的，人民法院应当对第三人的诉讼请求一并审理，所作的判决可以上诉；

2. 按照第二审程序审理的，人民法院可以调解，调解达不成协议的，应当裁定撤销原判决、裁定、调解书，发回一审法院重审，重审时应当列明第三人。

提示：按照二审程序审理的再审案件，应当保护第三人的上诉权。

★提 示

1. 第三人提起撤销之诉后，未中止生效判决、裁定、调解书执行的，在执行过程中提出执行异议，被人民法院驳回。第三人**不服驳回执行异议裁定，申请对原判决、裁定、调解书再审的，人民法院不予受理。**

2. 案外人对人民法院驳回其执行异议裁定不服，认为原判决、裁定、调解书内容错误损害其合法权益的，应当根据《民事诉讼法》第234条规定申请再审，**提起第三人撤销之诉的，人民法院不予受理。**

【经典真题】

（2017年卷三38题）丙公司因法院对甲公司诉乙公司工程施工合同案的一审判决（未提起上诉）损害其合法权益，向A市B县法院提起撤销诉讼。案件审理中，检察院提起抗诉，A市中级法院对该案进行再审，B县法院裁定将撤销诉讼并入再审程序。关于中级法院对丙公司提出的撤销诉讼请求的处理，下列哪一表述是正确的？[1]

A. 将丙公司提出的诉讼请求一并审理，作出判决

B. 根据自愿原则进行调解，调解不成的，告知丙公司另行起诉

C. 根据自愿原则进行调解，调解不成的，裁定撤销原判发回重审

D. 根据自愿原则进行调解，调解不成的，恢复第三人撤销诉讼程序

【解析】本题考查第三人撤销之诉并入再审程序的处理。第三人撤销程序和再审程序都是对生效裁判错误的纠错程序，针对同一案件，两者不能同时适用。第三人撤销之诉案件审理期间，人民法院对生效判决、裁定、调解书裁定再审的，受理第三人撤销之诉的人民法院应当裁定将第三人的诉讼请求并入再审程序。根据《民诉司法解释》第302条规定，第三人诉讼请求并入再审程序审理的，按照下列情形分别处理：（一）按照第一审程序审理的，人民法院应当对第三人的诉讼请求一并审理，所作的判决可以上诉；（二）按照第二审程序审理的，人民法院可以调解，调解达不成协议的，应当裁定撤销原判决、裁定、调解书，发回一审法院重审，重审时应当列明第三人。本案A市中级人民法院再审，属于提审，应当适用二审程序审理，因此答案为C。

---

[1]　C

第六专题 诉讼代理人

> 　　本专题不是必考章节，偶有涉及，且考试内容相对集中，重点掌握：（1）法定代理人的代理权限。注意，法定代理人与当事人在诉讼中享有同样的诉讼权限。（2）委托代理人的范围以及向法院提交的材料。特别注意不能充当委托代理人的法定情形。（3）委托代理人的特殊代理权限。注意：第一，特殊代理权限一般涉及实质性的权利，如承认、放弃、变更诉讼请求，进行和解，提起反诉或者上诉；第二，委托代理人的特殊权限必须经过被代理人的明确授权；第三，"全权委托"的表述仅为一般委托，只能行使程序性的权利。

【本专题复习建议】

诉讼代理人分为法定诉讼代理人和委托诉讼代理人。

法定诉讼代理人是指根据法律规定无诉讼行为能力人的监护人作为其法定代理人代为参加诉讼，其被代理人是无诉讼行为能力人，代理权限来自于法律的直接规定，是一种全权代理，可以按照自己的意志代理被代理人实施所有诉讼行为，但是值得注意的是法定代理人和当事人的诉讼地位不同，在诉讼中发生的事件后果也不相同（如死亡）。

委托代理人是指根据当事人的委托授权而代为诉讼，其委托代理权来自于当事人的委托授权，委托代理的被代理人必须具有诉讼行为能力[1]（因为如果被代理人没有诉讼行为能力则不能进行有效授权）；委托代理人的权限分为一般授权和特别授权，一般授权的委托代理人可以代为一般的诉讼行为，但代为承认、放弃、变更诉讼请求，和解、调解、上诉、反诉等涉及实体权利的行为需要当事人特别授权，其中特别注意，在委托授权书中没有明确授权，只表述为"全权代理"的，视为一般授权。

知识体系

法定诉讼代理人	概念	无诉讼行为能力人由其监护人作为法定诉讼代理人代为诉讼。
	诉讼地位	类似于当事人，是一种全权代理。
	与当事人的区别	1. 只能以当事人的名义起诉、应诉； 2. 裁判针对的是当事人而不是法定代理人； 3. 诉讼中，法定代理人死亡，另行指定监护人作为法定代理人继续诉讼，当事人死亡则可能导致当事人变更甚至诉讼终结的后果。

---

〔1〕　潘剑锋主编：《民事诉讼法》，清华大学出版社2006年版，第142页。

续表

	特征	代理权产生的依据为当事人的授权；代理权限范围由被代理人授权。
委托代理人	可以担任委托代理人的范围	1. 积极：A. 律师、基层法律服务工作者；B. 当事人近亲属或者工作人员；C. 当事人所在社区、单位以及有关社会团体推荐的人。 2. 消极：无民事行为能力人、限制民事行为能力人以及其他依法不能作为诉讼代理人的，当事人不得委托其作为诉讼代理人。
	代理权限	1. 一般授权：可以行使程序性诉讼权利，不能代为承认、放弃、变更诉讼请求，进行和解，提起反诉或者上诉（涉及当事人实体权利事项）； 2. 特别授权：可以行使程序性诉讼权利，可以代为承认、放弃、变更诉讼请求，进行和解，提起反诉或者上诉。

考点讲解

诉讼代理人是根据法律规定或当事人委托，代理当事人进行民事诉讼活动的人。包括法定代理人和委托代理人。

一、法定代理人

1. 概念：根据法律规定，代理无诉讼行为能力的当事人进行民事活动的人。

（1）法定代理人的被代理人是无诉讼行为能力人（即无或者限制民事行为能力）。

（2）法定代理人的代理权来源于法律的规定不是基于当事人的委托。

根据《民诉司法解释》第83条的规定，在诉讼中，无民事行为能力人、限制民事行为能力人的监护人是他的法定代理人。事先没有确定监护人的，可以由有监护资格的人协商确定；协商不成的，由人民法院在他们之中指定诉讼中的法定代理人。当事人没有民法典第27条、第28条规定的监护人的，可以指定民法典第32条规定的有关组织担任诉讼中的法定代理人。

（3）法定代理人的代理权限是全权代理。

2. 代理权限：法定代理是一种全权代理，即法定代理人可以根据自己的意志代理被代理人实施所有诉讼行为，也应当履行当事人所承担的一切诉讼义务，而无需被代理人授权。

但是注意，尽管是一种全权代理，但是法定代理人与当事人毕竟地位不同，存在区别，如：

（1）诉讼地位不同，一个是当事人，一个是法定代理人。法定代理人只能以被代理人（即当事人）的名义起诉或应诉；

（2）裁判针对的是当事人而不是法定代理人；

（3）在诉讼中，如果当事人死亡，则产生诉讼中止或者诉讼终结的法律后果；而法定代理人死亡，更换法定代理人继续诉讼即可，而不必中止或者终结诉讼。

二、委托代理人

1. 概念：根据当事人、法定代表人或法定代理人的委托，代为进行诉讼活动的人。

（1）委托代理人代理权的取得，基于当事人、法定代表人或者法定代理人的委托授权；

（2）委托代理人的代理范围取决于被代理人的授权。

2. 委托代理人的范围：

（1）可以担任委托代理人的人：

A. 律师、基层法律服务工作者；

B. 当事人近亲属或者工作人员；

根据《民诉司法解释》第 85 条的规定，与当事人有夫妻、直系血亲、三代以内旁系血亲、近姻亲关系以及其他有抚养、赡养关系的亲属，可以当事人近亲属的名义作为诉讼代理人。

根据《民诉司法解释》第 86 条的规定，与当事人有合法劳动人事关系的职工，可以当事人工作人员的名义作为诉讼代理人。

C. 当事人所在社区、单位以及有关社会团体推荐的人。

根据《民诉司法解释》第 87 条的规定，对于社会团体推荐的公民担任诉讼代理人应当符合的条件做出了如下规定：①社会团体属于依法登记设立或者依法免予登记设立的非营利性法人组织；②被代理人属于该社会团体的成员，或者当事人一方住所地位于该社会团体的活动地域；③代理事务属于该社会团体章程载明的业务范围；④被推荐的公民是该社会团体的负责人或者与该社会团体有合法劳动人事关系的工作人员。

专利代理人经中华全国专利代理人协会推荐，可以在专利纠纷案件中担任诉讼代理人。

（2）不得担任委托代理人的人：无民事行为能力人、限制民事行为能力人以及其他依法不能作为诉讼代理人的，当事人不得委托其作为诉讼代理人。

理解与适用：当事人的工作人员作为诉讼代理人主要是指法人或者其他组织成为当事人的情形，该法人或者其他组织的工作人员可以作为其委托代理人。

3. 委托代理人的代理权限

（1）特别授权：诉讼代理人代为承认、放弃、变更诉讼请求，进行和解，提起反诉或者上诉，必须有当事人的特别授权（这些权利都是涉及当事人实体利益的权利）；

（2）一般授权：只能行使程序性权利，不得代为承认、放弃、变更诉讼请求，进行和解，提起反诉或者上诉。

4. 委托代理后的法律效果

（1）在法律规定范围内，代理人的诉讼行为对被代理人发生效力；

（2）一般有了委托代理人或者法定代理人后，当事人本人可以不亲自出庭，但离婚案件有诉讼代理人（包括法定代理人和委托代理人）的，本人除不能表达意思外，仍应出庭；确因特殊原因无法出庭，必须向法院提交书面意见。

【经典真题】

（2013 年卷三 42 题）某市法院受理了中国人郭某与外国人珍妮的离婚诉讼，郭某委托黄律师作为代理人，授权委托书中仅写明代理范围为"全权代理"。关于委托代理的表述，下列哪一选项是正确的？[1]

A. 郭某已经委托了代理人，可以不出庭参加诉讼

B. 法院可以向黄律师送达诉讼文书，其签收行为有效

C. 黄律师可以代为放弃诉讼请求

_____

[1] 2013 年卷三 42 题答案为：B

D. 如果珍妮要委托代理人代为诉讼，必须委托中国公民

【解析】本题考查诉讼代理人问题，委托授权书载明"全权代理"，但无具体授权，视为一般授权。A选项虽然委托代理人后当事人可以不再出庭，但是离婚诉讼有诉讼代理人的，本人除不能正确表达意思外，仍应当出庭，如因特殊原因不能出庭的，应当提出书面意见；B选项，黄律师为一般授权，可以行使除承认、放弃、变更诉讼请求，和解，反诉和上诉之外的其他权利，故其可以代为签收法律文书，B选项正确；一般授权的代理人不能代为放弃诉讼请求，所以C选项错误；D选项涉外诉讼中有个原则叫作委托中国律师进行诉讼原则，也就是说只有中国律师可以以律师身份担任诉讼代理人，但并不阻碍外国公民以非律师身份担任诉讼代理人，如珍妮完全可以委托自己的近亲属（外国人）为诉讼代理人。

补充提示：递交委托书的途径

对于侨居在国外的中华人民共和国公民从国外寄交或者托交的授权委托书，必须经中华人民共和国驻该国的使领馆证明；没有使领馆的，由与中华人民共和国有外交关系的第三国驻该国的使领馆证明，再转由中华人民共和国驻该第三国使领馆证明，或者由当地的爱国华侨团体证明。

对于在中华人民共和国领域内没有住所的外国人、无国籍人、外国企业和组织委托中华人民共和国律师或者其他人代理诉讼，从中华人民共和国领域外寄交或者托交的授权委托书，应当经所在国公证机关证明，并经中华人民共和国驻该国使领馆认证，或者履行中华人民共和国与该所在国订立的有关条约中规定的证明手续后，才具有效力。

此次新《民诉司法解释》明确规定了两种简化

外国当事人授权委托手续的方式：

1. 外国人、外国企业或者组织的代表人在人民法院法官的见证下签署授权委托书，委托代理人进行民事诉讼的，人民法院应予认可。

2. 外国人、外国企业或者组织的代表人在中华人民共和国境内签署授权委托书，委托代理人进行民事诉讼，经中华人民共和国公证机构公证的，人民法院应予认可。

第七专题
证据

本专题为高频考查章节，常有涉及。该章考点比较多，重点掌握如下内容：（1）当事人陈述的效力；（2）书证、视听资料和电子数据的区别；（3）证人的资格以及可以不出庭作证的证人的情形；（4）鉴定意见的程序，鉴定人的权利与义务以及专业人士出庭的权利义务；专家辅助人出庭的作用以及其陈述意见的法律效力；（5）在实际案例中准确判断本证与反证、直接证据与间接证据、原始证据与传来证据。

【本专题复习建议】

证据的理论分类。根据证据的来源，将证据分为原始证据和传来证据；根据证据与待证事实的关系将证据分为直接证据和间接证据；根据证据与证明责任承担的关系，将证据分为本证和反证。

证据的法定分类。书证、物证、视听资料和电子数据四类在法律职业资格考试中主要考查区分和判断，书证指用其记载的内容、表达的思想证明待证事实的证据，物证指用其外在形态、痕迹等物理特征证明待证事实的证据，视听资料指用其记载的内容证明案件事实，但与书证不同的是该内容的形成与读取需要借助一定的技术设备，电子数据指包括电子邮件、网页访问记录、数据电文等方式表现的证据。证人证言主要考查的点包括：（1）证人资格；（2）申请证人出庭作证时间；（3）证人出庭的义务以及可以不出庭的情形；（4）证人出庭的费用承担问题。鉴定意见的考点主要在于（1）鉴定的启动；（2）鉴定人适用回避制度；（3）鉴定意见应当由鉴定人签名、盖章，鉴定中有不同意见应当在鉴定意见书中注明；（4）当事人对鉴定意见有异议或者人民法院认为鉴定人应当出庭的，鉴定人应当出庭，经法院通知，鉴定人拒不出庭的，该鉴定意见不得作为认定案件事实的依据，支付费用的当事人有权要求返还鉴定费用；（5）经当事人申请，人民法院可以通知有专门知识的人出庭对鉴定意见提出意见或者对专业问题提出意见。

知识体系

		概念	在民事诉讼中能够证明案件真实情况的各种资料；是民事诉讼中法院认定案件事实作出裁判的依据。
理论分类	能否单独、直接证明待证事实	直接证据	能够单独、直接证明待证事实的证据。
		间接证据	不能直接或单独证明待证事实，需要与其他证据相结合。

续表

是否直接来源于案件事实	原始证据	直接来源于案件事实的证据。	
	传来证据	又称为派生证据，指不直接来源于案件事实，而是通过传抄、转述、复制后所获得的证据。	
与证明责任承担的关系	本证	提出该证据的当事人对该待证事实承担举证责任。	
	反证	提出该证据的当事人对该待证事实不承担举证责任。	
法定分类	书证	以所记载的内容或表达的思想证明案件事实。 关于公文书证： 1. 国家机关或者其他依法具有社会管理职能的组织，在其职权范围内制作的文书所记载的事项推定为真实，但有相反证据足以推翻的除外。 2. 单位向人民法院提出的证明材料，应当由单位负责人及制作证明材料的人员签名或者盖章，并加盖单位印章。 3. 调查核实：人民法院就单位出具的证明材料，可以向单位及制作证明材料的人员进行调查核实。必要时，可以要求制作证明材料的人员出庭作证。 单位及制作证明材料的人员拒绝人民法院调查核实，或者制作证明材料的人员无正当理由拒绝出庭作证的，该证明材料不得作为认定案件事实的根据。	
	物证	以物品本身的物理属性（如颜色、大小、损害状态、存在状态等）来证明案件事实。	
	视听资料	以录音、录像等技术手段反映的声音、图像证明案件事实的材料，包括录音资料和影像资料（如照片、录像带、录音带等）。	
	电子数据	通过电子邮件、电子数据交换、网上聊天记录、博客、微博客、手机短信、电子签名、域名等形成或者存储在电子介质中的信息。 存储在电子介质中的录音资料和影像资料，适用电子数据的规定（如数码相机、摄像机、U盘中储存的照片、录像等）。	
	证人证言	1. 凡知道案件情况的单位和个人都有证人资格；不能正确表达意思的人不能作证人。 2. 由当事人在举证期限届满前申请或者该证言属于人民法院依职权调查收集的证据的也可以由人民法院依职权通知；未经人民法院通知，证人不得出庭作证，但双方当事人同意并经人民法院准许的除外。 3. 经法院通知，证人应当出庭作证，但下列情形，经法院许可，可以提交书面证言或者视听资料或者通过双向视听传输技术作证。 A. 因健康原因不能出庭的；B. 路途遥远、交通不便不能出庭的；C. 因自然灾害等不可抗力不能出庭的；D. 其他正当理由。 同时根据《证据规定》，证人在人民法院组织双方当事人交换证据时出席陈述证言的，可视为出庭作证。 4. 证人出庭费用补助问题 A. 补助范围：因出庭作证而支出的交通、住宿、就餐等必要费用以及误工损失； B. 承担：上述费用由败诉方当事人承担；当事人申请该证人出庭的，由申请人先行垫付；当事人没有申请，法院通知证人出庭的，由法院先行垫付。 5. 如实作证保证书 人民法院在证人出庭作证前应当告知其如实作证的义务以及作伪证的法律后果，并责令其签署保证书，但无民事行为能力人和限制民事行为能力人除外。 证人拒绝签署保证书的，不得作证，并自行承担相关费用。	

右上角：续表

当事人陈述	人民法院认为有必要的，可以要求当事人本人到庭，就案件有关事实接受询问。在询问当事人之前，可以要求其签署保证书。 负有举证证明责任的当事人拒绝到庭、拒绝接受询问或者拒绝签署保证书，待证事实又欠缺其他证据证明的，人民法院对其主张的事实不予认定。		
鉴定意见	鉴定的启动	当事人申请**或**法院依职权决定。	
	申请鉴定的时间	**举证期限内**提出，但申请重新鉴定的除外。	
	鉴定意见	1. 鉴定人应当提出书面鉴定意见，并签名、盖章； 2. 多名鉴定人有不同意见的，应当在鉴定意见书中注明； 3. 鉴定人适用回避制度。	
	鉴定人出庭	情形	①当事人对鉴定意见有异议**或者**②法院认为鉴定人应当出庭的，鉴定人应当出庭。
		后果	经法院通知，鉴定人拒不出庭，鉴定意见不得作为认定案件事实的依据，支付鉴定费的当事人可以要求返还鉴定费用。
	专家辅助人出庭作证	程序	当事人在**举证期限内**申请，由法院通知 1~2 名有专门知识的人出庭。
		作用	1. 对鉴定意见提出意见； 2. 对专业问题提出意见； 有专门知识的人在法庭上就专业问题提出的意见，视为当事人的陈述。 法院可以对其进行询问；经法庭准许，当事人可以对其进行询问，当事人各自申请的具有专门知识的人可以就案件中的有关问题进行对质。
		注意	1. 有专门知识的人不适用回避制度；2. 有专门知识的人出庭费用由**申请方当事人**承担。
	勘验笔录		

考点讲解

一、概念

证据是在民事诉讼中能够证明案件真实情况的各种资料，是民事诉讼中法院认定案件事实、作出裁判的依据。

民事证据具有三个特征：

1. 真实性，即证据是客观存在的或者是对客观存在的客观反映。如书证、物证，要求应当是原件；而证人证言、当事人陈述等证据则只能是对客观存在的客观反映。

2. 关联性，即证据与待证事实之间需具有内在联系。

3. 合法性，即在民事诉讼中，认定案件事实的证据必须符合法律规定的要求，不为法律所禁止。具体而言，民事证据的合法性主要包括：（1）证据主体的合法性。如不能正确表达意思的人不能成为证人，作出鉴定意见的主体必须具有相关的鉴定资格等。（2）证据形式的合法性。如单位向法院提交的证明文书须有单位负责人的签名或盖章，并加盖单位印章；保证合同、抵押合同等，需要以书面形式的合同文本加以证明等。（3）证据取得途径的合法性。《民诉司法解释》第 106 条：对以严重侵害他人合法权益、违反法律禁止性规定或者严重违背公序良俗的方法形成或者获取的证据，不得作为认定案件事实的根据。例如：利用视听资料来证明案件事实的，要求视听资料的取得不得侵犯他人的隐私权利；法院收集证据，应当由二人以上进行等。（4）证据程序的合法性。即作为法院认定案件事实依据的证据，必须经过法律规定的程序。只有经过质证程序的证据，才能够成为法院认定案件事实的依据。

二、证据的法定分类

《民事诉讼法》把证据分为：（1）当事人陈述；（2）书证；（3）物证；（4）视听资料；（5）电子数据；（6）证人证言；（7）鉴定意见；（8）勘验笔录。

1. 当事人陈述

人民法院认为有必要的，可以要求当事人本人到庭，就案件有关事实接受询问。在询问当事人之前，可以要求其签署保证书。

当事人无正当理由拒不到场、拒不签署或宣读保证书或者拒不接受询问的，人民法院应当综合案件情况、判断待证事实的真伪。待证事实无其他证据证明的，人民法院应当作出不利于该当事人的认定。

2. 书证与物证

（1）二者的区别：书证是以所记载的内容或表达的思想证明案件事实；物证是以物品本身的外在特征（即存在、形状、质量、痕迹等物理特征）来证明案件事实。这是二者的本质区别。

例如：车祸现场的一块手表，如果用该手表的损坏程度来证明损失的大小，则该手表是物证；如果手表撞坏后停止走动了，用其显示的时间来证明案件发生的时间，则该手表是用其记载的内容来证明案件事实，是书证。

（2）关于书证的一个特殊问题——公文书证

A. 效力：国家机关或者其他依法具有社会管理职能的组织，在其职权范围内制作的文书所记载的事项推定为真实，但有相反证据足以推翻的除外。必要时，人民法院可以要求制作文书的机关或者组织对文书的真实性予以说明。

B. 形式：单位向人民法院提出的证明材料，应当由单位负责人及制作证明材料的人员签名或者盖章，并加盖单位印章。

C. 调查核实：人民法院就单位出具的证明材料，可以向单位及制作证明材料的人员进行调查核实。必要时，可以要求制作证明材料的人员出庭作证。

单位及制作证明材料的人员拒绝人民法院调查核实，或者制作证明材料的人员无正当理由拒绝出庭作证的，该证明材料不得作为认定案件事实的根据。

（3）**书证的提出**

A. 当书证为提出证据的一方当事人持有时，持有该书证的当事人可直接将其提交给法院。

B. 书证为对方当事人以外的第三人持有时，当事人可以以该书证作为当事人因客观原因不能收集的证据为由，向法院提出申请，由法院根据当事人的申请予以收集。

C. 书证在对方当事人控制之下的，承担举证证明责任的当事人可以在举证期限届满前书面申请人民法院责令对方当事人提交。对方当事人否认控制书证的，人民法院应当根据法律规定、习惯等因素，结合案件的事实、证据，对于书证是否在对方当事人控制之下的事实作出综合判断。申请理由成立的，人民法院应当责令对方当事人提交，因提交书证所产生的费用，由申请人负担。

新《民事证据规定》第 47 条规定，下列情形，控制书证的当事人应当提交书证：（1）控制书证的当事人在诉讼中曾经引用过的书证；（2）为对方当事人的利益制作的书证；（3）对方当事人依照法律规定有权查阅、获取的书证；（4）账簿、记账原始凭证；（5）人民法院认为应当提交书证的其他情形。

新《民事证据规定》第 48 条规定，控制书证的当事人无正当理由拒不提交书证的，人民法院可以认定对方当事人所主张的书证内容为真实。

（4）持有书证的当事人毁灭书证的后果

A. 控制书证的当事人存在以妨碍对方当事人使用为目的，毁灭有关书证或者实施其他致使书证不能使用行为的，**人民法院可以认定对方当事人主张以该书证证明的事实为真实。**

B. 控制书证的当事人存在以妨碍对方当事人使用为目的，毁灭有关书证或者实施其他致使书证不能使用行为的，人民法院可以对其处以罚款、拘留。

【经典真题】

例 1（2017 年卷三 80 题）叶某诉汪某借款纠纷案，叶某向法院提交了一份内容为汪某向叶某借款 3 万元并收到该 3 万元的借条复印件，上有"本借条原件由汪某保管，借条复印件与借条原件具有同等效力"字样，并有汪某的署名。法院据此要求汪某提供借条原件，汪某以证明责任在原告为由拒不提供，后又称找不到借条原件。证人刘某作证称，他是汪某向叶某借款的中间人，汪某向叶某借款的事实确实存在；另外，汪某还告诉刘某，他在叶某起诉之后把借条原件烧毁，汪某在法院质证中也予以承认。在此情况下，下列哪些选项是正确的？[1]

A. 法院可根据叶某提交的借条复印件，结合刘某的证言对案涉借款事实进行审查判断

B. 叶某提交给法院的借条复印件是案涉借款事实的传来证据

C. 法院可认定汪某向叶某借款 3 万元的事实

D. 法院可对汪某进行罚款、拘留

【解析】 本题考查书证的提交与当事人对重要证据毁损的法律后果。根据《民诉司法解释》第 111 条的规定，《民事诉讼法》第 73 条规定的提交书证原件确有困难，包括下列情形：（一）书证原件遗失、灭失或者毁损的；（二）原件在对方当事人控制之下，经合法通知提交而拒不提交的；（三）原件在他人控制之下，而其有权不提交的；（四）原件因篇幅或者体积过大而不便提交的；（五）承担举证证明责任的当事人通过申请人民法院调查收集或者其他方式无法获得书证原件的。前款规定情形，人民法院应当结合其他证据和案件具体情况，审查判断书证复制品等能否作为认定案件事实的根据。A 项正确；根据证据的法理分类，传来证据是指不是直接来源于案件的证据，主要包括复印件、复制品等，本案叶某提交的借条为复印件，属于传来证据，B 项正确；根据《民诉司法解释》第 112 条的

---

[1] 2017 年卷三 80 题答案为：ABCD

规定，书证在对方当事人控制之下的，承担举证证明责任的当事人可以在举证期限届满前书面申请人民法院责令对方当事人提交。申请理由成立的，人民法院应当责令对方当事人提交，因提交书证所产生的费用，由申请人负担。对方当事人无正当理由拒不提交的，人民法院可以认定申请人所主张的书证内容为真实。C 项正确；根据《民诉司法解释》第 113 条，持有书证的当事人以妨碍对方当事人使用为目的，毁灭有关书证或者实施其他致使书证不能使用行为的，人民法院可以依照《民事诉讼法》第 114 条规定，对其处以罚款、拘留。D 项正确。本题答案为 ABCD。

　　例 2（2016 年卷三 80 题）哥哥王文诉弟弟王武遗产继承一案，王文向法院提交了一份其父生前关于遗产分配方案的遗嘱复印件，遗嘱中有"本遗嘱的原件由王武负责保管"字样，并有王武的签名。王文在举证责任期间书面申请法院责令王武提交遗嘱原件，法院通知王武提交，但王武无正当理由拒绝提交。在此情况下，依据相关规定，下列哪些行为是合法的？[1]

A. 王文可只向法院提交遗嘱的复印件
B. 法院可依法对王武进行拘留
C. 法院可认定王文所主张的该遗嘱为真实
D. 法院可根据王武的行为而判决支持王文的各项诉讼请求

【解析】本题考查书证在对方当事人控制下的提交以及不利推定。根据《民诉司法解释》第 112 条的规定，书证在对方当事人控制之下的，承担举证证明责任的当事人可以在举证期限届满前书面申请人民法院责令对方当事人提交。申请理由成立的，人民法院应当责令对方当事人提交，因提交书证所产生的费用，由申请人负担。对方当事人无正当理由拒不提交的，人民法院可以认定申请人所主张的书证内容为真实。因此，AC 正确，BD 错误。

　　3. 视听资料
　　视听资料指以录音、录像等技术手段反映的声音、图像证明案件事实的材料，包括录音资料和影像资料。
　　视听资料如照片、录像带、录音带等。
　　当事人以视听资料作为证据的，应当提供存储该视听资料的原始载体。
　　书证和视听资料的区别，二者都是以记载的内容和思想来证明案件事实，但是视听资料区别于书证的关键在于两点：其一，视听资料的形成、储存、读取需要借助科技手段；其二，视听资料一般不能用肉眼直接感知，而必须通过特定的设备才能感知，如录音带、录像带、光盘等。

　　4. 电子数据
　　电子数据是指通过电子邮件、电子数据交换、网上聊天记录、博客、微博客、手机短信、电子签名、域名等形成或者存储在电子介质中的信息。
　　新《民事证据规定》第 14 条规定，电子数据包括下列信息、电子文件：（1）网页、博客、微博客等网络平台发布的信息；（2）手机短信、电子邮件、即时通信、通讯群组等网络应用服务的通信信息；（3）用户注册信息、身份认证信息、电子交易记录、通信记录、登录日志等信息；（4）文档、图片、音频、视频、数字证书、计算机程序等电子文件；

---

〔1〕　2016 年卷三 80 题答案为：AC

（5）其他以数字化形式存储、处理、传输的能够证明案件事实的信息。

当事人以电子数据作为证据的，应当提供原件。电子数据的制作者制作的与原件一致的副本，或者直接来源于电子数据的打印件或其他可以显示、识别的输出介质，视为电子数据的原件。

注意：存储在电子介质中的录音资料和影像资料，适用电子数据的规定（如数码相机、数码摄像机、U盘等中储存的照片、录像等）。

5. 证人证言

证人证言是指了解案件情况的人向法院所作的陈述和证词。

（1）证人资格：凡是知道案件情况的单位和个人都有义务出庭作证。

▶ ★提 示

①在民事诉讼中，单位可以作为证人，而刑事诉讼中只有自然人能作证人，请注意区别。

②未成年人、精神病人能否作证人的问题。不能正确表达意思的人不能作证人。所以，未成年人、精神病人能否作证人不能一概而论，主要看能否正确表达意思。

③本案的诉讼代理人不能同时充当本案的证人。对同一案件，诉讼代理人的身份与证人的身份是相互冲突的，因而不能既担任诉讼代理人又作证人。诉讼代理人如了解案件的重要事实，有出庭作证的必要，可在取消委托或辞去委托后，以证人身份出庭作证。

④办理本案的法官、书记员、鉴定人、翻译人员和勘验人员不能同时充当本案的证人。在民事诉讼中，由于实行"谁主张、谁举证"的原则，证人一般由当事人及其诉讼代理人提供，此时，办理本案的上述人员享有选择权，如果选择做本案的法官、书记员、鉴定人、翻译人员和勘验人员，则不能同时作为案件的证人。因为同时兼具这两种身份，有可能影响到司法的公正。此时，如果这些人是关涉案件事实的关键性证人，当事人及其诉讼代理人可以向人民法院申请要求他们出庭作证，如果人民法院审查准许后，通知这些人作为证人出庭作证，则他们必须辞去本案的法官、书记员、鉴定人、翻译人员和勘验人员身份。

在刑事诉讼中，由于证人在追究犯罪方面具有不可替代性，因此，当一个人了解案件时，应优先作为证人。

（2）证人出庭

A. 人民法院应当要求证人出庭作证，接受审判人员和当事人的询问。证人在审理前的准备阶段或者人民法院调查、询问等双方当事人在场时陈述证言的，视为出庭作证。

双方当事人同意证人以其他方式作证并经人民法院准许的，证人可以不出庭作证。

无正当理由未出庭的证人以书面等方式提供的证言，不得作为认定案件事实的根据。

B. 当事人申请证人出庭作证的，应当在举证期限届满前向人民法院提交申请书。人民法院准许证人出庭作证申请的，应当向证人送达通知书并告知双方当事人。当事人申请证人出庭作证的事项与待证事实无关，或者没有通知证人出庭作证必要的，人民法院不予准许当事人的申请。

对于人民法院依职权收集的证据所涉及的证人，人民法院应当依职权通知证人出庭作证。

C. 证人应当如实作证。人民法院应当要求证人在作证之前签署保证书，并在法庭上宣读保证书的内容。但无民事行为能力人和限制民事行为能力人作为证人的除外。证人确有正当理由不能宣读保证书的，由书记员代为宣读并进行说明。证人拒绝签署或者宣读保证书的，不得作证，并自行承担相关费用。

证人故意作虚假陈述，人民法院应当根据情节，依照《民事诉讼法》第 114 条的规定，对行为人进行处罚。

D. 证人通过其他方式作证的情形

经人民法院通知，证人应当出庭作证。有下列情形之一的，经人民法院许可，可以通过书面证言、视听传输技术或者视听资料等方式作证：（1）因健康原因不能出庭的；（2）因路途遥远、交通不便不能出庭的；（3）因自然灾害等不可抗力不能出庭的；（4）其他有正当理由不能出庭的。

证人确有困难不能出庭作证，申请以书面证言、视听传输技术或者视听资料等方式作证的，应当向人民法院提交申请书。申请书中应当载明不能出庭的具体原因（新《民事证据规定》第 76 条第 1 款）。

证人经人民法院准许，以书面证言方式作证的，应当签署保证书；以视听传输技术或者视听资料方式作证的，应当签署保证书并宣读保证书的内容（新《民事证据规定》第 76 条 1 款）。

E. 证人出庭费用补助

①补助范围：因出庭作证而支出的交通、住宿、就餐等必要费用以及误工损失。（小提示：在刑诉中没有误工损失的补助）

②承担：证人出庭所支出的以上费用由败诉方当事人承担，如果是当事人申请该证人出庭的，由申请人先行垫付；当事人没有申请，法院通知证人出庭的，由法院先行垫付。

【经典真题】

例 1（2017 年卷三 79 题）杨青（15 岁）与何翔（14 岁）两人经常嬉戏打闹，一次，杨青失手将何翔推倒，致何翔成了植物人。当时在场的还有何翔的弟弟何军（11 岁）。法院审理时，何军以证人身份出庭。关于何军作证，下列哪些说法不能成立？[1]

A. 何军只有 11 岁，无诉讼行为能力，不具有证人资格，故不可作为证人

B. 何军是何翔的弟弟，应回避

C. 何军作为未成年人，其所有证言依法都不具有证明力

D. 何军作为何翔的弟弟，证言具有明显的倾向性，其证言不能单独作为认定案件事实的根据

【解析】 本题考查证人的资格与证人证言的证明力。在民事诉讼中，了解案件事实的单位和个人均可以作为证人，对于个人而言，是否具有证人资格，取决于能否正确表达意思。无诉讼行为能力人，只要能够正确表达意思，即可以作为证人，其证言具有证明力，但超出其年龄和智力范围的证人证言不能单独作为定案依据，AC 表述错误，但符合题意；回避对象仅包括审判人员、书记员、鉴定人员、翻译人员以及勘验人等，证人不属于回避的对象，B 项表述错误，但符合题意；根据《证据规定》第 90 条规定，与当事人有利害关系的证人证言，不能单独作为定案依据，D 项表述正确。本题答案为 ABC。

例 2（2015 年卷三 79 题）张志军与邻居王昌因琐事发生争吵并相互殴打，之后，张志军诉至法院要求王昌赔偿医药费等损失共计 3000 元。在举证期限届满前，张志军向法院申请事发时在场的方强（26 岁）、路芳（30 岁）、蒋勇（13 岁）出庭作证，法院准其请求。

---

[1] 2017 年卷三 79 题答案为：ABC

开庭时，法院要求上列证人签署保证书，方强签署了保证书，路芳拒签保证书，蒋勇未签署保证书。法院因此允许方强、蒋勇出庭作证，未允许路芳出庭作证。张志军在开庭时向法院提供了路芳的书面证言，法院对该证言不同意组织质证。关于本案，法院的下列哪些做法是合法的？[1]

    A. 批准张志军要求事发时在场人员出庭作证的申请

    B. 允许蒋勇出庭作证

    C. 不允许路芳出庭作证

    D. 对路芳的证言不同意组织质证

【解析】本题考查证人出庭作证、证人签署保证书以及拒签的法律后果。《民诉司法解释》第 117 条规定，当事人申请证人出庭作证的，应当在举证期限届满前提出。法院依职权收集证据的，可以依职权通知证人出庭作证。未经人民法院通知，证人不得出庭作证，但双方当事人同意并经人民法院准许的除外。A 正确。《民诉司法解释》第 119 条和第 120 条规定了证人具结以及拒绝具结的法律后果的规定，即人民法院在证人出庭作证前应当告知其如实作证的义务以及作伪证的法律后果，并责令其签署保证书，但无民事行为能力人和限制民事行为能力人除外。证人拒绝签署保证书的，不得作证，并自行承担相关费用。BC 项合法。因为不允许路芳作证，当然对其证言不组织质证，D 项正确。

6. 鉴定意见

（1）鉴定的启动：当事人在举证期间内申请或属于法院依职权调查收集证据的情形的，可以由法院依职权决定。

（2）鉴定人的选择：当事人申请鉴定的，由当事人协商确定，协商不成，法院指定；法院依职权决定鉴定的，在询问当事人意见后指定具备相应资格的鉴定人。

（3）鉴定意见的出具

鉴定开始前：

A. 人民法院应当要求鉴定人签署承诺书。承诺书中应当载明鉴定人保证客观、公正、诚实地进行鉴定，保证出庭作证，如作虚假鉴定应当承担法律责任等内容。鉴定人故意作虚假鉴定的，人民法院应当责令其退还鉴定费用，并根据情节，依照妨害民事诉讼的行为处理。

B. 人民法院应当组织当事人对鉴定材料进行质证。未经质证的材料，不得作为鉴定的根据。

鉴定开始后：

A. 鉴定人有权了解进行鉴定所需要的案件材料，经人民法院准许，可以调取证据、勘验物证和现场，询问当事人或证人。

B. 鉴定人应当在人民法院确定的期限内完成鉴定，并提交鉴定书。鉴定人应当在鉴定书上签名、盖章。鉴定人无正当理由未按期提交鉴定书的，当事人可以申请人民法院另行委托鉴定人进行鉴定。人民法院准许的，原鉴定人已经收取的鉴定费用应当退还；当事人要求退还鉴定费用的，人民法院应当在三日内作出裁定，责令鉴定人退还；拒不退还的，由人民法院依法执行。

---

〔1〕 2015 年卷三 79 题答案为：ABCD

（4）当事人对鉴定意见有异议的处理

A. 当事人对鉴定书的内容有异议的，应当在人民法院指定期间内以书面方式提出。对于当事人的异议，人民法院应当要求鉴定人作出解释、说明或者补充。人民法院认为有必要的，可以要求鉴定人对当事人未提出异议的内容进行解释、说明或者补充。

B. 当事人在收到鉴定人的书面答复后仍有异议的，人民法院应当根据《诉讼费用交纳办法》第 11 条的规定，通知有异议的当事人预交鉴定人出庭费用，并通知鉴定人出庭。有异议的当事人不预交鉴定人出庭费用的，视为放弃异议。

C. 鉴定人出庭费用按照证人出庭作证费用的标准计算，由败诉的当事人负担。因鉴定意见不明确或者有瑕疵需要鉴定人出庭的，出庭费用由其自行负担。

人民法院委托鉴定时已经确定鉴定人出庭费用包含在鉴定费用中的，不再通知当事人预交。

（5）鉴定人的出庭义务

当事人对鉴定意见异议的书面答复仍有异议并且缴纳鉴定人出庭费用的，或人民法院认为鉴定人应当出庭的，鉴定人具有出庭的义务。

经法院通知，鉴定人拒不出庭的，鉴定意见不得作为认定案件事实的依据，支付鉴定费用的当事人可以要求返还鉴定费用。

（6）重新鉴定

新《民事证据规定》第 40 条规定，当事人申请重新鉴定，存在下列情形之一的，人民法院应当准许：（1）鉴定人不具备相应资格的；（2）鉴定程序严重违法的；（3）鉴定意见明显依据不足的；（4）鉴定意见不能作为证据使用的其他情形。存在前款第 1 项至第 3 项情形的，鉴定人已经收取的鉴定费用应当退还。拒不退还的，由人民法院执行。

对鉴定意见的瑕疵，可以通过补正、补充鉴定或者补充质证、重新质证等方法解决的，人民法院不予准许重新鉴定的申请。

重新鉴定的，原鉴定意见不得作为认定案件事实的根据。

▲（7）专家辅助人出庭：

这一项内容为 2012 年民诉修正案新增，为了使一些虽然没有鉴定资格，但是对某一方面专业领域有专门的知识的人（俗称"专家辅助人"）进入诉讼，帮助认定事实。2020 年《民诉司法解释》第 122 条和第 123 条对专家辅助人的功能、出庭的权利以及陈述意见的法律后果均作了明确的规定，考生应当关注和掌握：

A. 程序：当事人在举证期限内申请，由法院通知 1~2 名有专业知识的人出庭；

B. 作用：a. 对鉴定意见提出意见；b. 对专业问题提出意见；

C. 人民法院可以对出庭的具有专门知识的人进行询问。经法庭准许，当事人可以对出庭的具有专门知识的人进行询问，当事人各自申请的具有专门知识的人可以就案件中的有关问题进行对质。有专门知识的人不得参与对鉴定意见质证或者就专业问题发表意见以外的法庭审理活动。

> ★提　示

关于有专门知识的人出庭制度，主要掌握以下知识点：

1. 专家辅助人的意见是单独的法定证据种类，视为当事人陈述；

2. 专家辅助人与鉴定人的区别在于鉴定人具有鉴定资格，而专家辅助人虽然对某些专业问题有较为深入的研究和了解，但不具有鉴定资格；

3. 既然专家辅助人出庭的作用是帮助当事人质证或者就专业意见从专业角度说服法官，争取对己方有利的判决，并不要求其处于公正、中立立场，这点与鉴定人有重大区别。故总结如下三个重要考点：

（1）专家辅助人出庭需要由当事人申请，法院不能依职权追加；

（2）专家辅助人出庭的费用应当由申请方当事人承担，而不是败诉方当事人承担，这点要和证人区别；

（3）专家辅助人不适用回避制度，这点要和鉴定人区别。

【经典真题】

（2014 年卷三 38 题）在一起侵权诉讼中，原告申请由其弟袁某（某大学计算机系教授）作为专家辅助人出庭对专业技术问题予以说明。下列哪一表述是正确的？[1]

A. 被告以袁某是原告的近亲属为由申请其回避，法院应批准

B. 袁某在庭上的陈述是一种法定证据

C. 被告可对袁某进行询问

D. 袁某出庭的费用，由败诉方当事人承担

【解析】本题考查《民事诉讼法》知识点专家辅助人（即有专门知识的人）出庭。《民事诉讼法》第 82 条规定，当事人可以申请人民法院通知有专门知识的人出庭，就鉴定人作出的鉴定意见或者专业问题提出意见。

B 选项中有专门知识的人发表的专业意见依据《民诉解释》第 122 条，视为当事人陈述，B 选项表述正确；有专门知识的人出庭的作用是帮助一方当事人对鉴定意见进行质证或者对专业问题发表意见，不需要秉持中立、客观立场，所以其不适用回避制度，且其出庭费用应当由申请方当事人承担，而不是败诉方当事人承担，所以 A、D 表述错误。

7. 勘验笔录

人民法院认为有必要的，可以根据当事人的申请或者依职权对物证或者现场进行勘验。人民法院可以要求鉴定人参与勘验。必要时，可以要求鉴定人在勘验中进行鉴定。

三、证据的理论分类

从理论上，根据证据的来源把证据分为原始证据和传来证据；根据证据与案件事实的关系分为直接证据和间接证据；根据证据与证明责任之间的关系把证据分为本证与反证。

1. 原始证据与传来证据：该分类的依据是证据的来源，原始证据是指直接来源于案件事实而未经复制、转述等中间传播环节的证据，比如说原件、原物、证人证言；传来证据是指并非直接来源于案件事实，而是经过复制、转述等传播环节的证据，比如说复印件、复制品、证人转述他人所见所闻等。

2. 直接证据与间接证据：该分类的依据是证据与待证事实的关系，直接证据是指能够单独、直接证明待证事实的证据；而间接证据是指不能单独、直接证明待证事实，需要与其他证据相结合才能证明待证事实的证据。

---

〔1〕 2014 年卷三 38 题答案为：C（旧题新做：BC）

【经典真题】

（2016 年卷三 39 题）战某打电话向牟某借款 5 万元，并发短信提供账号，牟某当日即转款。之后，因战某拒不还款，牟某起诉要求战某偿还借款。在诉讼中，战某否认向牟某借款的事实，主张牟某转的款是为偿还之前向自己借的款，并向法院提交了证据；牟某也向法院提供了一些证据，以证明战某向其借款 5 万元的事实。关于这些证据的种类和类别的确定，下列哪一选项是正确的？[1]

A. 牟某提供的银行转账凭证属于书证，该证据对借款事实而言是直接证据

B. 牟某提供的记载战某表示要向其借款 5 万元的手机短信属于电子数据，该证据对借款事实而言是间接证据

C. 牟某提供的记载战某表示要向其借款 5 万元的手机通话录音属于电子数据，该证据对借款事实而言是直接证据

D. 战某提供一份牟某书写的向其借款 10 万元的借条复印件，该证据对牟某主张战某借款的事实而言属于反证

【解析】本题考查证据的分类和种类。在借贷案件中，银行转账凭证对于借款事实而言，无法单独、直接证明，属于间接证据，A 项错误；牟某提供的记载战某表示要向其借款 5 万元的手机短信、手机的通话录音均属于电子数据，但该证据对借款事实而言是间接证据，不是直接证据，B 正确，C 错误；战某虽然对牟某主张其借款的事实不负有举证责任，但其提供的牟某书写的向其借款 10 万元的借条复印件，并不能够证明牟某主张其借款的事实不成立，因此不构成反证，D 错误。

3. 本证与反证：该分类的标准在于证据与举证责任的关系，考生可以在学习完举证责任一节的内容后再回头学习本证与反证。负有证明责任的一方当事人提出的用于证明自己所主张事实的证据是本证；不承担证明责任的一方当事人提出的用于反驳对方主张的证据是反证。

【经典真题】

例 1（2017 年卷三 39 题）王某诉钱某返还借款案审理中，王某向法院提交了一份有钱某签名、内容为钱某向王某借款 5 万元的借条，证明借款的事实；钱某向法院提交了一份有王某签名、内容为王某收到钱某返还借款 5 万元并说明借条因王某过失已丢失的收条。经法院质证，双方当事人确定借条和收条所说的 5 万元是相对应的款项。关于本案，下列哪一选项是错误的？[2]

A. 王某承担钱某向其借款事实的证明责任

B. 钱某自认了向王某借款的事实

C. 钱某提交的收条是案涉借款事实的反证

D. 钱某提交的收条是案涉还款事实的本证

【解析】本题综合考查证明责任的分配与本证和反证的判断。本案涉及借款主张与还款主张的证明责任以及与之相关的证据种类划分。本案中，王某提出借款主张，其对借款事实承担举证责任，A 表述正确；钱某提出已经还款主张，其对还款事实承担举证责任，

---

[1] 2016 年卷三 39 题答案为：B
[2] 2017 年卷三 39 题答案为：C

而其提交的收条能够证明还款事实，因此属于本证，而非反证，C 表述错误，D 正确；"经法院质证，双方当事人确定借条和收条所说的 5 万元是相对应的款项"说明钱某自认了借款的事实，B 项正确。因本题要求选择错误项，正确答案为 C。

例 2（2009 年卷三 40 题）关于证据理论分类的表述，下列哪一选项是正确的？[1]

A. 传来证据有可能是直接证据

B. 诉讼中原告提出的证据都是本证，被告提出的证据都是反证

C. 证人转述他人所见的案件事实都属于间接证据

D. 一个客观与合法的间接证据可以单独作为认定案件事实的依据

【解析】传来证据和原始证据是从证据的来源上看的，而直接证据和间接证据是从内容上看的，分类标准不同，当然可能出现交叉，举例，一张借条的复印件，由于是复印件，当然是传来证据，但不论是复印件还是原件，从其内容上来说都能单独直接证明待证事实（借款），是直接证据。B 选项中关于本证和反证的区分要看与举证责任的关系，切不可草率地认为原告提出的是本证，被告提出的是反证；C 选项类似于 A 选项的分析，该证言经过转述，是传来证据，但是看它是直接证据还是间接证据应当从证言的内容能否单独直接证明待证事实，而与是否经过转述无关；D 选项间接证据就算客观、合法，但是其从内容上也只能证明部分待证事实，不可能单独作为认定案件事实的依据。

---

〔1〕 2009 年卷三 40 题答案为：A

第八专题
证　明

　　本专题为必考章节，考生必须掌握。本专题考点比较多，重点掌握如下内容：(1) 理解并运用需要证明的实体法事实，这部分通常会和证明责任的分配结合起来考；(2) 证明对象中免证事实的范围，特别注意自认制度，包括自认的事实及例外、自认的效力、自认的分类以及自认的撤回；(3) 证明责任分配的核心在于当作为证明对象的事实处于真伪不明的状态时，因该事实真伪不明所产生的不利诉讼后果由对该事实负有证明责任的一方当事人承担；(4) 证明责任分配的一般原则是"谁主张 (该主张是指对证明对象的积极主张)，谁举证"；(5) 证明责任倒置的特殊规定；(6) 举证期限制度；(7) 法院依职权收集证据的范围与当事人申请法院收集证据的范围；(8) 认证的规则与基本要求。

【本专题复习建议】

一、证明对象

　　此处需要考生掌握的是免证事实，包括 (1) 自然规律以及定理、定律；(2) 众所周知的事；(3) 根据法律规定推定的事实；(4) 根据已知的事实和日常生活经验法则推定出的另一事实；(5) 自认的事实。其中除了自然规律以及定理、定律以外的其他免证事实可以用相反的证据予以推翻。自认是重要考点。自认是指对于一方当事人承认的事实，对方当事人可以免于举证，人民法院应当作为裁判依据，但是对于涉及身份关系、国家利益、社会公共利益等应当由人民法院依职权调查的事实，不适用自认的规定。同时，自认的事实与查明的事实不符的，法院不予确认；委托代理人参加诉讼的，除授权委托书明确排除的事项外，代理人的自认视为当事人的自认。当事人在场对诉讼代理人的自认明确否认的，不能视为自认。关键注意在诉讼中，当事人为达成调解协议或者和解目的作出的妥协所涉及对案件事实的认可，不得在其后的诉讼中作为对其不利的证据。

二、证明责任与证明标准

　　证明责任是指对于某一主张应当由谁提供证据证明，如果作为裁判基础的要件事实在诉讼程序结束后仍然处于真伪不明的状态，则由承担证明责任的一方当事人承担不利后果。证明责任是为了解决事实处于真伪不明状态时法院如何裁判问题，是一种法律假设，可能与案件事实不符。

证明责任的分配。原则上，主张积极事实的当事人应当对自己主张的事实承担证明责任，所谓积极事实包括产生权利的事实、妨碍权利产生的事实和权利消灭的事实。在具体诉讼中：（1）合同纠纷中主张合同成立并生效的一方当事人对合同的成立并生效的事实承担证明责任；主张合同关系变更、解除、终止、撤销（属于妨碍权利产生或者权利消灭的事实）的一方当事人对合同关系变更、解除、终止、撤销的事实承担证明责任；对合同是否履行发生争议，由主张合同已经履行（属于权利消灭的事实）的一方当事人承担证明责任；（2）侵权纠纷原则上由受害方对侵权责任的构成要件（侵权行为、因果关系、损害后果、加害人过错，属于产生权利的事实）承担证明责任；而加害方对免责事由承担证明责任。《民法典》侵权责任编以及相关法律对一些特殊的侵权案件规定了特殊的归责原则，不同的归责原则赋予加害人免责的证明事项不同，如下表：

无过错	机动车与非机动车驾驶人、行人之间的交通事故	加害方对受害人有故意举证
	动物致害	动物饲养人或管理人对受害人有故意或重大过错举证
过错推定	搁置物、悬挂物脱落、坠落；堆放物倒塌	所有人或管理人对自己无过错举证 堆放人对自己无过错举证
因果倒置	环境污染	由加害方对有法定免责事由或者无因果关系举证
	不明抛掷物、坠落物损害	加害人对自己不是侵权人举证

证明标准：《民诉司法解释》明确了民事诉讼中的证明标准及一般民事案件适用高度可能性标准，而当事人对欺诈、胁迫、恶意串通事实的证明，以及对口头遗嘱或者赠与事实的证明标准应当达到排除合理怀疑的标准。

三、证据保全

诉讼中证据保全适用于证据可能灭失或日后难以取得的情形；可以依当事人申请或者法院依职权采取，当事人申请证据保全应当在举证期限届满前向法院提出，由受理案件的法院管辖。

诉前证据保全适用于情况紧急，在证据可能灭失或日后难以取得的情况下，利害关系人可以在起诉或申请仲裁前申请；诉前证据保全只能依据当事人申请，法院不能依职权采取；由证据所在地、被申请人住所地、对案件有管辖权的法院管辖；法院应当在48小时内作出裁定；申请人自保全之日起30日内不起诉或者申请仲裁的，解除保全措施。

当事人或者利害关系人申请采取查封、扣押等限制保全标的物使用、流通等保全措施，或者保全可能对证据持有人造成损失的，人民法院应当责令申请人提供相应的担保。担保方式或者数额由人民法院根据保全措施对证据持有人的影响、保全标的物的价值、当事人或者利害关系人争议的诉讼标的金额等因素综合确定（《民事证据规定》第26条）。

申请证据保全错误造成财产损失，当事人请求申请人承担赔偿责任的，人民法院应予支持（《民事证据规定》第28条）。

人民法院采取诉前证据保全措施后，当事人向其他有管辖权的人民法院提起诉讼的，采取保全措施的人民法院应当根据当事人的申请，将保全的证据及时移交受理案件的人民法院（《民事证据规定》第29条）。

关于证据保全，在本节没有规定的，参照适用保全一章的规定。

四、证明程序

（一）及时举证义务

当事人应当对自己的主张及时提供证据，举证期限可以由法院在审理前的准备阶段确定，也可以由当事人协商后经法院准许。法院确定举证期限，第一审普通程序案件不得少于 15 日，当事人提供新的证据的第二审案件不得少于 10 日。当事人在举证期限内提供证据确有困难的，可以（在举证期限届满前）书面向法院申请延长。当事人逾期提供证据的，法院应当责令说明理由；拒不说明或者理由不成立的，法院可以不采纳该证据，或者采纳该证据，但予以训诫、罚款。

（二）法院调查收集证据

分为依申请和依职权。当事人因为客观原因无法自行调查和收集的证据可以申请法院调查收集，申请法院调查取证应当在举证期限届满前提出，对于法院不予调查取证的通知可以要求复议一次。法院依申请调查收集的证据视为当事人提供的证据由原被告双方进行质证。对于（1）涉及可能损害国家利益、社会公共利益的；（2）涉及身份关系的；（3）涉及公益诉讼的；（4）当事人有恶意串通损害他人合法权益可能的；（5）涉及依职权追加当事人、中止诉讼、终结诉讼、回避等程序性事项的可以依职权进行调查取证。法院依职权调查收集的证据应在庭审时出示，听取当事人意见，就调查收集情况进行说明。

（三）质证

未经质证的证据不得作为认定案件事实的依据，当事人在审理前的准备阶段认可的证据，经审判人员在庭审中说明后，视为质证过的证据。原则上质证应当在公开开庭时进行，但涉及国家秘密、商业秘密和个人隐私或者法律规定应当保密的证据，不得在公开开庭时质证。

（四）证据的认定

1. 非法证据排除。对以严重侵害他人合法权益、违反法律禁止性规定或者严重违背公序良俗的方法形成或者获取的证据，不得作为认定案件事实的根据。

2. 下列证据不得单独作为认定案件事实的依据：（1）未成年人、精神病人所作与其年龄、智力不相当的证言；（2）与一方当事人或其代理人有利害关系的证人出具的证言；（3）存有疑点的视听资料；（4）无法与原件原物核对的复印件、复制品；（5）当事人陈述。（注意，以上证据不能单独作为证明案件事实的依据是因为证明力小，而与间接证据无关，因为间接证据是因为在内容上不能完整证明案件事实，与证明力大小无关）。（《证据规定》第 90 条）。

3. 证明力大小的判断主要注意证人提供的对与其有亲属或者其他密切关系的当事人有利的证言，其证明力一般小于其他证人证言（此时不仅要看是否有利害关系，还要看证言内容是否有利于该方当事人，二者缺一不可）。

4. 妨碍举证的责任：书证在对方当事人控制之下的，承担举证证明责任的当事人可以在举证期限届满前书面申请人民法院责令对方当事人提交。理由成立的，法院应当责令对方当事人提交，所产生的费用由申请人负担。对方当事人无正当理由拒不提交的，法院可以认定申请人所主张的书证内容为真实。持有书证的当事人以妨碍对方当事人使用为目的，毁灭有关书证或者实施其他致使书证不能使用的行为，人民法院可以对其处以罚款、拘留。

考点一　证明对象

知识体系

证明对象		A. 事实；B. 外国法、地方性法规和习惯法等；C. 经验法则。		
免证事实		1. 自然规律以及定理、定律； 2. 众所周知的事实：一定范围内为人们所共同知晓的事实； 3. 根据法律规定推定的事实； 4. 根据已知的事实和日常生活经验法则所推定的事实； 5. 已为人民法院生效裁判所确认的事实； 6. 已为仲裁机构生效裁决所确认的事实； 7. 已为有效公证文书所证明的事实。		
自认	概念	一方当事人在法庭审理中，或者在起诉状、答辩状、代理词等书面材料中，对于己不利的事实明确表示承认的，另一方当事人无需举证证明。		
	范围	于己不利的事实。 对于涉及身份关系、国家利益、社会公共利益等应当由人民法院依职权调查的事实，不适用自认的规定。 注意：自认的事实与法院查明的事实不符的，法院不予确认。		
	效果	对于自认的事实，对方当事人无需举证。		
	方式	明示	当事人明确表示承认。	
		默示	一方当事人陈述的事实，另一方当事人既未表示承认也未否认，经审判人员充分说明并询问后，其仍不明确表示肯定或者否定，视为对该事项承认。	
		委托代理人的承认	A. 委托代理人的承认视为当事人的承认，除授权委托书明确排除的事项外； B. 当事人在场对委托代理人的自认明确否认的，不能视为自认。	
注意		在诉讼中，当事人为达成调解协议或者和解目的所作出的妥协所涉及对案件事实的认可，不得在其后的诉讼中作为对其不利的证据。		

考点讲解

证明对象主要解决哪些事实需要用证据证明。法律职业资格考试中主要考查免证事实，尤其是自认的事实。

一、证明对象：以下事实需要提供证据证明

1. 事实（主要包括实体法事实和程序法事实）；

2. 外国法、地方性法规和习惯法等（本国和本地方的地方性法规属于法官应当知道的内容，无需证明）；

3. 经验法则：主要指人们从生活经验中归纳获得的关于事物因果关系或属性状态的法则或知识。

二、免证事实 (《民诉司法解释》第93条)

1. 自然规律以及定理、定律;
2. 众所周知的事实:一定范围内为人们所共同知晓的事实;
3. 根据法律规定推定的事实;
4. 根据已知的事实和日常生活经验法则所推定的另一事实;
5. 已为人民法院生效裁判所确认的事实;
6. 已为仲裁机构生效裁决所确认的事实;
7. 已为有效公证文书所证明的事实。

★提　示 以上免证事实中,除了"自然规律以及定理、定律"之外的其他免证事实都允许当事人以相反的证据反驳或者推翻。

三、自认制度

1. 概念:一方当事人在诉讼过程中陈述的于己不利的事实,或者在诉讼过程中、在证据交换、询问、调查过程中,或者在起诉状、答辩状、代理词等书面材料中,对于己不利的事实明确表示承认的,另一方当事人无需举证证明。

2. 自认的对象:诉讼上自认的对象只能是己不利的案件事实。当事人关于对对方诉讼请求的承认,以及对对方适用法律的承认,均不构成自认。

3. 自认的效力:免除对方当事人的举证责任,法院应当以自认的事实作为裁判的依据。

【注意】(1) 对于人民法院依职权调查的事实,包括涉及可能损害国家利益、社会公共利益的;涉及身份关系的;涉及公益诉讼的;当事人有恶意串通损害他人合法权益可能的;以及涉及依职权追加当事人、中止诉讼、终结诉讼、回避等程序性事项的,不适用自认的规定。双方当事人无争议的事实属于前述事实,人民法院可以责令当事人提供有关证据。

(2) 自认的事实与已经查明的事实不符的,人民法院不予确认。

(3) 普通共同诉讼中,共同诉讼人中一人或者数人作出的自认,对作出自认的当事人发生效力。

必要共同诉讼中,共同诉讼人中一人或者数人作出自认而其他共同诉讼人予以否认的,不发生自认的效力。其他共同诉讼人既不承认也不否认,经审判人员说明并询问后仍然不明确表示意见的,视为全体共同诉讼人的自认。

(4) 一方当事人对于另一方当事人主张的于己不利的事实有所限制或者附加条件予以承认的,由人民法院综合案件情况决定是否构成自认。

(5) 在诉讼中,当事人为达成调解协议或者和解目的作出的妥协所涉及对案件事实认可,不得在其后的诉讼中作为对其不利的证据。

4. 自认的方式

(1) 明示:当事人明确表示承认。

(2) 默示:一方当事人对于另一方当事人主张的于己不利的事实既不承认也不否认,经审判人员说明并询问后,其仍然不明确表示肯定或者否定的,视为对该事实的承认。

(3) 委托代理人的承认:当事人委托诉讼代理人参加诉讼的,除授权委托书明确排除的事项外,诉讼代理人的自认视为当事人的自认。当事人在场对诉讼代理人的自认明确否认的，不视为自认。

5. 自认的撤回：经对方当事人同意的或自认是在受胁迫或者重大误解情况下作出的，当事人在法庭辩论终结前撤销自认的，人民法院应当准许。

人民法院准许当事人撤销自认的，应当作出口头或者书面裁定。

➡ ★提 示　自认与认诺的区别：自认并不一定导致自认人败诉，例如张三起诉李四还款，对于借款事实，李四当庭表示自认，对于借款事实，张三免除举证责任，法院也应当作为认定案件事实的依据，但是如果李四主张并提出证据证明该借款已经归还，那么李四并不会败诉。此处注意自认与认诺的区别，自认是对事实的承认，并不一定会导致败诉；而认诺是对对方主张或请求的承认，一定会导致认诺人败诉。

【经典真题】

（2015 年卷三 40 题）下列哪一情形可以产生自认的法律后果?[1]

A. 被告在答辩状中对原告主张的事实予以承认

B. 被告在诉讼调解过程中对原告主张的事实予以承认，但该调解最终未能成功

C. 被告认可其与原告存在收养关系

D. 被告承认原告主张的事实，但该事实与法院查明的事实不符

【解析】本题考查自认的构成。根据《民诉司法解释》第 92 条的规定，一方当事人在法庭审理中，或者在起诉状、答辩状、代理词等书面材料中，对于己不利的事实明确表示承认的，另一方当事人无需举证证明。对于涉及身份关系、国家利益、社会公共利益等应当由人民法院依职权调查的事实，不适用前款自认的规定。自认的事实与查明的事实不符的，人民法院不予确认。A 正确，CD 错误；《民诉司法解释》第 107 条：在诉讼中，当事人为达成调解协议或者和解协议作出妥协而认可的事实，不得在后续的诉讼中作为对其不利的根据，但法律另有规定或者当事人均同意的除外。B 错误。

考点二　证明责任与证明标准

证明责任理解	1. 概念：当事人对自己提出的诉讼请求所依据的事实或者反驳对方诉讼请求所依据的事实，应当提供证据加以证明，但法律另有规定的除外；在作出判决前，当事人未能提供证据或者证据不足以证明其事实主张的，由负有举证证明责任的当事人承担不利后果。 2. 注意： A. 真伪不明是证明责任发生的前提； B. 当事人是证明责任的主体，法院不承担证明责任； C. 针对单一诉讼主张，证明责任只能由一方当事人承担； D. 证明责任的负担是由法律和司法解释预先确定的，在诉讼中不存在证明责任转移问题； E. 不承担证明责任的一方当事人也可以积极行使举证权利； F. 证明责任是一种拟制或假定，可能与客观事实不符。

---

[1]　2015 年卷三 40 题答案为：A

续表

证明责任分配原则	谁主张，谁举证 1. 产生或存在法律关系的事实； 2. 妨碍权利产生的事实； 3. 法律关系消灭、变更的事实。	合同纠纷	1. 主张合同成立、生效一方对合同订立、生效事实承担举证责任； 2. 主张合同关系变更、解除、终止、撤销的一方对引起合同关系变动的事实承担举证责任； 3. 对合同是否履行发生争议，由负履行义务当事人承担举证责任； 4. 对代理权发生争议的，由主张有代理权的一方承担举证责任。
		侵权纠纷	1. 由原告就侵权责任构成要件负举证责任：侵权行为、损害结果、因果关系、过错； 2. 被告就妨碍权利产生的事实主张承担举证责任。
		劳动争议	因用人单位开除、除名、辞退、解除劳动合同、减少劳动报酬、计算工作年限等决定而发生劳动争议的，由用人单位负举证责任。
证明责任的特殊分配	无过错	机动车与非机动车驾驶人、行人之间的交通事故	加害方对受害人有故意举证
		动物致害	动物饲养人或管理人对受害人有故意或重大过错举证
	过错推定	搁置物、悬挂物脱落、坠落、堆放物倒塌	所有人或管理人对自己无过错举证 堆放人对自己无过错举证
	因果倒置	环境污染	由加害方对有法定免责事由或者无因果关系举证
		不明抛掷物、坠落物损害	加害人对自己不是侵权人举证
证明标准	一般标准		高度盖然性；
	特殊标准		排除合理怀疑，适用于当事人对欺诈、胁迫、恶意串通事实的证明，以及对口头遗嘱或者赠与事实的证明。

○ 考点讲解

一、证明责任概念

当事人对自己提出的诉讼请求所依据的事实或者反驳对方诉讼请求所依据的事实，应当提供证据加以证明，但法律另有规定的除外。

在作出判决前，当事人未能提供证据或者证据不足以证明其事实主张的，由负有举证证明责任的当事人承担不利后果。

二、理解证明责任应当注意的问题

1. 真伪不明是证明责任发生的前提，如果能够用证据证明案件事实，则应该根据查明的案件事实进行裁判；

2. 当事人是证明责任的主体，法院不承担证明责任；

3. 针对单一诉讼请求，证明责任只能由一方当事人承担，不可能由双方当事人各自承担，否则将导致法院无法裁判；

4. 证明责任由谁承担是由法律和司法解释预先确定的，在诉讼中不存在证明责任在原被告之间转移的问题；

5. 不承担证明责任的一方当事人也可以积极行使举证权利（此时该当事人提出的证据是反证）；

6. 证明责任是一种拟制或假定，可能与案件的客观事实不相符合。

三、证明责任的分配

证明责任的分配历来是考试的重点和难点。

原则及体现：举证责任的分配一般遵循"谁主张，谁举证"的原则；进一步明确为"谁主张积极事实，谁承担证明责任，而主张消极事实的人不承担证明责任"。如是否存在借款事实，原告主张借了，被告主张没借，而对于借没借，借了是积极主张，没借是消极主张，故应当由主张借了的一方当事人承担证明责任。进一步来说，何为积极事实，《民诉司法解释》明确下列事实为积极事实：产生或存在法律关系的事实；法律关系变更、消灭的事实；妨碍权利产生的事实。

故主张法律关系存在的一方当事人应当对法律关系存在的事实（积极事实）承担证明责任；

主张法律关系变更、消灭的一方当事人应当对引起法律关系变更、消灭的事实（积极事实）承担证明责任；

主张法律关系受到妨碍的一方当事人应当对妨碍法律关系的事实（积极事实）承担证明责任。

具体体现如下：

1. 合同纠纷

主张合同成立并生效（属于产生或存在权利这一积极事实）的一方当事人对合同的成立并生效的事实承担证明责任；

主张合同关系变更、解除、终止、撤销（属于妨碍权利产生或者权利消灭这一积极事实）的一方当事人对合同关系变更、解除、终止、撤销的事实承担证明责任；

对合同是否履行发生争议，由主张合同已经履行（属于权利消灭这一积极事实）的一方当事人承担证明责任。

2. 劳动争议

劳动争议案件中，因用人单位作出开除、除名、辞退、解除劳动合同、减少劳动报酬、计算劳动者工作年限等决定（属于权利变更、妨碍、消灭这一积极事实）发生争议的，由用人单位承担举证责任。

3. 侵权纠纷

原则上由受害方对侵权责任的构成要件（侵权行为、因果关系、损害后果、加害人过错，属于产生权利的积极事实）承担证明责任；而加害方对免责事由（妨碍权利产生这一事实）承担证明责任。

但《民法典》侵权责任编作出了一些特别规定，为考试重点，总结如下表，希望考生重点掌握。

案件类型		原告（受害方）	被告（加害方）
一般侵权案件的证明责任分配	这种情况下的证明责任是按一般原则分配的，也被称为证明责任的正置。	受害方证明有侵权责任：①侵权行为；②损害结果；③行为和结果之间的因果关系；④行为人主观上的过错（侵权四要件）	加害方证明有免责事由（包括不可抗力、正当防卫、紧急避险、受害人过错、第三人过错等）
特殊侵权案件的倒置	1. 方法发明专利侵权	其余的侵权构成要件事实由原告（受害方）证明	产品制造方法不同于专利方法（侵权行为的倒置）
	2. 难以确定具体侵权人的高空抛物侵权		被告证明自己不是侵权人（证明自己未实施侵权行为）
	3. 环境污染、破坏生态侵权		因果关系的倒置
	4. 共同危险行为侵权		被告证明具体侵权人（证明谁的行为与损害结果存在因果关系）
	5. 过错推定原则的侵权案件		行为人过错的倒置

【经典真题】

（2015 年卷三 96 题）主要办事机构在 A 县的五环公司与主要办事机构在 B 县的四海公司于 C 县签订购货合同，约定：货物交付地在 D 县；若合同的履行发生争议，由原告所在地或者合同签订地的基层法院管辖。现五环公司起诉要求四海公司支付货款。四海公司辩称已将货款交给五环公司业务员付某。五环公司承认付某是本公司业务员，但认为其无权代理本公司收取货款，且付某也没有将四海公司声称的货款交给本公司。四海公司向法庭出示了盖有五环公司印章的授权委托书，证明付某有权代理五环公司收取货款，但五环公司对该授权书的真实性不予认可。根据案情，法院依当事人的申请通知付某参加（参与）了诉讼。本案需要由四海公司承担证明责任的事实包括：[1]

　　A. 四海公司已经将货款交付给了五环公司业务员付某

　　B. 付某是五环公司业务员

　　C. 五环公司授权付某代理收取货款

　　D. 付某将收取的货款交到五环公司

　　【解析】本题考查举证责任的分配。对于被告四海公司而言，其主张的事实有已经将货款交付给了五环公司业务员付某，并且付某有权代理公司收款，因此，需要四海公司举证的事实包括：AC。

四、证明标准（此部分内容为《民诉司法解释》确立，提请考生重视）

　　1. 一般标准——高度可能性。对负有举证证明责任的当事人提供的证据，人民法院经审查并结合相关事实，确信待证事实的存在具有高度可能性的，应当认定该事实存在。

---

〔1〕　2015 年卷三 96 题答案为：AC

对一方当事人为反驳负有举证证明责任的当事人所主张事实而提供的证据，人民法院经审查并结合相关事实，认为待证事实真伪不明的，应当认定该事实不存在。

2. 特定事实的证明标准：当事人对于欺诈、胁迫、恶意串通事实的证明，以及对于口头遗嘱或者赠与事实的证明，审判人员确信该待证事实存在的可能性能够排除合理怀疑的，应当认定该事实存在。

3. 程序事实的证明标准：与诉讼保全、回避等程序事项有关的事实，法院结合当事人的说明及相关证据，认为有关事实存在的可能性较大的，可以认定该事实存在。

考点三　证据保全

知识体系

诉中证据保全	适用情形	证据可能灭失或者日后难以取得。
	启动方式	依申请或者依职权。
	管辖	受理案件的法院。
	申请时间	举证期限届满前。
诉前（仲裁前）证据保全	适用情形	情况紧急，在证据可能灭失或日后难以取得的情况下，利害关系人可以在起诉或申请仲裁前申请证据保全。
	启动方式	只能依申请。
	管辖	证据所在地、被申请人住所地、对案件有管辖权的法院。
	程序	48 小时内裁定。
	解除	申请人自保全之日起 30 日内不起诉或者申请仲裁的，解除保全措施。
关于担保	**证据保全可能对他人造成损失的，人民法院应当责令申请人提供相应的担保。**	

考点讲解

证据保全是指在证据可能灭失或日后难以取得的情况下，法院依据申请人的申请或者依职权对证据加以固定和保护的制度。根据保全的时间不同，分为诉讼中证据保全和诉前证据保全。证据保全的其他内容适用保全一章中的规定。

一、诉讼中证据保全

1. 适用：证据可能灭失或日后难以取得；
2. 启动方式：当事人申请或者法院依职权采取；
3. 申请时间：举证期限届满前；
4. 管辖法院：受理案件的法院。

二、诉前证据保全

1. 适用：情况紧急，在证据可能灭失或日后难以取得的情况下，利害关系人可以在起诉或申请仲裁前申请证据保全；

    2. 管辖法院：证据所在地、被申请人住所地、对案件有管辖权的法院；

    3. 程序：法院在 48 小时内作出裁定；

    4. 解除：申请人自保全之日起 30 日内不起诉或者申请仲裁的，解除保全措施。

三、关于证据保全的担保问题

    当事人或者利害关系人申请采取查封、扣押等限制保全标的物使用、流通等保全措施，或者保全可能对证据持有人造成损失的，人民法院应当责令申请人提供相应的担保。担保方式或者数额由人民法院根据保全措施对证据持有人的影响、保全标的物的价值、当事人或者利害关系人争议的诉讼标的金额等因素综合确定（《民事证据规定》第 26 条）。

    申请证据保全错误造成财产损失，当事人请求申请人承担赔偿责任的，人民法院应予支持（《民事证据规定》第 28 条）。

考点四　证明程序

知识体系

一、及时举证	
及时举证	当事人对自己的主张应当及时提供证据。
举证期限	A. 举证期限的确定方式：人民法院在审理前的准备阶段确定当事人的举证期限；也可以由当事人协商后经人民法院准许。 B. 人民法院确定举证期限，第一审普通程序案件不得少于 15 日，当事人提供新的证据的第二审案件不得少于 10 日。适用简易程序审理的案件不得超过 15 日，小额诉讼案件一般不得超过 7 日。
举证期限延长	当事人在举证期限内提供证据确有困难的，可以在**举证期限届满前**向法院**书面**申请延长。
举证期限的效力	当事人逾期提供证据的，法院应当**责令说明理由**；拒不说明或者理由不成立的，法院可以不采纳该证据，或者采纳该证据，但予以**训诫**、**罚款**。 （1）当事人因客观原因逾期提供证据，或者对方当事人对逾期提供证据未提出异议的，视为未逾期。 （2）当事人因故意或者重大过失逾期提供的证据，人民法院不予采纳。但该证据与案件基本事实有关的，人民法院应当采纳，并对当事人予以训诫、罚款。 （3）当事人非因故意或者重大过失逾期提供的证据，人民法院应当采纳，并对当事人予以训诫。
	其他效力	（1）申请延长举证期限；（2）申请法院调查收集证据；（3）申请法院保全证据；（4）申请证人出庭作证；（5）申请有专门知识的人出庭，均应当在举证期限届满前提出。
证据收据	法院收到当事人提交的证据材料，应当出具收据，写明证据名称、页数、份数、原件或复印件以及收到时间等，并由**经办人员签名或盖章**。

续表

二、法院调查收集证据		
依申请调查取证	情形	A. 证据属于国家有关部门保存并须经人民法院依职权调取的档案材料； B. 涉及国家秘密、商业秘密、个人隐私； C. 当事人及诉讼代理人因客观原因无法自行收集的证据材料。
	质证方式	视为申请方当事人提出的证据进行质证。
	申请时间	举证期限届满前。
	救济	对于法院不予准许的通知，可以复议一次（原级复议）。
依职权调查取证	情形	（一）涉及可能损害国家利益、社会公共利益的； （二）涉及身份关系的； （三）涉及公益诉讼的； （四）当事人有恶意串通损害他人合法权益可能的； （五）涉及依职权追加当事人、中止诉讼、终结诉讼、回避等程序性事项。 除此之外，人民法院调查收集证据，应当依照当事人的申请进行。
	质证方式	在庭审时出示，听取当事人意见，就调查收集情况进行说明。
三、质证		
作用		证据应当在法庭上出示，由当事人互相质证。未经当事人质证的证据，不得作为认定案件事实的根据。 当事人在审理前的准备阶段认可的证据，经审判人员在庭审中说明后，视为质证过的证据。
质证的程序		公开质证。 但涉及国家秘密、商业秘密和个人隐私或者法律规定应当保密的证据，不得在公开开庭时质证。
四、证据的认定		
不得单独作为认定案件事实的证据		1. 当事人的陈述； 2. 无民事行为能力人或者限制民事行为能力人所作的与其年龄、智力状况或者精神健康状况不相当的证言； 3. 与一方当事人或者其代理人有利害关系的证人陈述的证言； 4. 存有疑点的视听资料、电子数据； 5. 无法与原件、原物核对的复制件、复制品。
不利推定		一方当事人控制证据无正当理由拒不提交，对待证事实负有举证责任的当事人主张该证据的内容不利于控制人的，人民法院可以认定该主张成立。
妨碍举证		书证在对方当事人控制之下的，承担举证证明责任的当事人可以在举证期限届满前书面申请人民法院责令对方当事人提交。 申请理由成立的，人民法院应当责令对方当事人提交，所产生的费用，由申请人负担。 对方当事人无正当理由拒不提交的，人民法院可以认定申请人所主张的书证内容为真实。 持有书证的当事人以妨碍对方当事人使用为目的，毁灭有关书证或者实施其他致使书证不能使用行为的，（1）人民法院可以认定对方当事人主张以该书证证明的事实为真实；（2）人民法院可以对其处以罚款、拘留。

○ 考点讲解

一、举证

1. 及时举证：

当事人及时提供证据的义务：当事人对自己的主张应当及时提供证据。

2. 举证期限：

（1）举证期限的确定方式：人民法院在审理前的准备阶段确定当事人的举证期限；也可以由当事人协商后经人民法院准许。

（2）人民法院确定举证期限，第一审普通程序案件不得少于 15 日，当事人提供新的证据的第二审案件不得少于 10 日。适用简易程序审理的案件不得超过 15 日，小额诉讼的案件一般不超过 7 日。

（3）举证期限的延长：当事人在举证期限内提供证据确有困难的，可以在举证期限届满前向法院书面申请延长。

（4）重新指定举证期间

诉讼过程中，当事人主张的法律关系性质或者民事行为效力与人民法院根据案件事实作出的认定不一致的，人民法院应当将法律关系性质或者民事行为效力作为焦点问题进行审理。但法律关系性质对裁判理由及结果没有影响，或者有关问题已经当事人充分辩论的除外。

存在前款情形，当事人根据法庭审理情况变更诉讼请求的，人民法院应当准许并可以根据案件的具体情况重新指定举证期限。

（5）举证期限的特殊规定

新《民事证据规定》第 55 条规定，存在下列情形的，举证期限按照如下方式确定：

A. 当事人依照《民事诉讼法》第 130 条规定提出管辖权异议的，举证期限中止，自驳回管辖权异议的裁定生效之日起恢复计算；

B. 追加当事人、有独立请求权的第三人参加诉讼或者无独立请求权的第三人经人民法院通知参加诉讼的，人民法院应当依照本规定第 51 条的规定为新参加诉讼的当事人确定举证期限，该举证期限适用于其他当事人；

C. 发回重审的案件，第一审人民法院可以结合案件具体情况和发回重审的原因，酌情确定举证期限；

D. 当事人增加、变更诉讼请求或者提出反诉的，人民法院应当根据案件具体情况重新确定举证期限；

E. 公告送达的，举证期限自公告期届满之次日起计算。

（6）逾期提供证据的后果：当事人逾期提供证据的，法院应当责令说明理由；拒不说明或者理由不成立的，法院可以不采纳该证据，或者采纳该证据，但予以训诫、罚款。

具体适用：当事人逾期提供证据的，人民法院应当责令其说明理由，必要时可以要求其提供相应的证据。并分情况处理：

A. 当事人因客观原因逾期提供证据，或者对方当事人对逾期提供证据未提出异议的，视为未逾期。

B. 当事人因故意或者重大过失逾期提供的证据，人民法院不予采纳。但该证据与案件基本事实有关的，人民法院应当采纳，并对当事人予以训诫、罚款。

C. 当事人非因故意或者重大过失逾期提供的证据，人民法院应当采纳，并对当事人予以训诫。

当事人一方要求另一方赔偿因逾期提供证据致使其增加的交通、住宿、就餐、误工、证人出庭作证等必要费用的，人民法院可予支持。

★提示 举证期限总结：

（1）申请延长举证期限；（2）申请法院调查收集证据；（3）申请法院保全证据；（4）申请证人出庭作证；（5）申请有专门知识的人出庭，均应当在举证期限届满前提出。

【经典真题】

（2016年卷三41题）李某起诉王某要求返还10万元借款并支付利息5000元，并向法院提交了王某亲笔书写的借条。王某辩称，已还2万元，李某还出具了收条，但王某并未在法院要求的时间内提交证据。法院一审判决王某返还李某10万元并支付5000元利息，王某不服提起上诉，并称一审期间未找到收条，现找到了并提交法院。关于王某迟延提交收条的法律后果，下列哪一选项是正确的？[1]

A. 因不属于新证据，法院不予采纳

B. 法院应采纳该证据，并对王某进行训诫

C. 如果李某同意，法院可以采纳该证据

D. 法院应当责令王某说明理由，视情况决定是否采纳该证据

【解析】本题考查逾期举证的法律后果。根据《民事诉讼法》第68条以及《民诉司法解释》的相关规定，对于逾期提交的证据，人民法院应当责令其说明理由，理由成立的，例如属于法律规定的新证据，则视为未逾期。拒不说明理由或者理由不成立的，当事人非因故意或者重大过失逾期提供的证据，人民法院应当采纳，并对当事人予以训诫。本案中，王某二审中提交的收条，不属于新证据的范畴，但与案件基本事实有关，并且王某已经说明逾期提交的原因，因此，ACD项错误，B项正确。

3. 证据收据：法院收到当事人提交的证据材料，应当出具收据，写明证据名称、页数、份数、原件或复印件以及收到时间等，并由经办人员签名或盖章。

二、法院调查收集证据

1. 法院依职权调查收集证据

（1）情形：

A. 涉及可能损害国家利益、社会公共利益的；

B. 涉及身份关系的；

C. 涉及公益诉讼的；

D. 当事人有恶意串通损害他人合法权益可能的；

E. 涉及依职权追加当事人、中止诉讼、终结诉讼、回避等程序性事项的。

除上述规定外，人民法院调查收集证据，应当依照当事人的申请进行。

（2）质证方式：法院依职权调查收集的证据在庭审时出示，听取当事人意见，就调查

---

［1］　2016年卷三41题答案为：B

收集情况进行说明。

2. 依申请调查收集的证据

（1）情形：

A. 该证据属于国家有关部门保存并须经人民法院依职权调取的档案材料；

B. 涉及国家秘密、商业秘密、个人隐私；

C. 当事人及诉讼代理人因客观原因无法自行收集的证据材料。

总之——当事人因为客观原因无法自行调查收集的证据，可以申请法院调查收集。

（2）质证方式：视为申请方当事人提出的证据进行质证。

（3）申请程序：当事人在举证期限内向人民法院书面申请。

（4）救济：对于法院不予准许的通知，可以复议一次（原级复议）。

三、质证

证据应当在法庭上出示，由当事人互相质证。未经当事人质证的证据，不得作为认定案件事实的根据。

当事人在审理前的准备阶段认可的证据，经审判人员在庭审中说明后，视为质证过的证据。

涉及国家秘密、商业秘密、个人隐私或者法律规定应当保密的证据，不得公开质证。

【经典真题】

（2013年卷三85题）高某诉张某合同纠纷案，终审高某败诉。高某向检察院反映，其在一审中提交了偷录双方谈判过程的录音带，其中有张某承认货物存在严重质量问题的陈述，足以推翻原判，但法院从未组织质证。对此，检察院提起抗诉。关于再审程序中证据的表述，下列哪些选项是正确的?[1]

A. 再审质证应当由高某、张某和检察院共同进行

B. 该录音带属于电子数据，高某应当提交证据原件进行质证

C. 虽然该录音带系高某偷录，但仍可作为质证对象

D. 如再审法院认定该录音带涉及商业秘密，应当依职权决定不公开质证

【解析】本题考查证据和证明，A选项中质证的主体是当事人，检察院不是质证的主体；B选项中录音带属于视听资料而不是电子数据，该选项错误；C选项，偷录并非是严重侵害他人合法权益、违反法律禁止性规定或者严重违背公序良俗的方法形成或者获取的证据，偷录的录音带可以作为证据使用，应当进行质证，可以作为质证对象；D选项，涉及国家秘密、商业秘密、个人隐私的证据不得在公开开庭时质证，法院应当依职权决定不公开质证。

四、证据的认定

1. 审判人员应当依照法定程序，全面、客观地审核证据，依据法律的规定，遵循法官职业道德，运用逻辑推理和日常生活经验，对证据有无证明力和证明力大小独立进行判断，并公开判断的理由和结果。

---

[1]　2013年卷三85题答案为：CD

2. 当事人在诉讼过程中认可的证据，人民法院应当予以确认。但法律、司法解释另有规定的除外。当事人对认可的证据反悔的，人民法院应当责令其说明理由。必要时，可以责令其提供相应证据。

3. 不能单独作为认定案件事实根据的证据：

（1）当事人的陈述；

（2）无民事行为能力人或者限制民事行为能力人所作的与其年龄、智力状况或者精神健康状况不相当的证言；

（3）与一方当事人或者其代理人有利害关系的证人陈述的证言；

（4）存有疑点的视听资料、电子数据；

（5）无法与原件、原物核对的复制件、复制品。

★提　示

①这些证据是可以作为证据使用的，只是其证明力较弱，不能单独作为认定案件事实的证据，只有通过其他证据在证明力上对其予以补强后才能据此认定案件事实。考试中请注意第（3）项中，只要该证人与一方当事人或代理人有利害关系，其证言均不得单独作为认定案件事实的依据，不论其证言内容对该当事人是否有利。

②不能认为这些证据都是间接证据。因为间接证据是指在内容上只能证明部分待证事实，需要其他证据在内容上加以补充才能证明完整待证事实的证据。而此处是因为证明力较小，而不能单独作为认定案件事实的依据，需要其他证据在证明力上予以补强。

③《民事证据规定》第90条仅明确规定了五种情形出现不能单独作为定案依据，没有兜底性条款，因此，除这五种情形外，其他情形均不属于法律规定的不能单独作为定案依据的情形。

4. 电子数据存在下列情形的，人民法院可以确认其真实性，但有足以反驳的相反证据的除外：

（1）由当事人提交或者保管的于己不利的电子数据；

（2）由记录和保存电子数据的中立第三方平台提供或者确认的；

（3）在正常业务活动中形成的；

（4）以档案管理方式保管的；

（5）以当事人约定的方式保存、传输、提取的。

电子数据的内容经公证机关公证的，人民法院应当确认其真实性，但有相反证据足以推翻的除外。

5. 妨碍举证的后果

一方当事人控制证据无正当理由拒不提交，对待证事实负有举证责任的当事人主张该证据的内容不利于控制人的，人民法院可以认定该主张成立。

第九专题
民事诉讼保障制度

> 本专题的保全部分、先予执行、期间与送达为高频考试内容。主要掌握：（1）保全的分类与范围；（2）特殊的保全措施；（3）先予执行的适用范围和裁定先予执行的条件；（4）期间的分类与顺延；（5）直接送达和留置送达；（6）电子送达的条件；（7）调解书的送达与离婚判决的送达。

【本专题复习建议】

一、保全

保全根据内容不同分为财产保全和行为保全。财产保全是指法院作出裁定，对一方当事人的财产采取查封、扣押、冻结等保全措施，防止当事人转移、处分被保全财产，以防止将来判决难以执行；而行为保全是指法院作出裁定，责令一方当事人作出一定行为或禁止其作出一定行为，防止该当事人正在或者将要实施的行为给申请人带来不可弥补的损害。

保全根据采取的时间不同，分为诉前保全和诉讼中的保全。

诉讼中的保全适用于可能因当事人一方的行为或者其他原因使判决难以执行或者造成当事人其他损害的案件；可以依当事人申请或者法院依职权启动；法院可以责令申请人提供担保，申请人不提供的，裁定驳回申请（诉讼中的保全担保不是必须的）；诉讼中的保全由受理案件的法院采取；诉讼中的保全对法院作出裁定的期限一般没有限制，但是如果情况紧急的，法院应当在48小时内作出裁定。

诉前的保全适用于不立即采取保全措施将会使申请人合法权益受到难以弥补的损害的情况；诉前保全只能依当事人申请采取，当事人可以向被保全财产所在地、被申请人住所地、对案件有管辖权的法院申请；法院应当责令当事人提供担保（担保是必须的）；在诉前申请保全的，申请人在法院采取保全措施后应当在30日内起诉或申请仲裁，否则法院应当解除保全措施。

当然，在法律文书生效后，进入执行程序前，债权人因对方当事人转移财产等紧急情况，不申请保全将可能导致生效法律文书不能执行或者难以执行的，可以向执行法院申请采取保全措施（执行前的保全）。债权人应当在法律文书指定的履行期限届满后5日内申请执行，否则，法院应当解除保全。

保全的范围中注意对于抵押物、留置物可以采取保全措施，但抵押权人和留置权人有优先受偿权。保全的救济：对保全裁定不服，可以申请复议一次，复议不停止原裁定的执行。保全的解除：财产纠纷案件，被申请人向人民法院提供担保的，法院应当裁定解除保全。

二、先予执行

先予执行适用于:(1)追索赡养费、扶养费、抚养费、抚恤金、医疗费等案件;(2)追索劳动报酬;(3)情况紧急需要先予执行:立即停止侵害、排除妨碍的;需要立即制止某项行为的;需要立即返还用于购置生产原料、生产工具款的;追索恢复生产、经营急需的保险理赔的。启动方式只能依据当事人的申请,由受理案件的法院管辖,法院可以责令当事人提供担保(担保不是必须的),对于先予执行裁定不服,可以向申请作出该裁定的法院复议一次。

三、期间

期间的计算方式有如下考点:(1)期间开始的时和日不计算在内;(2)期间届满的最后一日是法定休假日的,以法定休假日后的第一日为期间届满日期;(3)期间不包括在途时间,诉讼文书在期满前交邮的,不算过期。

四、送达

(1)直接送交受送达人或者受送达人同住成年家属,由受送达人或者与之同住的成年家属在送达回证上签名;(2)留置送达,受送达人或者与之同住的成年家属拒收(调解书不能留置送达),可以直接把受送达文书留置在其住所并邀请受送达人所在单位或基层组织代表见证,记明理由,由送达人、见证人签名视为送达,或者以拍照、摄像方式记录送达过程视为送达;(3)委托送达是指委托其他法院代为送达;(4)转交送达指对军人、被监禁、采取强制性教育措施的人可以委托军队政治部门、监狱和采取强制性教育措施的机关送达;(5)公告送达,受送达人下落不明,或其他方式无法送达的,可以公告送达,公告发出之日起60日视为送达,涉外诉讼为3个月;注意支付令不能公告送达。

考点一 保 全

📖 知识体系

概说		保全分为财产保全和行为保全(责令当事人作出或者禁止当事人作出某种行为)	
分类比较		诉前保全	诉讼中保全
	适用条件	不立即采取保全措施将会使申请人合法权益受到难以弥补的损害	可能因当事人一方的行为或者其他原因使判决难以执行或造成当事人其他损害
	启动方式	依申请	可以依申请,可以依职权
	担保	应当提供担保	可以责令申请人提供担保;但是**代位权诉讼**中,债权人请求人民法院对次债务人的财产采取保全措施的,应当提供相应的担保;**解散公司诉讼中**,股东申请对公司财产保全或证据保全的,应当提供担保
	管辖	被保全财产所在地、被申请人住所地或者对案件有管辖权的法院	受诉人民法院;上诉案件中,二审法院收到报送案件前,由一审法院采取保全措施
	裁定	48小时内作出裁定	情况紧急的,应当在48小时内作出裁定

续表

执行前的保全	法律文书生效后，进入执行程序前，债权人因对方当事人转移财产等紧急情况，不申请保全将可能导致生效法律文书不能执行或者难以执行的，可以向执行法院申请采取保全措施。债权人应当在法律文书指定的履行期限届满后 5 日内申请执行，否则，法院应当解除保全
财产保全的范围	（1）请求的范围或与本案有关的财物 （2）抵押物、留置物可以冻结、查封，但抵押权人和留置权人有优先受偿权
救济	对保全裁定可以复议，复议不停止执行
保全的解除	（1）保全错误的 （2）申请人撤回保全申请的 （3）申请人的起诉或者诉讼请求被生效裁判驳回的 ★（4）**诉前保全**措施采取后申请人 30 日内不起诉或申请仲裁的，应当解除保全 ★（5）**财产纠纷案件**，被申请人向人民法院提供担保的，应当裁定解除保全

○考点讲解

保全包括财产保全和行为保全：其中财产保全是指法院作出裁定，对一方当事人的财产采取查封、扣押、冻结等保全措施，防止当事人转移、处分财产而导致将来判决难以执行；而行为保全是指法院作出裁定，责令一方当事人作出一定行为或禁止其作出一定行为，防止该当事人正在或者将要实施的行为给申请人带来不可弥补的损害。根据保全是在起诉前还是在诉讼中，分为诉前保全和诉讼中保全，二者区分如下：

一、诉讼中保全

1. 适用情形：可能因当事人一方的行为或者其他原因使判决难以执行或者造成当事人其他损害的案件。

2. 启动方式：依当事人申请或者法院依职权。

3. 担保：法院采取保全措施，可以责令申请人提供担保，申请人不提供的，裁定驳回申请（可见诉讼中的保全，担保不是必须的，而是由法院行使自由裁量权）。但是有两种例外特殊情形，立法规定应当提供担保：（1）代位权诉讼中，债权人请求人民法院对次债务人的财产采取保全措施的，应当提供相应的担保；（2）解散公司诉讼中，股东申请对公司财产保全或证据保全的，应当提供担保。

担保的形式：既可以是保证人担保，也可以提供财产担保。《财产保全案件规定》第 8 条明确了金融机构可以进行担保，即金融监管部门批准设立的金融机构以独立保函形式为财产保全提供担保的，人民法院应当依法准许。

财产保全担保的数额：《财产保全案件规定》第 5 条规定：人民法院依照民事诉讼法第 103 条规定责令申请保全人提供财产保全担保的，担保数额不超过请求保全数额的百分之三十；申请保全的财产系争议标的的，担保数额不超过争议标的价值的百分之三十。财产保全期间，申请保全人提供的担保不足以赔偿可能给被保全人造成的损失的，人民法院可以责令其追加相应的担保；拒不追加的，可以裁定解除或者部分解除保全。

诉中财产保全，人民法院可以不要求提供担保的情形：《财产保全案件规定》第 9 条对于诉中财产保全可以不提供担保的情形作了明确规定，具体包括：（1）追索赡养费、扶养费、抚养费、抚恤金、医疗费用、劳动报酬、工伤赔偿、交通事故人身损害赔偿的；（2）婚姻家庭纠纷案件中遭遇家庭暴力且经济困难的；（3）人民检察院提起的公益诉讼涉及损害赔偿的；（4）因见义勇为遭受侵害请求损害赔偿的；（5）案件事实清楚、权利义务关系明确，发生保全错误可能性较小的；（6）申请保全人为商业银行、保险公司等由金融监管部门批准设立的具有独立偿付债务能力的金融机构及其分支机构的。

4. 管辖：受理案件的法院；上诉案件中，二审法院收到报送案件前，由一审法院采取保全措施。

5. 期限：《财产保全案件规定》第 4 条规定：人民法院接受财产保全申请后，应当在五日内作出裁定；需要提供担保的，应当在提供担保后五日内作出裁定；裁定采取保全措施的，应当在五日内开始执行。对情况紧急的，必须在四十八小时内作出裁定；裁定采取保全措施的，应当立即开始执行。

补充：执行前的保全（《民诉司法解释》增加）

法律文书生效后，进入执行程序前，债权人因对方当事人转移财产等紧急情况，不申请保全将可能导致生效法律文书不能执行或者难以执行的，可以向执行法院申请采取保全措施。债权人在法律文书指定的履行期间届满后 5 日内不申请执行的，人民法院应当解除保全。

注意：《财产保全案件规定》进一步明确，法律文书生效后，进入执行程序前，债权人申请财产保全的，人民法院可以不要求提供担保。

二、诉讼前保全

1. 适用情形：不立即采取保全措施将会使申请人合法权益受到难以弥补的损害。

2. 启动方式：只能依当事人申请。

3. 担保：应当责令申请人提供担保（可见对于诉前保全，法院必须责令当事人提供担保，担保是必须的）。

财产保全的数额：《财产保全案件规定》第 5 条第 2 款规定：利害关系人申请诉前财产保全的，应当提供相当于请求保全数额的担保；情况特殊的，人民法院可以酌情处理。

4. 管辖：被保全财产所在地、被申请人住所地、对案件有管辖权的法院。

5. 起诉期：在诉前申请保全的，申请人在法院采取保全措施后应当在 30 日内起诉或申请仲裁，否则法院应当裁定解除保全措施。

附表：诉前保全和诉讼中保全的对比

	诉前保全	诉讼中保全
适用条件	不立即采取保全措施将会使申请人合法权益受到难以弥补的损害；	可能因当事人一方的行为或者其他原因使判决难以执行或造成当事人其他损害；
启动方式	依申请；	可以依申请，可以依职权；
担保	应当提供担保；	可以责令申请人提供担保；
管辖	被保全财产所在地、被申请人住所地或者对案件有管辖权的法院；	受案人民法院；上诉案件中，二审法院收到报送案件前，由一审法院采取保全措施；
裁定	48 小时内。	情况紧急的 48 小时内。

三、诉前和诉讼中保全的共同问题

1. 财产保全的范围：

（1）请求的范围或与本案有关的财物；

（2）抵押物、留置物可以冻结、查封，但抵押权人和留置权人有优先受偿权；

（3）债务人的财产不能满足保全请求，但是对第三人有到期债权，法院可以裁定该第三人不得对本案债务人清偿；第三人要求清偿的，由法院提存财物或价款。

【经典真题】

（2015年卷三80题）李根诉刘江借款纠纷一案在法院审理，李根申请财产保全，要求法院扣押刘江向某小额贷款公司贷款时质押给该公司的两块名表。法院批准了该申请，并在没有征得该公司同意的情况下采取保全措施。对此，下列哪些选项是错误的？[1]

A. 一般情况下，某小额贷款公司保管的两块名表应交由法院保管

B. 某小额贷款公司因法院采取保全措施而丧失了对两块名表的质权

C. 某小额贷款公司因法院采取保全措施而丧失了对两块名表的优先受偿权

D. 法院可以不经某小额贷款公司同意对其保管的两块名表采取保全措施

【解析】 根据《民诉司法解释》第154条第2款的规定，查封、扣押、冻结担保物权人占有的担保财产，一般由担保物权人保管；由人民法院保管的，质权、留置权不因采取保全措施而消灭。ABC错误；根据《民诉司法解释》第157条的规定，人民法院可以对抵押物、留置物采取保全措施，抵押权人、留置权人有优先受偿权。D正确。

2. 救济：

（1）当事人对保全裁定不服的，可以申请复议一次，复议期间不停止原裁定的执行。

（2）申请保全人、被保全人、利害关系人认为保全裁定实施过程中的执行行为违反法律规定提出书面异议的，人民法院应当依照民事诉讼法中关于执行行为异议的规定审查处理。（《财产保全案件规定》第26条）

（3）人民法院对诉讼争议标的以外的财产进行保全，案外人对保全裁定或者保全裁定实施过程中的执行行为不服，基于实体权利对被保全财产提出书面异议的，人民法院应当依照民事诉讼法执行程序中案外人异议的规定审查处理并作出裁定。案外人、申请保全人对该裁定不服的，可以自裁定送达之日起十五日内向人民法院提起执行异议之诉。

人民法院裁定案外人异议成立后，申请保全人在法律规定的期间内未提起执行异议之诉的，人民法院应当自起诉期限届满之日起七日内对该被保全财产解除保全。（《财产保全案件规定》第27条）

3. 保全的解除：申请解除

《财产保全案件规定》第23条明确规定了申请解除保全的情形，具体包括：

（1）采取诉前财产保全措施后三十日内不依法提起诉讼或者申请仲裁的；

（2）仲裁机构不予受理仲裁申请、准许撤回仲裁申请或者按撤回仲裁申请处理的；

（3）仲裁申请或者请求被仲裁裁决驳回的；

（4）其他人民法院对起诉不予受理、准许撤诉或者按撤诉处理的；

[1]　2015年卷三80题答案为：ABC

（5）起诉或者诉讼请求被其他人民法院生效裁判驳回的；

（6）申请保全人应当申请解除保全的其他情形。

人民法院收到解除保全申请后，应当在五日内裁定解除保全；对情况紧急的，必须在四十八小时内裁定解除保全。

★（7）诉前保全措施采取后申请人 30 日内不起诉或申请仲裁的，应当解除保全；

★（8）财产纠纷案件，被申请人向人民法院提供担保的，应当裁定解除保全。

财产保全的被保全人提供其他等值担保财产且有利于执行的，人民法院可以裁定变更保全标的物为被保全人提供的担保财产。

考点二　先予执行

知识体系

范围	1. 追索赡养费、扶养费、抚养费、抚恤金、医疗费等案件； 2. 追索劳动报酬； 3. 情况紧急需要先予执行：需要立即停止侵害、排除妨碍的；需要立即制止某项行为的；追索恢复生产、经营急需的保险理赔费的；需要立即返还社会保险金、社会救助资金的；不立即返还款项，将严重影响权利人生活和生产经营的。
条件	1. 当事人之间权利义务关系明确； 2. 申请人有实现权利的迫切需要； 3. 当事人申请（不能依职权）； 4. 被申请人有履行能力。
时间	诉讼过程中（案件受理后，终审判决作出前）。
程序	担保不是必须的。
范围	限于当事人请求，并且以当事人生产生活急需为限。
救济	对先予执行的裁定不服可以复议，复议不停止执行。

考点讲解

先予执行是指在法院终局判决之前，为解决权利人生活或生产经营的急需，依法裁定义务人预先履行义务的制度。

一、适用情形

1. 追索赡养费、扶养费、抚养费、抚恤金、医疗费等案件；

2. 追索劳动报酬；

3. 情况紧急需要先予执行。

情况紧急需要先予执行的情形包括：

（1）需要立即停止侵害、排除妨碍的；

（2）需要立即制止某项行为的；

（3）追索恢复生产、经营急需的保险理赔费的；

（4）需要立即返还社会保险金、社会救助资金的；

（5）不立即返还款项，将严重影响权利人生活和生产经营的。

二、适用条件

1. 当事人之间权利义务关系明确；

2. 申请人有实现权利的迫切需要，即如果申请人不通过先予执行预先实现一定权利，则其生产、生活会遭受极大困难；

3. 当事人向法院提出申请；

4. 被申请人有履行能力。因为只有被申请人有履行能力，申请人的生产、生活困难才能通过先予执行得到解决，先予执行裁定才有实际意义。

三、程序

1. 申请：权利人向受诉人民法院申请；法院不能主动依职权采取；

2. 担保：法院可以责令申请人提供担保，申请人拒不提供的，驳回申请（担保不是必须的，是否要求申请人提供担保由法院自由裁量）；

3. 范围：限于当事人诉讼请求的范围，且以当事人生活、生产经营的急需为限；

4. 处理和救济：法院对于先予执行的申请应当进行审查，审查作出裁定，对该裁定不服，当事人可以申请复议一次（同级复议），复议不停止原裁定的执行；

5. 最终处理：人民法院先予执行后，根据发生法律效力的判决，申请人应当返还因先予执行所取得的利益的，适用执行回转的规定（即作出裁定，责令取得财产的人返还；拒不返还的，强制执行）。

　　■★提　示　先予执行与行为保全的相同点与区别。行为保全是 2012 年《民事诉讼法》修订时新增加的内容，与先予执行有相同的地方，主要体现为：

（1）均包括行为的禁止、制止以及排除妨碍；

（2）对裁定不服的救济方式相同，均为申请复议。

但行为保全与先予执行是两个不同的制度，其区别集中体现为：

①适用的时间不同：先予执行只适用于诉讼过程中；行为保全适用于诉讼开始前和诉讼过程中；

②适用的案件范围不同：先予执行只适用于法律明确规定的案件；行为保全适用于所有的诉讼案件；

③适用的条件不同：裁定先予执行，除需要属于法律规定的适用先予执行的案件范围外，还需要满足当事人之间权利义务关系明确、被申请人有履行能力的条件；裁定行为保全，诉前需要满足因情况紧急，不立即申请保全将会使合法权益受到难以弥补的损失，诉中需要满足给当事人造成其他损害的；

④启动方式和担保不同：先予执行只能由当事人申请启动；而诉中行为保全，既可以由当事人申请启动，也可以由人民法院依职权启动。

考点三　对妨碍诉讼的强制措施

知识体系

拘传	对象	必须到庭的被告： (1) 负有赡养、抚育、扶养义务和不到庭就无法查清案情的被告； (2) 给国家、集体或他人造成损害的未成年人的法定代理人，如其必须到庭，经两次传票传唤无正当理由拒不到庭也可以拘传。 必须到庭才能查清案件基本事实的原告。
	情形	经两次传票传唤，无正当理由拒不到庭。
	程序	制作拘传票，院长批准。
罚款和拘留	程序	制作决定书，院长批准；人民法院对被拘留人采取拘留措施后，应当在24小时内通知其家属；确实无法按时通知或者通知不到的，应当记录在案。
	适用	可以单独适用，也可以合并适用。
	救济	向上级法院复议，复议不停止执行。
	期限限额	拘留：15日以内（改正错误后法院可决定提前解除）； 罚款：个人10万以下，单位5万~100万。
对单位的措施	情形	拒绝协助法院调查取证、拒绝协助执行。
	措施	对该单位进行罚款，并可以对其主要负责人或者直接责任人员予以罚款、拘留；构成犯罪的，依法追究刑事责任。

考点讲解

一、拘传

1. 适用对象：

必须到庭的被告，包括：①追索赡养费、扶养费、抚养费案件的被告；②不到庭无法查明案件事实的被告。

必须到庭才能查清案件基本事实的原告。

2. 程序：

经两次传票传唤，无正当理由拒不到庭；由院长签发拘传票，并直接送达被拘传人。在拘传前，应当向被拘传人说明拒不到庭的后果，经批评教育仍拒不到庭的，可以拘传其到庭。

　★提　示　拘传是庭审中针对必须到庭才能查清案件事实的当事人而采用的一项措施，因此，对拘传的考查往往是结合审理程序中特殊情形的，如与延期审理、缺席判决、按撤诉处理等综合考查。

二、罚款与拘留

1. 适用情形。

《民事诉讼法》规定的情形：

（一）**伪造、毁灭重要证据，妨碍人民法院审理案件的；**

（二）以暴力、威胁、贿买方法阻止证人作证或者指使、贿买、胁迫他人作伪证的；

（三）隐藏、转移、变卖、毁损已被查封、扣押的财产，或者已被清点并责令其保管的财产，转移已被冻结的财产的；

（四）对司法工作人员、诉讼参加人、证人、翻译人员、鉴定人、勘验人、协助执行的人，进行侮辱、诽谤、诬陷、殴打或者打击报复的；

（五）以暴力、威胁或者其他方法阻碍司法工作人员执行职务的；

（六）**拒不履行人民法院已经发生法律效力的判决、裁定的。**

《民诉司法解释》规定的情形：

（一）未经准许进行录音、录像、摄影的；

（二）未经准许以移动通信等方式现场转播审判活动的；

（三）其他扰乱法庭秩序，妨害审判活动进行的。

有前款规定情形的，人民法院可以暂扣诉讼参与人或者其他人进行录音、录像、摄影、传播审判活动的器材，并责令其删除有关内容；拒不删除的，人民法院可以采取必要手段强制删除。

2. 程序：罚款和拘留均需要由院长批准；使用决定书；人民法院对被拘留人采取拘留措施后，应当在24小时内通知其家属；确实无法按时通知或者通知不到的，应当记录在案。

3. 对该决定不服，可以向上一级法院复议一次，复议期间不停止原决定的执行。

4. 处罚幅度。

拘留：15日以下，拘留期间如果承认且改正错误的，法院可以决定提前解除拘留；

罚款：对个人为10万以下；对单位为5万以上，100万以下。

5. 单位有妨碍诉讼、妨碍执行行为的，人民法院应当对该单位进行罚款，并可以对其主要负责人或者直接责任人员予以罚款、拘留；构成犯罪的，依法追究刑事责任。

考点四　期　间

期间	计算单位	时、日、月、年。
	计算方法	1. 期间开始的时和日不计算在内； 2. 期间届满的最后一日是法定休假日的，以法定休假日后的第一日为期间届满日期； 3. 期间不包括在途时间，诉讼文书在期满前交邮的，不算过期。
	期间的耽误与顺延	情形：因不可抗拒的事由或者其他正当理由耽误期限； 程序：障碍消除后的十日内，当事人**申请**； 决定：法院决定。
	涉外案件的特殊规定	涉外民事案件，在中国领域内无住所的被告提交答辩状，上诉人上诉，被上诉人提交答辩状期间均为30日，当事人可以申请延长，是否准许，法院决定。

期间是指法院、诉讼参与人进行或完成某种诉讼行为应当遵守的时间。

一、期间的分类

期间分为法定期间和指定期间，关系如下表：

法定期间	法律明文规定的期间	绝对不可变期间	法律明确规定，任何机构和人员都不得变更，如上诉期，第三人提出撤销权之诉的期间（6个月），申请再审的时间（6个月）等。
		相对不可变期间	经法律确定后，一般不得改变，但特殊事由，可以依法变更，如一审审限，涉外案件中在中国境内没有住所的当事人的答辩、上诉期等。
指定期间	法院根据审理案件的需要，依职权指定当事人及其他诉讼参与人进行诉讼行为的期间，通常情况下不应任意变更，但遇到特殊情况，法院可依职权变更。		

二、期间的计算方法

1. 期间以时、日、月、年计算。

2. 期间开始的时和日不计算在内。

★提 示 如11月1日的判决书中不论表述为"从收到本判决书之日起15日内向××中院提起上诉"还是"从收到本判决之次日起15日内向××中院提起上诉"，上诉期均从11月2日开始计算，收到判决书当日（11月1日）不计算在内。

3. 期间届满最后一日是法定休假日的，以法定休假日后的第一个工作日为期间届满日。

★提 示 仅仅是期间届满最后一日为法定休假日的，才将期间届满日顺延为法定休假日后的第一个工作日，而期间中间有法定休假日的则不能扣除。

4. 在途期间不包括在内，诉讼文书在期满前交邮的，不算过期。

★提 示 此处仅指诉讼文书在途期间不包括在期间内，而当事人参加诉讼的在途时间是要计算在期间内的。

三、期间的耽误与顺延

当事人因不可抗拒的事由或者其他正当理由耽误期限的，在障碍消除后10日内，可以申请顺延期限，是否同意，由法院决定。

1. 事由：不可抗拒的事由或其他正当理由耽误期限；

2. 需要当事人申请，法院不能主动依职权顺延期限；

3. 申请时间：障碍消除后10日内。

【经典真题】

（2015年卷三41题）张兄与张弟因遗产纠纷诉至法院，一审判决张兄胜诉。张弟不服，却在赴法院提交上诉状的路上被撞昏迷，待其经抢救苏醒时已超过上诉期限一天。对此，下列哪一说法是正确的？[1]

A. 法律上没有途径可对张弟上诉权予以补救

B. 因意外事件耽误上诉期限，法院应依职权决定顺延期限

C. 张弟可在清醒后 10 日内，申请顺延期限，是否准许，由法院决定

D. 上诉期限为法定期间，张弟提出顺延期限，法院不应准许

【解析】本题考查期间的顺延。期间的顺延制度主要是针对当事人有正当理由在规定的期间内没有完成应进行的诉讼行为的在期间上的救济。A 错误；期间的顺延，只能由当事人在障碍消除后 10 日内申请，法院不能依职权决定，B 错误，C 正确。期间的顺延中包括法定期间，D 错误。

考点五　送　达

送达	直接送达	直接送交受送达人或者受送达人同住成年家属；法人、其他组织的法定代表人、主要负责人，或者负责收件的人；诉讼代理人；受送达人指定的代收人； 法院直接送达文书可以在当事人的住所以及住所外的其他地方，也可通知当事人到法院领取。
		考点提示：离婚诉讼中不能将诉讼文书交由在身份上既是与受送达人同住的成年家属，又是另一方当事人的人签收。
	留置送达	受送达人或者与之同住的成年家属拒收。 1. 邀请受送达人所在单位或基层组织代表在场，将诉讼文书留在受送达人住所，记明理由，由送达人、见证人签名视为送达； 2. 拍照、摄像方式记录送达过程视为送达。
		考点提示：调解书不适用留置送达的规定。
	委托送达	直接送达有困难的，可以委托其他法院代为送达。
	邮寄送达	通过挂号信方式送达，以挂号信回执上注明的收件日期为送达日期，如回执上注明的收件日期与送达回证上记载的收件日期不一致或者送达回证没有寄回的，以挂号信回执上记载日期为送达日期。
	转交送达	对军人、被监禁、采取强制性教育措施的人，可以转交军队政治部门、监狱以及强制性教育机构送达。
	电子送达	经受送达人同意，法院可以采用能够确认其收悉的电子方式送达诉讼文书。通过电子方式送达的判决书、裁定书、调解书，受送达人提出需要纸质文书的，法院应提供。（此送达方式为 2020 年民诉修正案新修） **对比**：涉外电子送达： 对**在中国领域内没有住所的当事人**送达诉讼文书，可以采用传真、电子邮件等确认受送达人收悉的方式送达。 简易程序中的简便送达： 原告起诉后，人民法院可以采取捎口信、电话、传真、电子邮件等简便方式随时传唤双方当事人、证人。
	公告送达	受送达人下落不明，或其他方式无法送达的；（注意：支付令不能公告送达） 公告发出之日起 30 日视为送达；涉外诉讼为 3 个月。

---

[1] 2015 年卷三 41 题答案为：C

送达方式

1. 直接送达

直接送达是最基本的送达方式，送达诉讼文书，应当直接送交受送达人。一般情况下，受送达人是公民的，由该公民直接签收。该公民不在时交给他的同住成年家属签收；受送达人是法人或者其他组织的，应当由法人的法定代表人、其他组织的主要负责人或者该法人、组织负责收件的人签收；受送达人有诉讼代理人的，可以送交其代理人签收；受送达人已向人民法院指定代收人的，送交代收人签收。

《民诉司法解释》第 131 条：人民法院直接送达诉讼文书的，可以通知当事人到人民法院领取。当事人到达人民法院，拒绝签署送达回证的，视为送达。审判人员、书记员应当在送达回证上注明送达情况并签名。

人民法院可以在当事人住所地以外向当事人直接送达诉讼文书。当事人拒绝签署送达回证的，采用拍照、录像等方式记录送达过程即视为送达。审判人员、书记员应当在送达回证上注明送达情况并签名。

注意：离婚诉讼中不能将诉讼文书交由在身份上既是与受送达人同住的成年家属，又是另一方当事人的人签收。

2. 留置送达

留置送达是人民法院在送达时，在受送达人或其他代收人无理由拒收诉讼文书的情况下，送达人依照法定程序将诉讼文书放置于受送达人的住所并产生送达法律效力的送达方式。

适用留置送达的条件：

（1）受送达人或其同住成年家属拒绝签收诉讼文书。

法人的法定代表人、其他组织的主要负责人或者办公室、收发室、值班室等负责收件的人，拒绝签收或者盖章的；受送达人指定诉讼代理人为代收人的，向诉讼代理人送达时其拒收的。

（2）送达人可以邀请有关基层组织的代表或受送达人所在单位的代表作为见证人到场，说明情况并在送达回证上注明拒收事由和日期；送达人、见证人必须在送达回证上签名或盖章，以示负责。也可以把诉讼文书留在受送达人的住所，并采用拍照、录像等方式记录送达过程。

（3）调解书不能留置送达，因为当事人不签收，调解书就不生效，法院应当及时判决。

留置地点：应当将诉讼文书放在受送达人的住所，而不得放在非住所的其他地方。

【注意】《简易程序规定》第 11 条规定了适用简易程序的诉讼文书，可以留置在受送达人的住所或者从业场所。

3. 电子送达

经受送达人同意，法院可以采用能够确认其收悉的电子方式送达诉讼文书。通过电子方式送达的判决书、裁定书、调解书，受送达人提出需要纸质文书的，法院应提供。（此送达方式为2021年民诉修正案新修）

受送达人同意采用电子方式送达的，应当在送达地址确认书中予以确认。

▶ ★提 示

1. 电子送达中需要注意的考点如下：

（1）电子送达的前提：经受送达人同意，并应当在送达地址确认书中予以确认。

（2）电子送达的诉讼文书：注意所有文书皆可适用电子送达。判决书、裁定书、调解书三大文书也可电子送达，这是2021年民诉法修改时新规定的内容。

（3）电子送达的方式：可以采用传真、电子邮件、移动通信等即时收悉的特定系统作为送达媒介。

（4）电子送达的送达日期：以传真、电子邮件等到达受送达人特定系统的日期为送达日期。"到达受送达人特定系统的日期"，为人民法院对应系统显示发送成功的日期，但受送达人证明到达其特定系统的日期与人民法院对应系统显示发送成功的日期不一致的，以受送达人证明到达其特定系统的日期为准。

2. 注意与涉外电子送达方式的对比

《民事诉讼法》第274条第7项规定，对在中国领域内没有住所的当事人送达诉讼文书，可以采用传真、电子邮件等确认受送达人收悉的方式送达，可知：

（1）对在中国境内没有住所的当事人进行电子送达仅仅需要确认受送达人收悉即可，不受诸如"经受送达人同意"的限制；

（2）注意该规定的适用前提是"对在中国领域内没有住所的当事人"，而涉外诉讼中对在中国境内有住所的当事人送达文书则适用国内电子送达的规定，即需要满足本考点提示1的规定。

3. 注意与简易程序中简便送达方式的对比

《简易程序规定》第6条规定：原告起诉后，人民法院可以采取捎口信、电话、传真、电子邮件等简便方式随时传唤双方当事人、证人。

可见，简易程序的简便送达不需要征得受送达人的同意，同时仅限于传唤当事人和证人，不包括其他的文书送达。

【经典真题】

（2014年卷三42题）张某诉美国人海斯买卖合同一案，由于海斯在我国无住所，法院无法与其联系，遂要求张某提供双方的电子邮件地址，电子送达了诉讼文书，并在电子邮件中告知双方当事人在收到诉讼文书后予以回复，但开庭之前法院只收到张某的回复，一直未收到海斯的回复。后法院在海斯缺席的情况下，对案件作出判决，驳回张某的诉讼请求，并同样以电子送达的方式送达判决书。关于本案诉讼文书的电子送达，下列哪一做法是合法的？[1]

A. 向张某送达举证通知书　　　　　B. 向张某送达缺席判决书
C. 向海斯送达举证通知书　　　　　D. 向海斯送达缺席判决书

【解析】本题考查电子送达。国内民事诉讼与涉外民事诉讼的电子送达方式有所区别。《民事诉讼法》第90条第1款规定："经受送达人同意，人民法院可以采用能够确认其收悉的电子方式送达诉讼文书。通过电子方式送达的判决书、裁定书、调解书，受送达人提出需要纸质文书的，人民法院应当提供。"这是国内电子送达的规定。《民事诉讼法》第274条规定："人民法院对在中华人民共和国领域内没有住所的当事人送达诉讼文书，可以采用下列方式：……（七）采用传真、电子邮件等能够确认受送达人收悉的方式送达；……"这是涉外电子送达的特别规定。

---

〔1〕　2014年卷三42题答案为：AB。原答案为A，2020年民诉法修改后本题答案也相应修改。

两相比较，注意以下几点：（1）涉外电子送达特别规定只适用于在我国无住所当事人，在我国有住所的涉外诉讼当事人仍旧适用国内电子送达的一般规定。（2）涉外电子送达需要受送达人确认收悉；国内之一般规定除此之外，还需要经受送达人同意。本题中，被告海斯在我国无住所，适用特别规定，但其并未确认收悉诉讼文书，故电子送达皆为无效，C和D选项皆错误。原告张某在我国有住所，故适用国内电子送达之一般规定，A和B选项正确。

4. 委托送达

委托送达是指受诉法院直接送达诉讼文书有困难时（譬如路途遥远），委托其他人民法院代为送达的送达方式。委托其他人民法院代为送达的，委托法院应当出具委托函，并附需要送达的诉讼文书和送达回证。受送达人在送达回证上签收的日期为送达日期。

5. 转交送达

受送达人为军人的，通过所在部队团以上政治机关转交；受送达人被监禁的，通过其所在监所转交；受送达人被采取强制性教育措施的，通过其所在强制性教育机构转交。

★提示

委托送达一定是委托其他法院代为送达；

转交送达是转交军队、监狱、强制性教育机构送达。

6. 邮寄送达

法院直接送达有困难的，可以通过邮局以挂号信的方式送达诉讼文书；如果挂号信回执上注明的收件日期与送达回证上注明的收件日期不一致，或者送达回证没有寄回的，以挂号信回执上注明收件日期为送达日期。

7. 公告送达

法院在受送达人下落不明或者其他方法均无法送达时，将诉讼文书主要内容予以公告，国内诉讼公告之日经过30日，涉外诉讼公告之日经过3个月视为送达。

第十专题

法院调解

本专题为高频考试内容，主要掌握：（1）法院调解与诉讼和解的区别；（2）法院调解的适用范围；（3）对调解协议确认以及不予确认的具体情形；（4）可以不制作调解书的法定情形；（5）调解生效的时间及效力。

【本专题复习建议】

法院调解是指民事诉讼中当事人双方在法院的主持下，就案件争议问题进行协商，从而解决纠纷所进行的活动，调解是法院行使审判权解决实体纠纷的一种方式；调解的原则包括自愿原则和合法原则；一审、二审、再审程序（即诉讼程序）均可以调解，但是执行、特别程序、督促程序、公示催告程序由于不存在纠纷，所以不能适用调解，同时身份关系的确认案件也不适用调解，因为调解的基础在于处分，而身份关系的确认不能处分。

关于调解协议的几个重要考点：（1）调解协议超出诉讼请求的，可以准许；（2）双方可以就不履行调解协议约定民事责任；（3）调解协议违背自愿或者合法原则的不予确认；（4）调解协议约定一方不履行协议，另一方可以请求法院作出裁判的条款，不予准许。调解书经双方当事人签收后生效；关于调解书是否需要无独三签收的问题关键看调解书中无独三是否承担义务，如果无独三承担义务，则需要无独三签收，无独三拒绝签收，调解书不生效，当然如果调解书中无独三不承担义务，则调解书不需要无独三签收。最后，当事人自行达成和解协议或者经调解达成调解协议，申请法院根据和解、调解协议制作判决书的，不予支持，但是无民事行为能力人的离婚案件以及涉外民事案件除外。

一审中达成调解协议的，原则上应当制作调解书，但是存在可以不制作调解书的情形；而二审、再审中达成调解协议，应当制作调解书，因为二审、再审的调解书有视为撤销原审判决的效力。

调解不公开原则。人民法院审理民事案件，调解过程不公开，但当事人同意公开的除外。调解协议内容不公开，但为保护国家利益、社会公共利益、他人合法权益，人民法院认为确有必要公开的除外。

知识体系

原则		自愿、合法、保密。
范围	积极	1. 对于有可能通过调解的方式来解决的民事案件，应当调解； 2. 对于离婚案件，应当先行调解； 3. 对于简易程序审理的下列案件应当先行调解：婚姻家庭纠纷和继承纠纷，劳务合

续表

<table>
<tr><td colspan="2"></td><td>同纠纷，交通事故和工伤事故引起的权利义务关系较为明确的损害赔偿纠纷，宅基地和相邻权纠纷，合伙协议纠纷，诉讼标的额较小的纠纷。</td></tr>
<tr><td colspan="2">消极</td><td>1. 适用特别程序、督促程序、公示催告程序、破产还债程序审理的案件，不适用调解；
2. 婚姻、身份关系确认案件以及其他依案件性质不能调解的民事案件，不适用调解。</td></tr>
<tr><td>阶段</td><td colspan="2">一审、二审、再审程序可以调解，执行程序不能调解。</td></tr>
<tr><td>调解不公开</td><td colspan="2">人民法院审理民事案件，调解过程不公开，但当事人同意公开的除外。
调解协议内容不公开，但为保护国家利益、社会公共利益、他人合法权益，人民法院认为确有必要公开的除外。</td></tr>
<tr><td>调解协议</td><td colspan="2">1. 调解协议超出诉讼请求的，可以准许；
2. 双方可以就不履行调解协议约定民事责任；
3. 调解协议约定一方提供担保或者案外人同意为当事人提供担保的，人民法院应当准许；
4. 调解协议具有下列情形之一的，不予确认：
(1) 侵害国家、社会公共利益；(2) 侵害案外人利益；(3) 违背当事人真实意思；(4) 违反法律、行政法规禁止性规定的；
5. 调解协议约定一方不履行协议，另一方可以请求法院作出裁判的条款，不予准许。</td></tr>
<tr><td rowspan="4">调解书的制作与生效</td><td colspan="2">达成调解协议后，原则上应当制作调解书，经当事人签收后生效，当事人拒不签收调解书的，调解书不生效，法院应当及时判决。</td></tr>
<tr><td>情形</td><td>(1) 调解和好的离婚案件；(2) 调解维持收养关系的案件；(3) 能够及时履行的案件；(4) 其他不需要制作的情形。</td></tr>
<tr><td>可以不制作调解书
结案方式</td><td>将协议内容记入笔录，当事人、审判人员、书记员签名或盖章后生效；
根据情形（4），当事人各方同意在调解协议上签名或者盖章后即发生法律效力的，经人民法院审查确认后，应当记入笔录或者将调解协议附卷，并由当事人、审判人员、书记员签名或者盖章后即具有法律效力；当事人请求制作调解书的，人民法院审查确认后可以制作调解书送交当事人。当事人拒收调解书的，不影响调解协议的效力。</td></tr>
<tr><td colspan="2">需要注意的问题：
1. 当事人达成和解协议或经调解达成调解协议后请求法院据此制作判决书的，不予支持。但如下两种情形例外：
(1) 无民事行为能力人的离婚案件，法定代理人与对方达成协议要求发给判决书的，可根据协议内容制作判决书；
(2) 涉外民事诉讼中，经调解双方达成协议，应当制发调解书。当事人要求发给判决书的，可以依协议的内容制作判决书送达当事人。
2. 关于担保：协议约定一方提供担保或者案外人愿意提供担保的，应当准许；调解书应当列明担保人，担保人拒不签收调解书不影响调解书生效；担保的效力在符合担保法规定的条件时生效。
3. 关于无独立请求权第三人：
(1) 需要确定无独立请求权第三人承担义务的，应当经无独立请求权第三人同意，调解书应送达无独立请求权第三人，其拒不签收调解书的，调解书不生效，法院及时判决；
(2) 既不享有权利又不承担义务的无独立请求权第三人不签收调解书的不影响调解书生效。</td></tr>
<tr><td>和解</td><td colspan="2">在诉讼中当事人可以自行达成和解协议，达成和解协议后，可以通过如下方式结案：
1. 请求依据和解协议制作调解书——对方当事人不履行，可以强制执行；
2. 申请撤诉——撤诉后视为从未起诉，当事人可以再次起诉。</td></tr>
</table>

○考点讲解

一、法院调解的原则

法院调解，也称诉讼调解，是指民事诉讼中双方当事人在法院的主持下，就案件争议问题进行协商，从而解决纠纷所进行的活动。

法院调解遵循以下原则进行：

1. 自愿原则：无论是程序上是否以调解的方式解决纠纷，还是实体上调解协议的达成，都要建立在当事人自愿的基础上。

2. 合法原则：调解在程序上要遵循法律程序，形成的调解协议也不得违反法律的规定。这里的"合法"，应理解为不违反法律的有关禁止性规定，而不是像判决那样严格按照法律规定对双方当事人的权利义务作出判定。这是由调解的性质决定的。调解的达成主要靠当事人自主协商、达成合意，调解协议即使与实际的法律关系状况有所差异，也应看作是当事人行使处分权的结果，一般不宜干涉。但对当事人达成的调解协议，人民法院仍有审查的必要，发现有违反法律禁止性规定，损害国家、集体和他人合法权益的情形的，不能批准。

人民法院审理民事案件，发现当事人之间恶意串通，企图通过和解、调解方式侵害他人合法权益的，应当依照《民事诉讼法》第115条和《民诉司法解释》第144条的规定处理（即属于恶意诉讼或调解的，驳回原告诉讼请求，并对当事人予以罚款、拘留，构成犯罪的，依法追究刑事责任）。

3. 保密原则：是指调解过程以及调解的内容不公开，主持调解以及参与调解的人员，对调解过程以及调解过程中获悉的国家秘密、商业秘密、个人隐私和其他不宜公开的信息，应当保守秘密。

【经典真题】

（2014年卷三36题）依法治国要求树立法律权威，依法办事，因此在民事纠纷解决的过程中，各方主体都须遵守法律的规定。下列哪一行为违背了相关法律？[1]

A. 法院主动对确有错误的生效调解书启动再审

B. 派出所民警对民事纠纷进行调解

C. 法院为下落不明的被告指定代理人参加调解

D. 人民调解委员会主动调解当事人之间的民间纠纷

【解析】人民法院制作的生效的调解书是适用再审制度的，法院可以以调解书确有错误为由启动再审，检察院可以以调解书违背国家和社会公共利益为由提出抗诉和检察建议，当事人可以以调解书违背自愿和合法原则为由申请再审，所以A选项正确。派出所、单位、基层组织、人民调解委员会等社会组织可以组织双方当事人就纠纷的解决而互谅互让，最终达成协议解决纠纷，属于一种社会救济，其适用比较灵活，故B、D选项表述正确。而C选项中，一来被告下落不明法院应当公告送达文书，并且作出缺席判决，不能为其指定代理人；二来在民事诉讼中代理人只有法定代理人和委托代理人，其中法定代理人的被代理

---

[1] 2014年卷三36题答案为：C

人是无诉讼行为能力人，此时并不存在无诉讼行为能力人，故不存在法定代理人的问题；而委托代理人则是需要经过当事人的委托授权，并不存在法院指定而产生委托代理人的方式，所以从以上两个方面均可得出 C 选项错误的结论。

二、法院调解适用的范围和阶段

（一）适用的范围

1. 积极：

（1）对于可能通过调解解决的民事案件，应当调解；

（2）对于离婚案件，应当先行调解；

（3）对于简易程序审理的下列案件应当先行调解：婚姻家庭纠纷和继承纠纷，劳务合同纠纷，交通事故和工伤事故引起的权利义务关系较为明确的损害赔偿纠纷，宅基地和相邻权纠纷，合伙协议纠纷，诉讼标的额较小的纠纷。

2. 消极：

（1）适用特别程序、督促程序、公示催告程序、破产还债程序审理的案件不能调解；

（2）婚姻、身份关系确认案件以及其他依案件性质不能调解的民事案件不能调解。

（二）法院调解的适用阶段

既然法院调解是解决争议的，则其适用于诉讼程序，一审、二审、再审程序阶段均可以适用调解；非争讼程序，即特别程序、督促程序、公示催告程序、执行程序不适用调解。

三、调解程序

1. 调解的开始：一般基于当事人的申请而开始，但是，婚姻案件等也可以基于职权先行调解。

人民法院对受理的第一审、第二审和再审民事案件，可以在答辩期满后裁判作出前进行调解。在征得当事人各方同意后，人民法院可以在答辩期满前进行调解。在答辩期满前人民法院对案件进行调解，适用普通程序的案件在当事人同意调解之日起 15 天内，适用简易程序的案件在当事人同意调解之日起 7 天内未达成调解协议的，经各方当事人同意，可以继续调解。延长的调解期间不计入审限。

2. 调解的进行

法院调解在审判人员的主持下进行，法院调解既可以由合议庭主持，也可以由一名审判员主持。另外，《最高人民法院关于人民法院民事调解工作若干问题的规定》（以下简称《调解规定》）还确立了诉讼中的委托调解和协助调解。根据《调解规定》第 1 条的规定，人民法院可以邀请与当事人有特定关系或者与案件有一定联系的企事业单位、社会团体或者其他组织，和具有专门知识、特定社会经验、与当事人有特定关系并有利于促成调解的个人协助调解工作。经各方当事人同意，人民法院可以委托前款规定的单位或者个人对案件进行调解，达成调解协议后，人民法院应当依法予以确认。

3. 调解的结束

法院调解的结束有两种情况：

（1）因调解无效而结束。即经过调解，双方当事人不能达成协议，或虽已达成协议，但协议内容不合法，当事人又不愿修改以及在调解书送达前一方反悔的，人民法院应当及时判决。（2）因调解成立而结束。即双方当事人经法院调解后，达成了调解协议，经过人民法院审查协议内容符合国家法律政策的，应予以批准。需制作调解书的，应制作调解书并发给双方当事人。对不需要制作调解书的，协议内容应记入笔录，并由双方当事人、审判人员和书记员签名盖章，从而结束案件的审理程序。

四、关于调解协议的几个重要考点

调解协议是双方当事人在法院调解中达成的合议，也是调解书的基础。

（一）应当予以确认的调解协议

1. 调解协议内容超出诉讼请求的，人民法院可以准许；

2. 调解协议约定一方不履行协议应当承担民事责任的，应予准许；

3. 调解协议约定一方提供担保或者案外人同意为当事人提供担保的，人民法院应当准许。

提示：调解成立后，需制作调解书的，应制作调解书并发给双方当事人。对不需要制作调解书的，协议内容应记入笔录，并由双方当事人、审判人员和书记员签名盖章，从而结束案件的审理程序。

（二）不予确认的调解协议

1. 侵害国家利益、社会公共利益的；

2. 侵害案外人利益的；

3. 违背当事人真实意思的；

4. 违反法律、行政法规禁止性规定的。

考点提示：

1. 当事人自行和解或者调解达成协议后，请求人民法院按照和解协议或者调解协议的内容制作判决书的，人民法院不予准许。

【注意例外】

（1）无民事行为能力人的离婚案件，由其法定代理人进行诉讼。法定代理人与对方达成协议要求发给判决书的，可根据协议内容制作判决书。（《民诉司法解释》第 148 条第 2 款）

（2）涉外民事诉讼中，经调解双方达成协议，应当制发调解书。当事人要求发给判决书的，可以依协议的内容制作判决书送达当事人。（《民诉司法解释》第 530 条）

2. 调解协议约定一方不履行协议，另一方可以请求人民法院对案件作出裁判的条款，人民法院不予准许。

◆★提 示 对于人民法院不予确认或不予准许的调解协议，则意味着调解不成功，人民法院应当及时作出判决。

五、调解书的制作与生效

1. 原则上当事人达成调解协议后，人民法院应当制作调解书，经当事人签收后生效，当事人拒不签收调解书的，调解书不生效，法院应当及时判决。

◆★提 示

1. 简易程序中赋予当事人约定调解书生效时间的权利。《最高人民法院关于适用简易程序审理民事案件的若干规定》第 15 条第 1 款规定：调解达成协议并经审判人员审核后，双方当事人同意该调解协议经双方签名或者捺印生效的，该调解协议自双方签名或者捺印之日起发生法律效力。当事人要求摘录或者复制该调解协议的，应予准许。

2. 调解书的补正。《调解规定》第13条：当事人以民事调解书与调解协议的原意不一致为由提出异议，人民法院审查后认为异议成立的，应当根据调解协议裁定补正民事调解书的相关内容。

3. 部分调解成功先行制作调解书。《调解规定》第14条：当事人就部分诉讼请求达成调解协议的，人民法院可以就此先行确认并制作调解书。当事人就主要诉讼请求达成调解协议，请求人民法院对未达成协议的诉讼请求提出处理意见并表示接受该处理结果的，人民法院的处理意见是调解协议的一部分内容，制作调解书的记入调解书。

4. 调解书的送达只适用直接送达，且只能直接送达本人或本人指定的代收人。

5. 关于担保：调解协议约定一方提供担保或者案外人同意为当事人提供担保的，人民法院应当准许。案外人提供担保的，人民法院制作调解书应当列明担保人，并将调解书送交担保人。担保人不签收调解书的，不影响调解书生效。当事人或者案外人提供的担保符合担保法规定的条件时生效。

调解书确定的担保条款条件或承担民事责任的条件成就时，当事人可以申请执行；但对已经承担了调解书确定的民事责任后，对方当事人又要求承担迟延履行责任的，人民法院不予支持。（《调解规定》第15条）

6. 关于无独立请求权第三人

（1）需要确定无独立请求权第三人承担义务的，应当经无独立请求权第三人同意，调解书应送达无独立请求权第三人，其拒不签收调解书的，调解书不生效，法院应当及时判决；

（2）既不享有权利又不承担义务的无独立请求权第三人不签收调解书的不影响调解书生效。

2. 法定可以不制作调解书的情形。以下情况可以不制作调解书，将调解协议记入笔录，由双方当事人、审判人员、书记员签名或盖章后生效：

（1）调解和好的离婚案件；

（2）调解维持收养关系的案件；

（3）能够及时履行的案件；

（4）其他不需要制作的情形。

根据前款第（4）项规定，当事人各方同意在调解协议上签名或者盖章后即发生法律效力的，经人民法院审查确认后，应当记入笔录或者将调解协议附卷，并由当事人、审判人员、书记员签名或者盖章后即具有法律效力。

前款规定情形当事人请求制作调解书的，人民法院审查确认后可以制作调解书送交当事人。当事人拒收调解书的，不影响调解协议的效力。

▶★提　示　不需要制作调解书的情形只存在于第一审程序，第二审程序与再审程序中达成调解协议的，均必须制作调解书。

调解组织自行开展的调解，有两个以上调解组织参与的，符合民事诉讼法第二百零一条规定的各调解组织所在地人民法院均有管辖权。

双方当事人可以共同向符合民事诉讼法第二百零一条规定的其中一个有管辖权的人民法院提出申请；双方当事人共同向两个以上有管辖权的人民法院提出申请的，由最先立案的人民法院管辖。

六、诉讼中的和解

在诉讼过程中，当事人可以自行达成和解协议，达成和解协议后，有两种方式结案，其一，可以申请撤诉，即撤回起诉；其二，可以申请法院依据和解协议制作调解书结案。

这两种结案方式法律效果不同：

1. 撤诉，即撤回起诉，撤回起诉后案件未经过实体处理，当事人可以再次起诉。

2. 制作调解书，调解书具有强制执行力，一方不履行，另外一方可以申请强制执行调解书。

总结与比较

诉讼和解与法院调解

诉讼和解（《民事诉讼法》第 53 条、《调解规定》第 2 条）

区别项	法院调解（诉讼调解）	诉讼和解
性质不同	人民法院行使审判权和当事人行使处分权	当事人的处分权
参加主体不同	人民法院和双方当事人共同参加	只有双方当事人自己参加
效力不同	根据法院调解达成协议制作的调解书生效后，诉讼归于终结，有给付内容的调解书具有执行力	当事人在诉讼中和解并达成协议的，可由原告申请撤诉，经法院裁定准许后结束诉讼，和解协议不具有执行力；也可以申请制作调解书
程序要求不同	法院调解要遵循一定的法律原则和程序	没有相关的程序性规定和要求

七、法院调解的效力

法院调解生效后，调解书与生效判决具有同样的法律效力，包括：

1. 诉讼结束，当事人不得以同一事实和理由再行起诉；该效力可以派生诉讼法律关系消灭的法律效力。

2. 当事人在诉讼中的实体权利义务争议消灭——一事不再理。但是需注意，该案所涉及的民事法律关系并不能因调解的生效而消灭。

3. 对调解书不得上诉。对违反自愿合法原则的调解可以申请再审。

4. 具有给付内容的调解书具有强制执行效力。

▦▦▦ 第十一专题
一审普通程序

本专题是高频考试章节，考生应当重点掌握以下内容：（1）对起诉条件和登记立案制度的理解。注意登记立案并不是不审查起诉的条件，而是对起诉的条件做形式的审查，只要具备即可立案。（2）对立案时特殊情形的处理：①对于不予受理情形的具体规定；②对超过诉讼时效起诉的处理；③对离婚案件再起诉的处理；④对赡养费、扶养费、抚养费案件再起诉的处理；⑤对撤诉后再起诉的处理；⑥重复起诉的判断标准。（3）审前准备程序的内容。（4）撤诉、缺席判决、延期审理、诉讼中止与诉讼终结的具体情形及其区分。

【本专题复习建议】

一审普通程序是《民事诉讼法》中最重要的程序，民事诉讼几乎所有的原则和制度在一审普通程序中都有体现，在其他程序中没有特殊规定的，也应当适用一审普通程序的规定进行。一审普通程序历来是考试的重点和难点，主要重、难点在于起诉和受理，以及诉讼障碍的处理。

起诉与受理。起诉条件需要满足：（1）原告是与本案有直接利害关系的公民、法人和其他组织；（2）有明确的被告；（3）有具体的诉讼请求和事实、理由；（4）属于人民法院受理的范围和受诉人民法院管辖。应当理解起诉条件与胜诉条件的区别，注意对于超过诉讼时效的，法院应当予以受理。起诉状的内容应当包括：（1）当事人的有关情况；（2）原告的诉讼请求，以及诉讼请求所依据的事实和理由；（3）证据和证据来源、证人的姓名、住所等；（4）受诉法院的名称、起诉的时间、起诉人签名或盖章。注意在起诉状中没有案由的要求。法院对于符合起诉条件的，应当在7日内立案受理，受理前发现不符合起诉条件，裁定不予受理，受理后发现不符合起诉条件的，裁定驳回起诉（符合起诉条件，法院经过实体审理后发现原告的诉讼请求在实体上不应予以支持，即判决驳回原告诉讼请求，此时即实体判决原告败诉）。对于不予受理、驳回起诉裁定可以上诉（可以上诉的裁定还有管辖权异议）。

关于一事不再理原则。一事不再理要求一个案件经过实体处理后，当事人不得再次起诉。有如下规定需要重点掌握：（1）对于裁定不予受理、驳回起诉的案件，原告再次起诉的，如果符合起诉条件，应予受理；当事人撤诉或法院按撤诉处理后，当事人以同一诉讼请求再次起诉的，法院应予受理（以上四种情形可以起诉的原因在于该案件没有经过实体处理，不受一事不再理的限制）；（2）赡养费、扶养费、抚养费案件，裁判发生法律效力后，因新情况、新理由，一方当事人再行起诉要求增加或者减少费用的，人民法院应作为新案受理。（民诉司法解释 218 条）（3）判决不准离婚和调解和好的离婚案件，判决、调解维持收养关系的案件，没有新情况、新理由，原告在 6 个月内起诉的，不予受理；（4）当事人撤诉或者人民法院按撤诉处理的离婚案件，没有新情况、新理由，原告在 6 个月内起诉的，不予受理〔以上（2）（3）（4）三种情形是因为离婚诉讼和"三费"案件的特殊性〕。

一审程序中应当注意的是开庭时，由审判长核对双方当事人身份，而不是书记员；宣判中，当庭宣判的，应当在 10 日内发给书面判决书，定期宣判的，应当当庭发给判决书，宣告离婚判决时应当告知双方当事人在判决生效前不得另行结婚。法院可以在答辩期届满后，通过组织证据交换、召集庭前会议等方式，作好审理前的准备。

当事人在审理前的准备阶段认可的证据，经审判人员在庭审中说明后，视为质证过的证据。

撤诉和缺席判决。原告可以申请撤诉，是否准许，由法院决定（此处的原告指的是诉的原告，包括反诉原告和可以撤回反诉的有独三或者诉的有独三）；对于原告（同上）经传票传唤没有正当理由拒不到庭或者未经许可中途退庭的，按撤诉处理。撤诉只是在程序上终结诉讼程序，案件并未经过实体处理，当事人可以再次起诉，但是离婚诉讼会受到一定限制。对于被告、无独三或者申请撤诉未获准许的原告，经传票传唤，没有正当理由拒不到庭或者未经许可中途退庭的，可以缺席判决。

延期审理、诉讼中止和诉讼终结。延期审理的文书为决定书，针对庭审发生了临时性障碍，而无法继续的情形，包括：（1）必须到庭的当事人和其他诉讼参与人有正当理由没有到庭；（2）当事人临时提出回避申请；（3）需要通知新的证人到庭，调取新的证据，重新鉴定、勘验或需要补充调查的；（4）其他情形。而诉讼中止适用于诉讼中发生了障碍，导致诉讼是否能够继续、如何继续等存在不确定因素，而中止整个诉讼的继续进行，主要适用于：（1）一方当事人死亡，需要等待继承人表明是否参加诉讼的；（2）一方当事人丧失诉讼行为能力，尚未确定法定代理人的；（3）作为一方当事人的法人或者其他组织终止，尚未确定权利义务承受人的；（4）一方当事人因不可抗拒的事由，不能参加诉讼的；（5）本案必须以另一案的审理结果为依据，而另一案尚未审结的；（6）其他应当中止诉讼的情形。诉讼终结指诉讼中发生的障碍导致诉讼无法再继续进行，主要适用于：（1）原告死亡，没有继承人或者继承人放弃诉讼权利；（2）被告死亡，没有遗产也没有义务继承人；（3）离婚案件一方当事人死亡；（4）追索赡养费、扶养费、抚养费以及解除收养关系案件的一方当事人死亡。

📖 知识体系

一、起诉与受理		
起诉条件	（1）原告是与本案有直接利害关系的公民、法人和其他组织； （2）有明确的被告； （3）有具体的诉讼请求和事实、理由； （4）属于人民法院受理的范围和受诉人民法院管辖。	
起诉状	形式	书面为原则，但允许口头起诉。
	内容	1. 当事人的有关情况； 2. 原告的诉讼请求，以及诉讼请求所依据的事实和理由； 3. 证据和证据来源、证人的姓名、住所等； 4. 受诉法院的名称、起诉的时间、起诉人签名或盖章。
		考点提示："案由"不是起诉状的法定内容。

续表

起诉的法律后果	诉讼时效中断。	
法院的处理	1. 当场能够判定符合起诉条件的，应当登记立案，并通知当事人； 2. 对当场不能判定是否符合起诉条件的，应当接收起诉材料，并出具注明收到日期的书面凭证。需要补充必要相关材料的，人民法院应当及时告知当事人。在补齐相关材料后，应当在七日内决定是否立案； 3. 立案后发现不符合起诉条件或者属于《民事诉讼法》第127条规定情形的，裁定驳回起诉。	
几种值得注意的处理情形	一事不再理	**原则：** 同一案件已经由其他有管辖权的法院依法审理，或判决、裁定已经发生法律效力的案件，当事人起诉，不予受理； （1）对于裁定不予受理、驳回起诉的案件，原告再次起诉的，如果符合起诉条件，应予受理；当事人撤诉或法院按撤诉处理后，当事人以同一诉讼请求再次起诉的，法院应予受理； （2）赡养费、扶养费、抚养费案件，裁判发生法律效力后，因新情况、新理由，一方当事人再行起诉要求增加或者减少费用的，人民法院应作为新案受理；（民诉司法解释218条） （3）判决不准离婚和调解和好的离婚案件，判决、调解维持收养关系的案件，没有新情况、新理由，原告在6个月内起诉的，不予受理； （4）当事人撤诉或者人民法院按撤诉处理的离婚案件，没有新情况、新理由，原告6个月内起诉的，不予受理。
	管辖问题	（1）对不属于本院管辖的案件，告知原告向有管辖权的人民法院起诉； （2）原告坚持起诉的，裁定不予受理； （3）受理后发现管辖错误的，裁定移送管辖。
	仲裁协议	具有有效的仲裁协议，法院不得受理。
	超过诉讼时效	当事人超过诉讼时效期间起诉的，法院应予受理，受理后，被告如果主张时效抗辩，并且查明无中止、中断、延长事由的，判决驳回诉讼请求。
庭前分流程序	1. 当事人没有争议，符合督促程序规定条件的，可以转入督促程序； 2. 开庭前可以调解的，采取调解方式及时解决纠纷； 3. 根据案件情况，确定适用简易程序或者普通程序； 4. 需要开庭审理的，通过要求当事人交换证据等方式，明确争议焦点。	
庭审程序	1. 宣布开庭（**审判长**或者独任审判员核对当事人身份，宣布案由，告知回避权利）； 2. 法庭调查； 3. 法庭辩论； 4. 庭审笔录（书记员制作后，审判人员签名，当事人和其他诉讼参与人签名盖章）； 5. 合议庭评议（少数服从多数，不同意见记入笔录，笔录由合议庭成员签名，保密）； 6. 宣判。	

二、撤诉与缺席判决

撤诉与按撤诉处理	主体	原告（注意是"诉"的原告）包括：有独立请求权第三人和反诉原告。
	决定权	法院。
	按撤诉处理	拒不到庭、未经许可中途退庭、不预交受理费； 补充：原告是无民事行为能力人，其法定代理人经传票传唤无正当理由拒不到庭，或者未经许可中途退庭，可以按撤诉处理。
	后果	1. 诉讼程序终结；2. 诉讼时效重新开始计算；3. 原告仍可起诉（离婚除外）。

缺席判决	对象	非必须到庭的被告、无独立请求权第三人、反诉被告、申请撤诉未获批准的原告。
	条件	经传票传唤，无正当理由拒不到庭或者未经许可中途退庭。 补充：被告是无民事行为能力人，其法定代理人经传票传唤无正当理由拒不到庭，或者未经许可中途退庭，可以缺席判决。

三、延期审理、诉讼中止和诉讼终结

延期审理	文书	决定
	情形	1. 必须到庭的当事人和其他诉讼参与人有正当理由没有到庭； 2. 当事人临时提出回避申请； 3. 需要通知新的证人到庭，调取新的证据，重新鉴定、勘验或需要补充调查的； 4. 其他。
诉讼中止	文书	裁定
	情形	1. 一方当事人死亡，需要等待继承人表明是否参加诉讼的； 2. 一方当事人丧失诉讼行为能力，尚未确定法定代理人的； 3. 作为一方当事人的法人或者其他组织终止，尚未确定权利义务承受人的； 4. 一方当事人因不可抗拒的事由，不能参加诉讼的； 5. 本案必须以另一案的审理结果为依据，而另一案尚未审结的； 6. 其他应当中止诉讼的情形。
诉讼终结	文书	裁定
	情形	1. 原告死亡，没有继承人或者继承人放弃诉讼权利； 2. 被告死亡，没有遗产也没有义务继承人； 3. 离婚案件一方当事人死亡； 4. 追索赡养费、扶养费、抚养费以及解除收养关系案件的一方当事人死亡。

四、一审审限：立案之日起 6 个月，特殊情况院长批准延长 6 个月；还需延长报上级法院批准。

五、诉讼文书公开：公众可以查阅发生法律效力的判决书、裁定书，但是涉及国家秘密、商业秘密、个人隐私的除外。

六、判决、裁定、决定

判决	内容		1. 案由、诉讼请求、争议事实和理由； 2. 判决认定的事实、理由和法律依据； 3. 判决结果和诉讼费用的负担； 4. 上诉期间和上诉法院。
	判决宣告		1. 宣告离婚诉讼时应当告知双方当事人在判决生效前不得另行结婚； 2. 当庭宣判的，应当在判决宣告后 10 日内发给书面判决书；定期宣判的，应当当庭发给判决书。
	判决错误的纠正	笔误	用裁定书补正。
		错误	一审宣判后，原审人民法院发现判决有错误的。
			当事人上诉：原审法院可以提出原判决有误的意见，报送二审法院。
			当事人不上诉：按审判监督程序处理。

续表

裁定	适用情形	1. 不予受理、管辖权异议、驳回起诉（可以上诉）； 2. 财产保全与先予执行，准许或不准许撤诉，中止或终结诉讼，补正判决书中的笔误，中止或终结执行，撤销或不予执行仲裁裁决，不予执行公证机关赋予强制执行力的债权文书，确认调解协议、实现担保物权，其他。
决定	处理程序性事项。	
	适用情形	1. 处理有关回避和妨碍诉讼的强制措施：可以复议，其中驳回回避申请为原级复议，罚款拘留为上级复议； 2. 处理法院内部工作关系； 3. 指挥诉讼进程、延期审理等。

◉ 考点讲解

一、概述

普通程序是民事诉讼程序中体系最完整、最系统、内容最充实、最完备的程序并且是整个民事诉讼程序的基础，在其他审理程序中没有特别规定的，也应当适用普通程序的规定。在一审普通程序中，考查的重点在于起诉和受理（同时是难点）、撤诉和缺席判决以及诉讼障碍（即延期审理、诉讼中止、诉讼终结）。

二、起诉与立案受理

1. **起诉条件**

（1）原告是与本案有直接利害关系的公民、法人或者其他组织。此条包含两方面内容，其一，原告有诉讼权利能力；其二，原告适格。

（2）有明确的被告。原告提供被告的姓名或者名称、住所等信息具体明确，足以使被告与他人相区别的，可以认定为有明确的被告。注意：对被告的要求是明确，而不要求正确或者适格；只要原告针对一具体的被告提出诉讼请求即可，而该诉讼请求在实体上是否应当对该被告提起则是实体审理需要解决的问题，在起诉时在所不问。

（3）有具体的诉讼请求和事实、理由。注意：此处的诉讼请求和事实、理由只要求具体，不要求正确，只要具体，就符合程序上的起诉要件，至于该请求是否能得到法院的支持则是实体审理需要解决的问题，在起诉时在所不问。

（4）属于法院受理民事案件的范围和受诉人民法院管辖。此处包含两方面问题，即主管与管辖。

2. **起诉状**

（1）形式：书面为原则，但允许口头起诉；

（2）内容：①当事人的有关情况；②原告的诉讼请求，以及诉讼请求所依据的事实和理由；③证据和证据来源、证人的姓名、住所等；④受诉法院的名称、起诉的时间、起诉人签名或盖章。

附：起诉状样本

民事起诉状

　　原告张三，男，×岁，汉族，×年×月×日生，居民身份号码×××××××××××××，住×××市××区××街道××号。

　　被告李四，男，×岁，汉族，×年×月×日生，居民身份号码×××××××××××，住×××市××区××街道××号。**（当事人的有关情况）**

诉讼请求

1. 请求判令被告停止侵权行为；
2. 请求判令被告赔偿原告××损失××元；
3. 请求判令被告承担本案诉讼费。

事实和理由

　　对案件事实的描述，以及阐述法律依据等。（略）

证据和证据来源，证人姓名、住所

1. 书证：××医院诊断证明书、病历，医疗费用发票等，由××医院出具；
2. 鉴定意见：×××鉴定意见书，由××鉴定机构依法出具；
3. 证人王五，住×××××××；
4. 证人赵六，住×××××××。

　　此致×××区（县）人民法院 **（受诉人民法院名称）**

起诉人：张三 **（起诉人签名）**
×年×月×日 **（起诉时间）**

---

3. 法院的处理

（1）当场能够判定符合起诉条件的，应当登记立案，并通知当事人。

（2）对当场不能判定是否符合起诉条件的，应当接收起诉材料，并出具注明收到日期的书面凭证。需要补充必要相关材料的，人民法院应当及时告知当事人。在补齐相关材料后，应当在7日内决定是否立案。

（3）立案后发现不符合起诉条件或者属于《民事诉讼法》第127条规定情形的，裁定驳回起诉。

　　★提 示 裁定不予受理、裁定驳回起诉、判决驳回诉讼请求的区别：

①裁定不予受理和裁定驳回起诉适用的情形是原告的起诉在程序上不符合起诉条件，法院根本就不进入实体审理；而判决驳回诉讼请求是指原告的起诉在程序上符合起诉条件，法院进行了实体审理，但是因为证据不足或者其请求得不到法律的支持而在实体上判决原告败诉。

②裁定不予受理和裁定驳回起诉适用情形是一样的，其区别在于适用的时间不同，裁定不予受理是指法院在受理前就发现了起诉不符合起诉条件，不予受理；而裁定驳回起诉是指法院在受理前没有发现不符合起诉条件，在受理后、诉讼过程中才发现不符合受理条件，裁定驳回起诉。

③法律后果不同。判决驳回诉讼请求是对案件的实体处理，受一事不再理原则的限制，而裁定不予受理、裁定驳回起诉，并未对案件进行实体处理，之后当事人可以再次起诉。

【经典真题】

(2015 年卷三 48 题) 张丽因与王旭感情不和，长期分居，向法院起诉要求离婚。法院向王旭送达应诉通知书，发现王旭已于张丽起诉前因意外事件死亡。关于本案，法院应作出下列哪一裁判?[1]

A. 诉讼终结的裁定 　　　　　　B. 驳回起诉的裁定
C. 不予受理的裁定 　　　　　　D. 驳回诉讼请求的判决

【解析】本题是在案件受理后发现王旭于起诉前就已经死亡，从王旭死亡之日起，张丽与王旭的婚姻关系已经自然解除。因此，本案不存在争议，不符合起诉的条件，应当裁定驳回起诉，B 项正确。

4. 对于起诉时特殊情形的处理

(1) 一事不再理：同一案件已经由其他有管辖权的法院依法审理，或判决、裁定已经发生法律效力的案件，当事人重复起诉，不予受理；已经受理的，裁定驳回起诉。法律另有规定的除外。

所谓"重复起诉"，是指同时符合以下条件：

①后诉与前诉的当事人相同；

②后诉与前诉的诉讼标的相同；

③后诉与前诉的诉讼请求相同，或者后诉的诉讼请求实质上否定前诉裁判结果。

所谓"法律另有规定"是指如下情形：

①对于裁定不予受理、驳回起诉的案件，原告再次起诉的，如果符合起诉条件，应予受理；当事人撤诉或法院按撤诉处理后，当事人以同一诉讼请求再次起诉的，法院应予受理。

②赡养费、扶养费、抚养费案件，裁判发生法律效力后，因新情况、新理由，一方当事人再行起诉要求增加或者减少费用的，人民法院应作为新案受理。（民诉司法解释 218 条）

③判决不准离婚和调解和好的离婚案件，判决、调解维持收养关系的案件，没有新情况、新理由，原告在 6 个月内起诉的，不予受理。

④当事人撤诉或者人民法院按撤诉处理的离婚案件，没有新情况、新理由，原告在 6 个月内起诉的，不予受理。

⑤裁判发生法律效力后，发生新的事实，当事人再次提起诉讼的，人民法院应当依法受理。

(2) 关于管辖：对不属于本院管辖的案件，告知原告向有管辖权的人民法院起诉，原告坚持起诉的，裁定不予受理；当然，案件受理后，法院发现自己受理的案件不属于本院管辖的，应当裁定移送有管辖权的法院管辖。

(3) 关于仲裁协议：有效的仲裁协议，法院不得受理（此处涉及仲裁协议问题，详见仲裁的内容）。

(4) 关于诉讼时效：当事人超过诉讼时效期间起诉的，法院应予受理，受理后如果被告主张时效抗辩，且查明无中止、中断、延长事由的，判决驳回诉讼请求。

★提示　超过诉讼时效，原告丧失了实体上的胜诉权，但没有丧失程序上的起诉

---

[1]　2015 年卷三 48 题答案为：B

权，故法院应予受理，受理后被告主张时效抗辩，并且查明没有中止、中断、延长事由，在实体上判决原告败诉，驳回其诉讼请求即可。

当然，从起诉条件的角度也能理解，原告超过诉讼时效起诉，原告适格，被告明确，诉讼请求、事实和理由具体，属于受诉人民法院管辖，完全符合起诉条件，法院当然应当受理。只是当被告主张时效抗辩，且无中止中断事由时，原告的该诉讼请求在实体上不能得到法律支持，判决驳回原告诉讼请求即可。

5. 受理的法律效果

（1）法院取得对案件的审判权，因为民事审判权的启动具有被动性，当事人之间的民事纠纷是否要通过法院行使审判权予以解决，取决于当事人是否向法院起诉；只有在原告起诉、法院依法受理后，法院取得对案件的审判权，才有权对案件进行审理并作出裁判；

（2）人民法院取得对该争议案件的排他管辖权，其他法院不得重复登记立案，立案的法院也不得将案件再移送给其他有管辖权的人民法院；

（3）当事人与法院之间产生诉讼法律关系，当事人分别取得原告或者被告的法律地位。

【经典真题】

（2017年卷三42题）甲、乙两公司签订了一份家具买卖合同，因家具质量问题，甲公司起诉乙公司要求更换家具并支付违约金3万元。法院经审理判决乙公司败诉，乙公司未上诉。之后，乙公司向法院起诉，要求确认该家具买卖合同无效。对乙公司的起诉，法院应采取下列哪一处理方式？[1]

A. 予以受理

B. 裁定不予受理

C. 裁定驳回起诉

D. 按再审处理

【解析】本题考查重复起诉的判断及其处理。对于乙公司在甲公司诉其更换质量问题的家具案件胜诉后，又向法院起诉，要求确认该家具买卖合同无效，该案与前一案件当事人相同，诉讼标的相同，其要求确认买卖合同无效的请求实质是否定前诉认定合同有效的裁判结果，构成重复起诉，法院应当裁定不予受理，B项正确。

三、庭前准备程序

人民法院受理案件后，在开庭审理之前，为保证开庭审理的顺利进行，根据2020年《民事诉讼法》以及2015年《民诉司法解释》的相关规定，需要做好以下准备工作：

1. 送达起诉状副本，被告提交答辩状并送达答辩状副本。

2. 告知当事人诉讼权利与义务及合议庭的组成人员。这里注意，当事人无权选择合议庭的组成人员，而仲裁则不同，当事人可以选择仲裁员。

3. 确定举证时限，人民法院受理案件后，根据当事人的主张和案件审理情况，确定举证时限。

4. 追加当事人，即在诉讼进行过程中，发现遗漏必要共同诉讼人的，应当追加当事人参加诉讼。

---

〔1〕　2017年卷三42题答案为：B

5. 解决管辖权问题，如移送管辖、管辖权转移、指定管辖等问题。

6. 根据受理案件的具体情况，进行分别处理

根据《民事诉讼法》第 136 条的规定，人民法院对受理的案件，分别情形，予以处理：

（1）当事人没有争议，符合督促程序规定条件的，可以转入督促程序；

（2）开庭前可以调解的，采取调解方式及时解决纠纷；

（3）根据案件情况，确定适用简易程序或者普通程序；

（4）需要开庭审理的，通过要求当事人交换证据等方式，明确争议焦点。

7. 审理前准备方式

《民诉司法解释》第 224 条规定：依照民事诉讼法第 136 条第 4 项规定，人民法院可以在答辩期届满后，通过组织证据交换、召集庭前会议等方式，作好审理前的准备。

8. 庭前会议

《民诉司法解释》第 225 条规定：根据案件具体情况，庭前会议可以包括下列内容：（1）明确原告的诉讼请求和被告的答辩意见；（2）审查处理当事人增加、变更诉讼请求的申请和提出的反诉，以及第三人提出的与本案有关的诉讼请求；（3）根据当事人的申请决定调查收集证据，委托鉴定，要求当事人提供证据，进行勘验，进行证据保全；（4）组织交换证据；（5）归纳争议焦点；（6）进行调解。

庭前会议效力：当事人在审理前的准备阶段认可的证据，经审判人员在庭审中说明后，视为质证过的证据。当事人在庭审中对其在审理前的准备阶段认可的事实和证据提出不同意见的，人民法院应当责令其说明理由。必要时，可以责令其提供相应证据。理由成立的，可以列入争议焦点进行审理。

9. 归纳争议焦点并征求当事人意见

《民诉司法解释》第 226 条规定：人民法院应当根据当事人的诉讼请求、答辩意见以及证据交换的情况，归纳争议焦点，并就归纳的争议焦点征求当事人的意见。

四、撤诉和缺席判决

1. 撤诉

撤诉是指法院受理案件后，判决宣告前，原告要求撤回起诉的行为。撤诉是当事人对其诉讼权利行使处分权的表现，包括申请撤诉和按撤诉处理。

（1）申请撤诉

申请撤诉是原告或者上诉人主动要求撤回诉讼的行为，要引起相应的法律后果，申请撤诉需要符合以下法定条件：

①申请撤诉的主体：原告、上诉人及其法定代理人，其他人无权申请撤诉。这里的原告是广义上的原告，包括本诉的原告、反诉的原告、第三人参加之诉的原告。

②申请撤诉的时间：应当在人民法院受理案件后、宣告判决之前。

【注意】

法庭辩论终结后原告申请撤诉，被告不同意的，人民法院可以不予准许。

③申请撤诉基于当事人自愿。

④是否准许，由法院裁定。

（2）按撤诉处理

按撤诉处理是人民法院根据当事人所实施的行为作出的法律上的推断，即只要当事人实施了法律所规定的某些行为，法院就视为当事人撤诉，而不论当事人主观上是否愿意。其制度价值是督促当事人遵守法律规定和法庭秩序。按撤诉处理的情形有以下三种：

①原告经传票传唤无法定理由拒不到庭或者未经许可中途退庭的，按撤诉处理。

此处包括有独立请求权第三人、反诉原告经传票传唤，无正当理由拒不到庭或者未经许可中途退庭的，有独立请求权第三人之诉或反诉按撤诉处理，本诉继续进行。

②原告应当预交而未预交案件受理费的，经通知后仍不缴纳或申请缓缴、减免未获法院批准仍不缴纳的，按撤诉处理。

③无民事行为能力的原告的法定代理人，经传票传唤，无正当理由拒不到庭的，按撤诉处理。

（3）撤诉的后果，不论是申请撤诉还是按撤诉处理，均产生如下后果：

①诉讼程序终结，法院不再对案件进行审理和判决；

②诉讼费用由撤诉方当事人承担，但减半收取（法律职业资格考试对诉讼费问题不予考查，考生无需掌握）；

③诉讼时效重新开始计算，原告起诉后，诉讼时效中断，而自法院裁定准许撤诉之日起，诉讼时效重新开始计算；

④诉讼法律关系消灭，撤诉后仅仅引起诉讼法律关系的消灭，但是并不能引起当事人之间的民事法律关系的消灭，撤诉后，当事人仍然可以再行起诉。

▶★提　示　当事人申请撤诉或者依法可以按撤诉处理的案件，如果当事人有违反法律的行为需要依法处理的，人民法院可以不准撤诉或者不按撤诉处理。

2. 缺席判决

缺席判决是针对对席判决而言，是指在一方当事人无正当理由拒不到庭的情况下，法院依法作出判决，该判决的效力与对席判决一样。由于缺席判决实际上是对未到庭一方当事人的惩罚，因此，法律明确规定了其适用的条件以及适用的法定情形：

《民诉司法解释》第241条：被告经传票传唤无正当理由拒不到庭，或者未经法庭许可中途退庭的，人民法院**应当按期开庭或者继续开庭审理，对到庭的当事人诉讼请求、双方的诉辩理由以及已经提交的证据及其他诉讼材料进行审理后，**可以依法缺席判决。

（1）对原告的缺席判决：原告申请撤诉，未获准许，经传票传唤拒不到庭或者未经许可中途退庭的。

（2）对被告（非必须到庭的被告）的缺席判决：

①非必须到庭的被告，经传票传唤，无正当理由拒不到庭或者未经许可中途退庭的；

此处包括有独立请求权第三人之诉和反诉的被告，不再赘述；需要注意的是，如果人民法院对反诉的被告作出缺席判决，因为本诉的原告在此时已经成为反诉的被告，而不得将本诉与反诉一并作出缺席判决。本诉部分，法院应当按撤诉处理。

②无民事行为能力的被告（非必须到庭）的法定代理人经传票传唤无正当理由拒不到庭的。

③一方下落不明，另一方只起诉离婚的，可以受理后缺席判决。

【注意】

（1）无独立请求权第三人的问题

《民诉司法解释》第240条：无独立请求权的第三人经人民法院传票传唤，无正当理由拒不到庭，或者未经法庭许可中途退庭的，**不影响案件的审理。**

（2）拘传和缺席判决

适用拘传情形的，不能缺席判决。对于**必须到庭的被告**和申请撤诉而没有被准许的**必须到庭才能查清案件基本事实的原告**，**经一次传票传唤后**，开庭不来参加庭审，人民法院**应当延期审理**，向其发**第二次传票**，第二次开庭依然不来参加庭审，则**拘传到庭**，**不能缺席判决**。

五、诉讼障碍：延期审理、诉讼中止、诉讼终结

1. 延期审理

延期审理是指发生了一些特殊情况（一般是一些临时性障碍），使得庭审不能按期或继续进行，从而推迟庭审的制度；延期审理仅仅将庭审推迟，其他诉讼活动照常进行，待障碍解决后再次开庭即可，这是与诉讼中止的本质区别。

（1）诉讼文书：决定。

（2）情形：

①必须到庭的当事人和其他诉讼参与人有正当理由没有到庭；

②当事人临时提出回避申请；

③需要通知新的证人到庭，调取新的证据，重新鉴定、勘验或需要补充调查的；

④其他。

（3）注意：关于延期审理的考点有两个，一是延期审理的文书用决定，而不是裁定，考试经常以此为干扰选项，而考生经常忽略；二是不需要记忆以上四种情形，掌握到延期审理的本质是诉讼出现障碍致使庭审无法继续进行下去，需要推迟开庭或者择日开庭。详见后述本部分真题解析。

> ★提 示 拘传制度与延期审理

适用拘传的对象，包括**必须到庭的被告**和申请撤诉而没有被准许的**必须到庭才能查清案件基本事实的原告**，**经一次传票传唤后**，开庭不来参加庭审，人民法院**应当延期审理**，向其发**第二次传票**，第二次开庭依然不来参加庭审，则**拘传到庭**。

2. 诉讼中止

诉讼中止是指在诉讼中发生了某种法定原因，导致诉讼无法继续进行或者不宜继续进行，从而法院裁定诉讼中止而暂时停止诉讼程序的制度，待障碍消除后，再视情况决定诉讼要不要继续、谁来继续、如何继续等问题。

（1）诉讼文书：裁定。

（2）法定情形：

①一方当事人死亡，需要等待继承人表明是否参加诉讼的；

②一方当事人丧失诉讼行为能力，尚未确定法定代理人的；

③作为一方当事人的法人或者其他组织终止，尚未确定权利义务承受人的；

④一方当事人因不可抗拒的事由，不能参加诉讼的；

⑤本案必须以另一案的审理结果为依据，而另一案尚未审结的；

⑥其他应当中止诉讼的情形。

3. 诉讼终结

（1）诉讼文书：裁定。

（2）法定情形：

①原告死亡，没有继承人或者继承人放弃诉讼权利；

②被告死亡，没有遗产也没有义务继承人；

③离婚案件一方当事人死亡；

④追索赡养费、扶养费、抚养费以及解除收养关系案件一方当事人死亡。

▶ ★提　示 一般案件诉讼中一方当事人死亡，需要等到继承人表明是否参加诉讼，而导致诉讼中止，中止后，继承人继续参加诉讼，则恢复诉讼，如果没有继承人或者继承人放弃权利，则诉讼终结。同时在离婚、追索赡养费、扶养费、抚养费、解除收养关系案件中，由于身份关系，一方当事人死亡，身份关系即消灭，诉讼标的不复存在，同时，由于身份关系不存在继承的问题，所以直接诉讼终结。

【经典真题】

例1（2017年卷三81题）对张男诉刘女离婚案（两人无子女，刘父已去世），因刘女为无行为能力人，法院准许其母李某以法定代理人身份代其诉讼。2017年7月3日，法院判决二人离婚，并对双方共有财产进行了分割。该判决同日送达双方当事人，李某对解除其女儿与张男的婚姻关系无异议，但对共有财产分割有意见，拟提起上诉。2017年7月10日，刘女身亡。在此情况下，本案将产生哪些法律后果？[1]

A. 本案诉讼中止，视李某是否就一审判决提起上诉而确定案件是否终结

B. 本案诉讼终结

C. 一审判决生效，二人的夫妻关系根据判决解除，李某继承判决分配给刘女的财产

D. 一审判决未生效，二人的共有财产应依法分割，张男与李某对刘女的遗产均有继承权

【解析】本题考查诉讼终结。本案属于离婚案件，即使是对财产分割部分不服上诉，其仍以婚姻关系的解除为前提。刘女虽然是在二审中死亡，二审程序中没有规定的，适用第一审普通程序的规定，则解除婚姻关系的案件一方当事人死亡，诉讼终结，财产按照继承分割。BD项正确。

例2（2011年卷三81题）法院开庭审理时一方当事人未到庭，关于可能出现的法律后果，下列哪些选项是正确的？[2]

A. 延期审理　　　　　　　　　　B. 按原告撤诉处理

C. 缺席判决　　　　　　　　　　D. 采取强制措施拘传未到庭的当事人到庭

【解析】本题综合性较强，逐一分析，如果是有正当理由不能到庭的，自然是延期审理；如果原告没有正当理由，则按撤诉处理；如果是被告没有正当理由拒不到庭则缺席判决；如果是必须到庭的当事人没有正当理由，经两次传票传唤拒不到庭则拘传到庭。

六、一审审限

立案之日起6个月内审结，特殊情况需要延长，本院院长批准延长6个月；还需要延长的报上级法院批准。

---

〔1〕 2017年卷三81题答案为：BD

〔2〕 2011年卷三81题答案为：ABCD

七、判决、裁定和决定

1. 判决

（1）判决的内容

①案由、诉讼请求、争议事实和理由；

②判决认定的事实、理由和法律依据；

③判决结果和诉讼费用的负担；

④上诉期间和上诉法院。

附：判决书范本

×××区人民法院
民事判决书

（2013）海法民初字第×××号（**案号**）

原告张三，男，××年×月×日生，住×××××××。

被告李四，男，××年×月×日生，住×××××××（**当事人的基本情况**）。

原告张三与被告李四**人身损害赔偿纠纷一案**（**案由**），本院于××年×月×日立案受理后，依法适用普通程序，由审判员刘备担任审判长，审判员关羽和人民陪审员张飞组成合议庭，公开开庭审理。原告、被告均到庭参加诉讼，本案现已审理终结。

原告诉称×××××××××，请求判令×××××××（**原告的诉讼请求，事实和理由**）。

被告辩称×××××××××，请求判令驳回原告诉讼请求（**被告主张的事实和理由**）。

经审理查明×××××××××××××××××××××。以上事实，有×××证据予以证实（**判决认定的事实、证据**）。

本院认为×××××××××××××。依据《中华人民共和国×××法》第××条，判决如下：（**判决的理由和法律依据**）

一、被告李四于本判决生效后十日内向原告张三支付医疗费、误工费、残疾赔偿金共×××元；

二、驳回原告张三其他诉讼请求（**判决结果**）。

如果未按照本判决指定的期间履行支付金钱义务，应当根据《民事诉讼法》第二百六十条之规定加倍支付迟延履行期间债务利息。

案件受理费×××元，由原告张三承担××元，被告李四承担××元。

如不服本判决，可以自收到本判决之次日起十五日内通过本院或者直接向北京市第一中级人民法院上诉，书面上诉的，应提交正本一份，副本×份（**上诉期限和上诉法院**）。

审判长　刘备

审判员　关羽

人民陪审员　张飞

×年×月×日

（×××人民法院印章）

书记员　×××

（2）判决的宣告

①离婚诉讼宣告一审判决时应当告知双方当事人在判决生效前不得另行结婚；

因为一审判决宣告时，判决尚未生效，即婚姻关系尚未解除，当事人自然不能另行结婚。

②当庭宣判的，法院应当在 10 日内送达判决书；定期宣判的，应当当庭发给判决书。

（3）判决错误的纠正

①笔误（文字错误、计算错误等）——用裁定书补正；

②一审判决书作出后发现存在错误：

当事人上诉——原审法院可以提出原判决有误的意见，报送二审法院，由二审法院通过二审程序予以纠正；

当事人不上诉——待判决生效后按审判监督程序处理。

2. 裁定的适用情形

（1）不予受理、管辖权异议、驳回起诉（这三个裁定书是可以上诉的）；

（2）财产保全与先予执行；准许或不准许撤诉；中止或终结诉讼；补正判决书中的笔误；中止或终结执行；撤销或不予执行仲裁裁决；不予执行公证机关赋予强制执行力的债权文书；确认调解协议、实现担保物权；其他。

3. 决定——处理程序性事项

（1）处理有关回避和妨碍诉讼的强制措施（罚款、拘留）：可以复议，其中驳回回避申请为原级复议，罚款、拘留为上级复议；

（2）处理法院内部工作关系；

（3）指挥诉讼进程：延期审理等。

【经典真题】

例 1（2016 年卷三 46 题）某死亡赔偿案件，二审法院在将判决书送达当事人签收后，发现其中死亡赔偿金计算错误（数学上的错误），导致总金额少了 7 万余元。关于二审法院如何纠正，下列哪一选项是正确的？[1]

A. 应当通过审判监督程序，重新制作判决书

B. 直接作出改正原判决的新判决书并送达双方当事人

C. 作出裁定书予以补正

D. 报请上级法院批准后作出裁定予以补正

【解析】本题考查判决书中书写计算错误的补正。无论是一审判决、二审判决还是再审判决，对于判决书中书写计算的错误，一律通过裁定的方式补正，并且不需要报请上级法院批准，C 项正确。

例 2（2014 年卷三 82 题）关于民事诉讼程序中的裁判，下列哪些表述是正确的？[2]

A. 判决解决民事实体问题，而裁定主要处理案件的程序问题，少数涉及实体问题

B. 判决都必须以书面形式作出，某些裁定可以口头方式作出

C. 一审判决都允许上诉，一审裁定有的允许上诉，有的不能上诉

D. 财产案件的生效判决都有执行力，大多数裁定都没有执行力

【解析】A 选项中，判决仅仅解决实体问题，而裁定一般而言解决程序问题，如诉讼中止、终结等，但也有少数涉及实体问题如先予执行等，表述正确；B 选项中判决必须以

---

[1] 2016 年卷三 46 题答案为：C

[2] 2014 年卷三 82 题答案为：AB

书面形式作出，裁定原则上应当以书面形式作出，但是也存在口头裁定的情形，这一点也得到了立法的印证，《民事诉讼法》第157条第3款规定，裁定书应当写明裁定结果和作出该裁定的理由。裁定书由审判人员、书记员署名，加盖人民法院印章。口头裁定的，记入笔录；C选项中关于一审判决都允许上诉的表述过于绝对，如最高人民法院的一审判决、小额诉讼程序所作判决、有关婚姻效力的判决均是一审终审，不允许上诉的。该选项实则是考查两审终审制度的例外；D选项中首先有一些裁定是具有执行力的，如保全、先予执行、确认调解协议效力、实现担保物权、我国法院所作的承认和执行外国法院判决的裁定书等。当然本题最明显的错误在于前半部分，并非所有生效的财产案件的判决都具有执行力，如原告起诉被告归还借款，法院判决驳回原告诉讼请求，该判决没法执行，也不需要执行；再如，确认之诉的判决由于不具有给付的内容，同样不能执行，所以该表述错误。

例3（2012年卷三41题）甲公司诉乙公司货款纠纷一案，A市B区法院在审理中查明甲公司的权利主张已超过诉讼时效（乙公司并未提出时效抗辩），遂判决驳回甲公司的诉讼请求。判决作出后上诉期间届满之前，B区法院发现其依职权适用诉讼时效规则是错误的。关于本案的处理，下列哪一说法是正确的？[1]

A. 因判决尚未发生效力，B区法院可以将判决书予以收回，重新作出新的判决

B. B区法院可以将判决书予以收回，恢复庭审并向当事人释明时效问题，视具体情况重新作出判决

C. B区法院可以作出裁定，纠正原判决中的错误

D. 如上诉期间届满当事人未上诉的，B区法院可以决定再审，纠正原判决中的错误

【解析】本题考查判决书错误的处理方式。判决书已经作出，自然没有收回的道理，并且是实质性错误，而不是笔误，所以不能裁定纠正。正确的做法是等待，如果上诉期满当事人不上诉的，则判决书生效，要想纠正生效裁判的错误，只能通过审判监督程序处理；如果当事人上诉的，一审法院可以提出原判决有误的意见，报送二审法院，由二审法院在二审中对尚未生效的一审判决中的错误进行纠正。

八、诉讼文书公开

公众可以查阅发生法律效力的判决书、裁定书，但是涉及国家秘密、商业秘密、个人隐私的内容除外。

注意掌握以下三点：

1. 查阅的范围限于判决书、裁定书，调解书不在查阅之列；
2. 限于已经生效的判决书、裁定书，尚未生效的判决书、裁定书不在查阅之列；
3. 涉及国家秘密、商业秘密、个人隐私的除外。

同时注意，本条规定的是公众查阅的范围，要受以上三点限制，而当事人查阅的文书范围不受上述限制，唯一的限制在于合议庭评议笔录不能查阅。

---

[1]　2012年卷三41题答案为：D

第十二专题

简易程序

本专题是高频考查章节，主要集中于对简易程序的适用范围、程序特点以及小额诉讼程序的适用范围、具体程序问题的特殊规定，考生应当掌握。

【本专题复习建议】

1. 简易程序适用的基本条件为基层法院及其派出法庭审理的第一审民事案件。启动方式包括法院依职权启动和当事人约定启动，注意当事人可以约定适用简易程序，但是相反的约定不能成立，即对于适用简易程序审理的案件当事人不能约定不适用简易程序审理。

2. 下列案件不得适用简易程序审理：（1）起诉时被告下落不明；（2）当事人一方人数众多；（3）发回重审或者适用审判监督程序再审；（4）涉及国家利益、社会公共利益的；（5）第三人撤销权之诉。

3. 简易程序由审判员一人独任审理，审限为 3 个月，有特殊情况需要延长的，经本院院长批准，可以延长 1 个月。当事人双方可就开庭方式向人民法院提出申请，由人民法院决定是否准许。经当事人双方同意，可以采用视听传输技术等方式开庭。简易程序的举证期限由人民法院确定，也可以由当事人协商一致并经人民法院准许，但不得超过 15 日。被告要求书面答辩的，人民法院可在征得其同意的基础上，合理确定答辩期间。

4. 简易程序审理案件过程中发现案件不宜适用简易程序或者当事人对适用简易程序提出异议，经审查异议成立的，法院应当裁定将案件转为普通程序审理，普通程序的审限自立案之日起计算。

【考点提示】适用简易程序审理的案件，审理期限到期后，有特殊情况需要延长的，经本院院长批准，可以延长审理期限。延长后的审理期限累计不得超过四个月。

人民法院发现案件不宜适用简易程序，需要转为普通程序审理的，应当在审理期限届满前作出裁定并将审判人员及相关事项书面通知双方当事人。

案件转为普通程序审理的，审理期限自人民法院立案之日计算。（民诉法司法解释第258 条）

5. 小额诉讼程序一审终审，适用于基层法院及其派出法庭审理的事实清楚、权利义务关系明确、争议不大的简单金钱给付案件，包括法定适用与约定适用两个方面。海事法院审理海事、海商案件，符合条件也可以适用小额诉讼程序。

6. 小额诉讼程序的简化：小额诉讼案件的举证期限由法院确定，也可以由当事人协商一致并经法院准许，但一般不超过 7 日。当事人到庭后表示不需要举证期限和答辩期间的，人民法院可立即开庭审理。适用小额诉讼程序审理的案件一审终审（包括判决、不予受理和驳回起诉裁定）。

7. 小额诉讼程序的转化：（1）因当事人申请增加或者变更诉讼请求、提出反诉、追加当事人等，致使案件不符合小额诉讼案件条件的，应当适用简易程序的其他规定审理。前款规定案件，应当适用普通程序审理的，裁定转为普通程序；（2）当事人对按照小额诉讼案件审理有异议的，应当在开庭前提出。人民法院经审查，异议成立的，适用简易程序的其他规定审理或者裁定转入普通程序。

📖 知识体系

一、简易程序的适用		
适用前提	基层法院及其派出法庭审理的第一审民事案件。	
消极条件	以下案件不能适用简易程序： （1）起诉时被告下落不明； （2）当事人一方人数众多； （3）发回重审或者适用审判监督程序再审； （4）涉及国家利益、社会公共利益的； （5）**第三人撤销权之诉。**	
程序启动	职权适用	基层法院及其派出法庭审理的事实清楚、权利义务关系明确、争议不大的简单民事案件，适用简易程序。
	协议适用	基层法院及其派出法庭审理的前款规定以外的民事案件，当事人双方可以约定适用简易程序； 当事人约定适用简易程序审理的，应当在开庭前提出，且不得违反关于适用简易程序的禁止性规定。

二、简易程序的特点	
程序简化	1. 程序简化：可以用简便方式传唤当事人和证人、送达文书、审理案件、进行审理前的准备等，但应保障当事人陈述意见的权利； 2. 开庭方式灵活：当事人双方可就开庭方式向人民法院提出申请，由人民法院决定是否准许，经当事人双方同意，可以采用视听传输技术等方式开庭； 3. 举证期限和答辩期限灵活：适用简易程序案件的举证期限由人民法院确定，也可以由当事人协商一致并经人民法院准许，但不得超过 15 日。被告要求书面答辩的，人民法院可在征得其同意的基础上，合理确定答辩期间。 当事人双方均表示不需要举证期限、答辩期间的，人民法院可以立即开庭审理或者确定开庭日期。
独任制	由审判员一人独任审理。
审限	3 个月，有特殊情况需要延长的，经本院院长批准，可以延长 1 个月。
注重调解	适用简易程序审理的六类案件应当先行调解： 婚姻家庭和继承纠纷，劳务合同纠纷，交通事故和工伤事故引起的权利义务关系较为明确的损害赔偿纠纷，宅基地和相邻权纠纷，合伙合同纠纷，诉讼标的额较小的纠纷。

续表

程序的转化	普通程序转为简易程序	已经按照普通程序审理的案件，在开庭后不得转为简易程序审理。
	简易程序转为普通程序	1. 当事人就案件适用简易程序提出异议，人民法院经审查，异议成立的，裁定转为普通程序；异议不成立的，裁定驳回。裁定以口头方式作出的，应当记入笔录。 2. 转为普通程序的，人民法院应当将审判人员及相关事项以书面形式通知双方当事人。 3. 转为普通程序前，双方当事人已确认的事实，可以不再进行举证、质证。
小额诉讼程序	适用	基层法院及其派出法庭审理的事实清楚、权利义务关系明确、争议不大的简单金钱给付案件，包括法定适用与约定适用两个方面。
	程序的特殊性	1. 小额诉讼案件的管辖异议与程序异议： （1）小额诉讼案件的管辖异议：当事人对小额诉讼案件提出管辖异议的，人民法院应当作出裁定。**裁定一经作出即生效。** （2）适用小额诉讼的程序异议：当事人对按照小额诉讼案件审理有异议的，应当在开庭前提出。 2. 举证期限：小额诉讼案件的举证期限由人民法院确定，也可以由当事人协商一致并经人民法院准许，但一般不超过7日。 当事人到庭后表示不需要举证期限和答辩期间的，人民法院可立即开庭审理。 3. 适用小额诉讼程序审理的案件一审终审（包括判决、不予受理和驳回起诉裁定）。
	程序的转化	1. 因当事人申请增加或者变更诉讼请求、提出反诉、追加当事人等，致使案件不符合小额诉讼案件条件的，应当适用简易程序的其他规定审理。 前款规定案件，应当适用普通程序审理的，裁定转为普通程序。 2. 当事人对按照小额诉讼案件审理有异议的，应当在开庭前提出。人民法院经审查，异议成立的，适用简易程序的其他规定审理或者裁定转为普通程序；异议不成立的，裁定驳回。裁定以口头方式作出的，应当记入笔录。
	救济	对小额诉讼案件的判决、裁定，当事人以《民事诉讼法》第207条规定的事由向原审人民法院申请再审的，人民法院应当受理。申请再审事由成立的，应当裁定再审，组成合议庭进行审理。作出的再审判决、裁定，当事人不得上诉。当事人以不应按小额诉讼案件审理为由向原审人民法院申请再审的，人民法院应当受理。理由成立的，应当裁定再审，组成合议庭审理。作出的再审判决、裁定，当事人可以上诉。

考点讲解

一、适用的基本前提

基层法院及其派出法庭审理的第一审民事案件。

注意：简易程序的适用有两方面的要求，第一是法院的级别，要求基层法院及其派出法庭，中院不可能适用简易程序审理案件。第二是审级，要求第一审民事案件。

下列情形，不得适用简易程序：

（1）起诉时被告下落不明的；

（2）发回重审的；

（3）当事人一方人数众多的；

（4）适用审判监督程序的；

（5）涉及国家利益、社会公共利益的；

（6）第三人起诉请求改变或者撤销生效判决、裁定、调解书的（即第三人撤销权之诉）；

（7）其他不宜适用简易程序的案件。

总结与归纳：不能适用简易程序审理的案件包括——起诉时被告下落不明；当事人一方人数众多；发回重审或者适用审判监督程序再审；涉及国家利益、社会公共利益的；第三人撤销权之诉。

二、适用程序

1. 职权适用：基层法院及其派出法庭审理的事实清楚、权利义务关系明确、争议不大的简单民事案件，适用简易程序。

2. 协议适用：基层法院及其派出法庭审理的前款规定以外的民事案件，当事人双方可以约定适用简易程序；当事人约定适用简易程序审理的，应当在开庭前提出，且不得违反关于适用简易程序的禁止性规定。

三、简易程序的特点

1. 程序简化：适用简易程序审理的案件，可以用简便的方式传唤当事人和证人、送达诉讼文书、审理案件、进行审理前的准备等，但是应当保障当事人陈述意见的权利。

2. 举证期限和答辩期灵活：适用简易程序案件的举证期限由人民法院确定，也可以由当事人协商一致并经人民法院准许，但不得超过15日。

被告要求书面答辩的，人民法院可在征得其同意的基础上，合理确定答辩期间。

当事人双方均表示不需要举证期限、答辩期间的，人民法院可以立即开庭审理或者确定开庭日期。

3. 审理组织简单：由审判员一人独任审理。

4. 开庭方式灵活：当事人双方可就开庭方式向人民法院提出申请，由人民法院决定是否准许。经当事人双方同意，可以采用视听传输技术等方式开庭。

5. 审限较短：3个月。有特殊情况需要延长的，经本院院长批准，可以延长1个月。

6. 注重调解：适用简易程序审理的六类案件应当先行调解：

（1）婚姻家庭和继承纠纷；

（2）劳务合同纠纷；

（3）交通事故和工伤事故引起的权利义务关系较为明确的损害赔偿纠纷；

（4）宅基地和相邻权纠纷；

（5）合伙合同纠纷；

（6）诉讼标的额较小的纠纷。

该六类案件的共同特点在于要么涉及家庭、邻里纠纷，要么是争议小、标的额小。

7. 裁判文书的简化：有下列情形之一，法院制作裁判文书时对认定事实和判决理由部分可以适当简化：

（1）当事人达成调解协议并需要制作民事调解书的；

（2）一方当事人在诉讼中明确表示承认对方全部诉讼请求或者部分诉讼请求的；

（3）当事人对案件事实没有争议或者争议不大的；

（4）涉及自然人的隐私，个人信息或者商业秘密的案件，当事人一方要求简化裁判文书中的相关内容，法院认为理由正当的；

（5）当事人双方一致同意简化裁判文书的。

裁判文书应当加盖法院印章，不得加盖法庭印章。

【经典真题】

（2015年卷三83题）郑飞诉万雷侵权纠纷一案，虽不属于事实清楚、权利义务关系明确、争议不大的案件，但双方当事人约定适用简易程序进行审理，法院同意并以电子邮件的方式向双方当事人通知了开庭时间（双方当事人均未回复）。开庭时被告万雷无正当理由不到庭，法院作出了缺席判决。送达判决书时法院通过各种方式均未联系上万雷，遂采取了公告送达方式送达了判决书。对此，法院下列的哪些行为是违法的？[1]

A. 同意双方当事人的约定，适用简易程序对案件进行审理

B. 以电子邮件的方式向双方当事人通知开庭时间

C. 作出缺席判决

D. 采取公告方式送达判决书

【解析】根据《民事诉讼法》第160条第2款的规定，基层人民法院和它派出的法庭审理简单的民事案件以外的民事案件，当事人双方也可以约定适用简易程序。A正确；根据《民诉司法解释》第261条，适用简易程序审理案件，人民法院可以依照民事诉讼法第九十条、第一百六十二条的规定采取捎口信、电话、短信、传真、电子邮件等简便方式传唤双方当事人、通知证人和送达诉讼文书。以简便方式送达的开庭通知，未经当事人确认或者没有其他证据证明当事人已经收到的，人民法院不得缺席判决。B正确，C错误；简易程序不适用公告送达，这与简易程序审理案件的要求以及审限的要求不符，D错误。答案为CD。

四、简易程序转为普通程序

1. 人民法院发现案情复杂，需要转为普通程序审理的，应当在审理期限届满前作出裁定。注意：转为普通程序前，双方当事人已确认的事实，可以不再进行举证、质证。

2. 原告提供了被告准确的送达地址，但人民法院无法向被告直接送达或者留置送达应诉通知书的，应当将案件转入普通程序审理。

3. 当事人就案件适用简易程序提出异议，人民法院经审查，异议成立的，裁定转为普通程序；异议不成立的，裁定驳回。裁定以口头方式作出的，应当记入笔录。

---

[1] 2015年卷三83题答案为：CD

五、简易程序中的小额诉讼程序

（一）案件范围

1. 类型：基层法院审理的事实清楚、权利义务关系明确、争议不大的简单金钱给付案件。

2. 标的额的标准

（1）法定：标的额为各省、自治区、直辖市上年度就业人员年平均工资50%以下的，必须适用小额诉讼。

（2）约定：标的额超过50%但在2倍以下的，当事人可约定适用小额诉讼。

3. 不得适用小额诉讼的案件

（1）人身关系案件（身份关系清楚的三费案件可适用小额）；

（2）财产确权案件；

（3）涉外案件；

（4）需要评估、鉴定或对诉前评估、鉴定有异议的案件；

（5）提出反诉的案件；

（6）其他不宜适用小额诉讼的。

【注意】（1）海事法院可适用小额诉讼；（2）知识产权案件可适用小额诉讼。

（二）程序机制

1. 开庭次数与宣判方式：法院适用小额诉讼程序，可一次开庭审结且当庭宣判。

2. 审限：2个月审限，特殊情况经本院院长批准可以延长1个月。

3. 举证与答辩：小额诉讼案件的举证期限由人民法院确定，也可以由当事人协商一致并经人民法院准许，但一般不超过7日。

被告要求书面答辩的，人民法院可以在征得其同意的基础上合理确定答辩期间，但最长不得超过15日。

当事人到庭后表示不需要举证期限和答辩期间的，人民法院可立即开庭审理。

总结与归纳：关于各程序的举证期限

（1）普通程序：当事人约定或者法院指定，法院指定的举证期限不得少于15天；

（2）简易程序：当事人约定或者法院指定，法院指定的举证期限不得超过15天；

（3）小额诉讼程序：当事人约定或者法院指定，一般不得超过7天。

4. 管辖异议与程序异议：

（1）小额诉讼案件的管辖异议：当事人对小额诉讼案件提出管辖异议的，人民法院应当作出裁定。**裁定一经作出即生效。**

【注意】简易程序和普通程序审理的案件，管辖权异议裁定可以上诉。

（2）当事人就案件适用简易程序提出异议，人民法院经审查，异议成立的，裁定转为普通程序；异议不成立的，裁定驳回。裁定以口头方式作出的，应当记入笔录。

5. 小额诉讼案件的裁判文书：小额诉讼案件的裁判文书可以简化，主要记载当事人基本信息、诉讼请求、裁判主文等内容。

6. 一审终审：小额诉讼程序一审终审。

★**提示** 适用小额诉讼程序审理的案件中所有的判决、裁定，包括实体判决以及驳回起诉、管辖权异议裁定均为一审终审。

7. 程序的转化：

（1）因当事人申请增加或者变更诉讼请求、提出反诉、追加当事人等，致使案件不符合小额诉讼案件条件的，应当适用简易程序的其他规定审理。

前款规定案件，应当适用普通程序审理的，裁定转为普通程序。

（2）当事人对按照小额诉讼案件审理有异议的，应当在开庭前提出。人民法院经审查，异议成立的，应当适用简易程序的其他规定审理或者裁定转为普通程序；异议不成立的，裁定驳回。

8. 小额诉讼案件的救济——再审：

对小额诉讼案件的判决、裁定，当事人以《民事诉讼法》第207条规定的事由向原审人民法院申请再审的，人民法院应当受理。申请再审事由成立的，应当裁定再审，组成合议庭进行审理。作出的再审判决、裁定，当事人不得上诉。

当事人以不应按小额诉讼案件审理为由向原审人民法院申请再审的，人民法院应当受理。理由成立的，应当裁定再审，组成合议庭审理。作出的再审判决、裁定，当事人可以上诉。

【经典真题】

（2016年卷三81题）李某诉谭某返还借款一案，M市N区法院按照小额诉讼案件进行审理，判决谭某返还借款。判决生效后，谭某认为借款数额远高于法律规定的小额案件的数额，不应按小额案件审理，遂向法院申请再审。法院经审查，裁定予以再审。关于该案再审程序适用，下列哪些选项是正确的？[1]

A. 谭某应当向M市中级法院申请再审

B. 法院应当组成合议庭审理

C. 对作出的再审判决当事人可以上诉

D. 作出的再审判决仍实行一审终审

【解析】本题考查对小额案件的再审。根据《民事诉讼法》第206条的规定，再审申请可以向上一级人民法院申请再审；当事人一方人数众多或者当事人双方为公民的案件，也可以向原审人民法院申请再审，本案当事人双方为公民，既可以向上一级人民法院，即向M市中级法院申请再审，也可以向原审人民法院，即M市N区法院申请再审，A项错误；根据《民诉司法解释》第426条第2款的规定，当事人以不应按小额诉讼案件审理为由向原审人民法院申请再审的，人民法院应当受理。理由成立的，应当裁定再审，组成合议庭审理。作出的再审判决、裁定，当事人可以上诉。BC正确，D项错误。

---

[1] 2016年卷三81题答案为：BC

二审程序

　　本专题是高频考试章节，考查内容主要集中在：（1）上诉的条件，尤其是上诉人的确定；（2）撤回上诉的条件和法律效力，二审撤回起诉的条件和法律效力；（3）二审法院审理上诉案件的范围与审理方式，特别注意不开庭审理的条件和案件范围；（4）二审法院对上诉案件调解的适用；（5）二审法院对上诉案件的处理，包括对上诉判决、裁定的处理以及特殊情形的处理。

【本专题复习建议】

　　1. 有上诉权的主体包括原告、被告、有独立请求权第三人，无独三有没有上诉权需要判断根据一审判决其是否承担义务，委托代理人需要当事人特别授权才能代为提起上诉。

　　2. 二审的对象是尚未生效的判决书、裁定书。（1）适用特别程序，督促程序，公示催告程序作出的裁判不能上诉；（2）二审法院作出的终审判决或者最高人民法院作出的一审判决不能上诉；（3）调解书不能上诉；（4）小额诉讼程序中的判决、不予受理、驳回起诉裁定不能上诉；（5）一般的裁定书不能上诉，但是不予受理、驳回起诉和管辖权异议裁定可以上诉。

　　3. 上诉必须提交书面上诉状，口头上诉无效。关于二审中当事人地位列明问题，谁上诉谁是上诉人；对谁提，谁是被上诉人；都上诉，都是上诉人，没有被上诉人；必要共同诉讼中确定诉讼地位的问题，关键看上诉人是对一审判决的什么部分有意见：（1）该上诉是对与对方当事人之间权利义务分担有意见，不涉及共同诉讼人，以对方当事人为被上诉人，未上诉的同一方按原审地位列明；（2）该上诉仅对共同诉讼人之间权利义务分担有意见，不涉及对方当事人利益的，未上诉的同一方当事人为被上诉人，对方当事人依原审地位列明；（3）该上诉对对方当事人以及共同诉讼人之间权利义务承担有意见的，未提出上诉的其他当事人为被上诉人。

　　4. 二审的审理方式：二审原则上需要开庭审理，但是经过阅卷和调查，询问当事人，对没有提出新的事实、证据或者理由，人民法院认为不需要开庭的，可以径行判决、裁定。

　　5. 二审的结果：

　　（1）裁判：①原判决、裁定认定事实清楚，适用法律正确，用判决、裁定方式驳回上诉，维持原判；

　　②原判决、裁定认定事实或者适用法律错误，用判决、裁定方式改判、撤销、变更；

③原判决认定基本事实不清，可以裁定撤销原判发回重审，也可以查清事实后依法改判；

④原判决严重违反法定程序（遗漏当事人或者违法缺席判决等），撤销原判，发回重审。

注意：原审法院对发回重审案件作出判决后，当事人上诉的，二审法院不得再次发回重审。

（2）调解：二审中可以调解，调解达成协议，应当制作调解书，调解书送达后，原判决视为撤销。

（3）和解：二审中双方当事人可以自行达成和解，达成和解协议后，可以申请二审法院制作调解书，也可以申请撤诉。注意，撤诉后，视为从未起诉，当事人可以再次起诉。

（4）撤回上诉：二审中当事人可以向二审法院申请撤回上诉，撤回上诉的法律效果是二审法院裁定准予撤回上诉之日起一审判决生效。

（5）撤回起诉：在第二审程序中，原审原告申请撤回起诉，经其他当事人同意，且不损害国家利益、社会公共利益、他人合法权益的，人民法院可以准许。准许撤诉的，应当一并裁定撤销一审裁判。二审程序中，原审原告撤回起诉的后果是，撤回起诉后重复起诉的，人民法院不予受理。

知识体系

一、上诉的提起		
主体	本案当事人——原告、被告、有独立请求权第三人、判决承担义务的无独立请求权第三人；注：委托代理人需要特别授权才能代为提起上诉。	
对象	积极	一审判决和三类裁定：不予受理、驳回起诉、管辖权异议。
	消极	以下情形一审终审： （1）最高人民法院的一审判决、裁定； （2）调解书一审终审，不能上诉； （3）一般的裁定书（除不予受理、驳回起诉、驳回管辖权异议裁定）一审终审，不得上诉； （4）特别程序、督促程序和公示催告程序所作判决一审终审，且不得申请再审； （5）小额诉讼程序所作的判决、裁定一审终审；
上诉期	判决15天，裁定10天；自送达之日起计算。	
形式	书面上诉状。	
当事人地位的列明	1. 原则：谁上诉，谁是上诉人；对谁提，谁是被上诉人；都上诉，都是上诉人，没有被上诉人。 2. 难点：必要共同诉讼如何确定上诉人、被上诉人 （1）该上诉是对与对方当事人之间权利义务分担有意见，不涉及共同诉讼人，以对方当事人为被上诉人，未上诉的同一方按原审地位列明； （2）该上诉仅对共同诉讼人之间权利义务分担有意见，不涉及对方当事人利益的，未上诉的同一方当事人为被上诉人，对方当事人依原审地位列明； （3）该上诉是对与对方当事人以及共同诉讼人之间权利义务承担都有意见的，未提出上诉的其他当事人为被上诉人。	
二、二审程序		
审判组织	由审判员组成合议庭审理。例外情况适用独任庭。	

续表

审理范围	第二审人民法院应当围绕当事人的上诉请求进行审理。（注意此处与刑事诉讼中二审全面审查原则不同） 当事人没有提出请求的，不予审理，但一审判决违反法律禁止性规定，或者损害国家利益、社会公共利益、他人合法权益的除外。
审理形式	1. 原则：开庭审理； 2. 例外：经过阅卷和调查，询问当事人，对没有提出新的事实、证据或者理由，人民法院认为不需要开庭的，可以径行判决、裁定。

三、二审结案

裁判	原判决、裁定认定事实清楚，适用法律正确。	用判决、裁定方式驳回上诉，维持原判决、裁定。
	原判决、裁定认定事实或者适用法律错误。	用判决、裁定方式改判、撤销、变更。
	原判决认定基本事实不清。	可以裁定撤销原判发回重审，也可以查清事实后依法改判。
	原判决严重违反法定程序。 （遗漏当事人或者违法缺席判决等）	撤销原判，发回重审。
	注意：1. 发回重审，原审法院适用一审程序审理，判决为一审判决，当事人可以上诉； 2. 原审法院对发回重审案件作出判决后，当事人上诉的，二审法院不得再次发回重审。	
调解	二审中可以调解，调解达成协议，应当制作调解书，调解书送达后，原判决视为撤销。	
撤回起诉	在第二审程序中，原审原告申请撤回起诉，经其他当事人同意，且不损害国家利益、社会公共利益、他人合法权益的，人民法院可以准许。准许撤诉的，应当一并裁定撤销一审裁判。	
	考点提示：原审原告在第二审程序中撤回起诉后重复起诉的，人民法院不予受理。	
撤回上诉	1. 二审判决宣告前，当事人可以申请撤回上诉，是否准许由二审法院裁定； 2. 自二审法院作出准许撤回上诉裁定起，**一审判决生效**。	

四、二审审限

1. 判决：3 个月，特殊情况经院长批准延长；
2. 裁定：30 日；
起算：二审立案之日起计算。

○考点讲解

一、上诉的提起

1. 主体：本案当事人，包括原告、被告、有独立请求权第三人、判决承担义务的无独立请求权第三人有权上诉，委托代理人需要特别授权才能代为提起上诉。

2. 对象：一审判决和三类裁定（不予受理、驳回起诉、管辖权异议）。

3. 上诉期：判决 15 天，裁定 10 天；自送达之日起计算。

未在法定上诉期间内递交上诉状的，视为未提起上诉。虽递交上诉状，但未在指定的期限内交纳上诉费的，按自动撤回上诉处理。

▶★**提　示**　行政诉讼上诉期：判决 15 天，裁定 10 天；刑事诉讼上诉期：判决 10 天，裁定 5 天；涉外案件的判决和裁定的上诉时间均为 30 日。

4. 形式：提交书面上诉状。

5. 二审当事人地位的列明

原则：谁上诉，谁是上诉人；对谁提，谁是被上诉人；都上诉，都是上诉人，没有被上诉人。

难点：必要共同诉讼如何确定上诉人、被上诉人。

（1）该上诉是对与对方当事人之间权利义务分担有意见，不涉及共同诉讼人，以对方当事人为被上诉人，未上诉的同一方按原审地位列明；

（2）该上诉仅对共同诉讼人之间权利义务分担有意见，不涉及对方当事人利益的，未上诉的同一方当事人为被上诉人，对方当事人依原审地位列明；

（3）该上诉是对与对方当事人以及共同诉讼人之间权利义务承担都有意见的，未提出上诉的其他当事人为被上诉人。

【经典真题】

（2017 年卷三 44 题）甲、乙、丙三人共同致丁身体损害，丁起诉三人要求赔偿 3 万元。一审法院经审理判决甲、乙、丙分别赔偿 2 万元、8000 元和 2000 元，三人承担连带责任。甲认为丙赔偿 2000 元的数额过低，提起上诉。关于本案二审当事人诉讼地位的确定，下列哪一选项是正确的？[1]

A. 甲为上诉人，丙为被上诉人，乙为原审被告，丁为原审原告

B. 甲为上诉人，丙、丁为被上诉人，乙为原审被告

C. 甲、乙为上诉人，丙为被上诉人，丁为原审原告

D. 甲、乙、丙为上诉人，丁为被上诉人

【解析】本题考查必要共同诉讼人部分上诉后诉讼地位的列明。根据《民诉司法解释》第 319 条的规定：必要共同诉讼人的一人或者部分人提起上诉的，按下列情形分别处理：(1) 上诉仅对与对方当事人之间权利义务分担有意见，不涉及其他共同诉讼人利益的，对方当事人为被上诉人，未上诉的同一方当事人依原审诉讼地位列明；(2) 上诉仅对共同诉讼人之间权利义务分担有意见，不涉及对方当事人利益的，未上诉的同一方当事人为被上诉人，对方当事人依原审诉讼地位列明；(3) 上诉对双方当事人之间以及共同诉讼人之间权利义务承担有意见的，未提起上诉的其他当事人均为被上诉人。本案中甲认为丙赔偿 2000 元的数额过低，提起上诉，甲是上诉人，丙是被上诉人，乙（原审被告）和丁（原审原告）按原审地位列明，正确答案为 A。

二、二审程序

1. 审判组织：二审程序一般用合议制，例外情况下适用独任制。

二审程序适用独任制的条件：

（1）仅限中级法院。

---

〔1〕　2017 年卷三 44 题答案为：A

（2）仅限两类案件：

①一审适用简易程序的案件；

②针对裁定的上诉案件。

（3）必须经双方当事人同意。

★提　示

二审合议庭必须由审判员组成，人民陪审员不能参加。

2. 审理范围：第二审人民法院应当围绕当事人的上诉请求进行审理。（注意此处与刑事诉讼中二审全面审查原则不同）

当事人没有提出请求的，不予审理，但一审判决违反法律禁止性规定，或者损害国家利益、社会公共利益、他人合法权益的除外。

注意：被上诉人在答辩中要求变更、补充一审判决内容，二审法院可不予审查。

3. 审理形式：

（1）二审以开庭审理为原则；但是经过阅卷和调查，询问当事人，对没有提出新的事实、证据或者理由，人民法院认为不需要开庭的，可以不开庭审理；

（2）开庭审理的，在审理前可以进行审理前的准备，包括召开庭前会议、组织证据交换等。

【经典真题】

（2017 年卷三 82 题）朱某诉力胜公司商品房买卖合同纠纷案，朱某要求判令被告支付违约金 5 万元；因房屋质量问题，请求被告修缮，费用由被告支付。一审法院判决被告败诉，认可了原告全部诉讼请求。力胜公司不服令其支付 5 万元违约金的判决，提起上诉。二审法院发现一审法院关于房屋有质量问题的事实认定，证据不充分。关于二审法院对本案的处理，下列哪些说法是正确的？[1]

A. 应针对上诉人不服违约金判决的请求进行审理

B. 可对房屋修缮问题在查明事实的情况下依法改判

C. 应针对上诉人上诉请求所涉及的事实认定和法律适用进行审理

D. 应全面审查一审法院对案件的事实认定和法律适用

【解析】本题考查二审审理范围。根据《民事诉讼法》第 175 条的规定，第二审人民法院应当对上诉请求的有关事实和适用法律进行审查。而《民诉司法解释》第 323 条进一步规定，第二审人民法院应当围绕当事人的上诉请求进行审理。当事人没有提出请求的，不予审理，但一审判决违反法律禁止性规定，或者损害国家利益、社会公共利益、他人合法权益的除外。正确答案为 AC。

三、二审的结案

1. 二审的裁判

（1）原判决、裁定认定事实清楚，适用法律正确，用判决、裁定方式驳回上诉，维持原判；

---

[1]　2017 年卷三 82 题答案为：AC

（2）原判决、裁定认定事实或者适用法律错误，用判决、裁定方式改判、撤销、变更；

（3）原判决认定基本事实不清，可以裁定撤销原判发回重审，也可以查清事实后依法改判；

（4）原判决严重违反法定程序（遗漏当事人或者违法缺席判决等），撤销原判，发回重审。

★提　示

①发回重审，原审法院适用一审程序审理，判决为一审判决，当事人可以上诉；

②原审法院对发回重审案件作出判决后，当事人上诉的，二审法院不得再次发回重审。

【经典真题】

（2014年卷三47题）甲诉乙人身损害赔偿一案，一审法院根据甲的申请，冻结了乙的银行账户，并由李法官独任审理。后甲胜诉，乙提出上诉。二审法院认为一审事实不清，裁定撤销原判，发回重审。关于重审，下列哪一表述是正确的？[1]

A. 由于原判决已被撤销，一审中的审判行为无效，保全措施也应解除

B. 由于原判决已被撤销，一审中的诉讼行为无效，法院必须重新指定举证时限

C. 重审时不能再适用简易程序，应组成合议庭，李法官可作为合议庭成员参加重审

D. 若重审法院判决甲胜诉，乙再次上诉，二审法院认为重审认定的事实依然错误，则只能在查清事实后改判

【解析】本题考查二审中的发回重审。二审中的发回重审可以适用于二审法院认为一审程序错误或者一审认定基本事实不清两种情况。撤销原判发回重审即是将一审判决撤销之后，由一审法院适用一审程序对案件进行重新审理。A选项中保全措施采取后，应当持续于整个诉讼过程中，虽然一审判决被撤销，但案件仍处于诉讼过程中，保全措施并不能当然地解除，表述错误。B选项中，发回重审的案件，一审法院在重新审理时可以根据案件情况，酌情确定举证期限，可见发回重审的案件，原来的举证行为依然有效，只是法院可以酌情确定举证期限，让当事人补充新的证据或者保障未行使举证权的当事人行使举证权，表述错误。C选项中，对于发回重审的案件，应当由原审法院另行组成合议庭审理，可见重审时必须适用普通程序而不能适用简易程序，表述的前半段正确，但是重审时应当另行组成合议庭，李法官是原审独任审判员，不能参加重审合议庭，表述错误。D选项中，根据修正后的《民事诉讼法》第177条规定，原审法院对于发回重审的案件作出判决后，当事人再次提出上诉的，二审法院不得再次发回重审，可知D选项正确。新《民事诉讼法》之所以如此规定，是为了防止二审法院通过反复发回重审的方式规避责任，而导致案件久拖不决，增加当事人的诉讼负担。

2. 二审的调解：二审中可以调解，调解达成协议，应当制作调解书，调解书签收后，原判决视为撤销。

★提　示

①二审达成调解协议后必须制作调解书，因为该调解书的效力不仅仅在于解决纠纷，还在于明确一审判决的效力，即一审判决视为撤销。

②既然二审调解书有当然撤销一审判决的功能，所以在二审调解书中不能有"撤销原

---

〔1〕 2014年卷三47题答案为：D

判"等表述。

★3. 撤回起诉：在第二审程序中，原审原告申请撤回起诉，经其他当事人同意，且不损害国家利益、社会公共利益、他人合法权益的，人民法院可以准许。准许撤诉的，应当一并裁定撤销一审裁判。

原审原告在第二审程序中撤回起诉后重复起诉的，人民法院不予受理。

【★提 示】 在一审、二审、再审中均能撤回起诉，但是一审中撤回起诉后案件尚未得到实体处理，可以再次起诉；而二审、再审中撤回起诉后，原告不能再次起诉。

★4. 上诉的撤回：二审判决宣告前，当事人可以申请撤回上诉，是否准许由二审法院裁定；二审法院经审查认为一审判决确有错误，或者双方当事人串通损害国家利益、社会公共利益及他人合法权益的，不应准许；自二审法院裁定准许撤回上诉之日起，一审判决生效。

【★提 示】 撤回上诉的法律效力：

（1）在上诉期内上诉人撤回上诉后，不得再次上诉；但判决是否生效取决于其他当事人在上诉期内是否上诉。

（2）在上诉期内，所有有权上诉的当事人均提起上诉后，又均撤回上诉，法院裁定准许最后一个当事人撤回上诉时，一审裁判生效。

（3）在二审审理过程中，上诉人撤回上诉，法院裁定准许后，一审裁判即生效。

★5. 二审中的和解

二审中和解达成和解协议的：申请制作调解书或申请撤诉。

申请法院根据和解协议制作调解书，调解书送达签收后生效，原审判决视为撤销。

二审中达成和解协议后，如果申请撤诉的，要区别具体情形：

（1）上诉人是原审原告时：既可以是撤回上诉，也可以是撤回起诉。这时需要注意撤回上诉和撤回起诉的区分。撤回上诉，一审判决生效；撤回起诉，一审判决被撤销，但撤回起诉后又重复起诉的，法院不予受理。

（2）上诉人是原审被告时：只能撤回上诉。

（3）被上诉人是原审原告：只能撤回起诉。

★ 考点归纳

区别项	撤回上诉	撤回起诉
申请主体	上诉人	原审（一审）原告
审查条件	认为一审判决确有错误，或者当事人之间恶意串通损害国家利益、社会公共利益、他人合法权益的，不应准许。	经其他当事人同意，且不损害国家利益、社会公共利益、他人合法权益的，人民法院可以准许。
法律效力	（1）在上诉期内上诉人撤回上诉后，不得再次上诉；但判决是否生效需取决于其他当事人在上诉期内是否上诉。 （2）在上诉期内，所有有权上诉的当事人均提起上诉后，均撤回上诉，法院裁定准许最后一个当事人撤回上诉时，一审裁判生效。 （3）在二审审理过程中，判决宣告前，上诉人撤回上诉，法院裁定准许后，一审判决即生效。	裁定撤回起诉，同时撤销一审判决。 不得再次起诉（重复起诉）。

【经典真题】

例1（2017年卷三45题）张某诉新立公司买卖合同纠纷案，新立公司不服一审判决提起上诉。二审中，新立公司与张某达成协议，双方同意撤回起诉和上诉。关于本案，下列哪一选项是正确的?[1]

A. 起诉应在一审中撤回，二审中撤回起诉的，法院不应准许

B. 因双方达成合意撤回起诉和上诉的，法院可准许张某二审中撤回起诉

C. 二审法院应裁定撤销一审判决并发回重审，一审法院重审时准许张某撤回起诉

D. 二审法院可裁定新立公司撤回上诉，而不许张某撤回起诉

【解析】本题考查二审中撤回起诉与撤回上诉的处理。我国《民事诉讼法》及其司法解释允许二审中撤回起诉和撤回上诉，如果二审中双方达成合意撤回起诉和上诉的，由于撤回起诉更为彻底，所以此时法院应当准许二审中撤回起诉。正确答案为B。

例2（2017年卷三46题）石山公司起诉建安公司请求返还86万元借款及支付5万元利息，一审判决石山公司胜诉，建安公司不服提起上诉。二审中，双方达成和解协议：石山公司放弃5万元利息主张，建安公司在撤回上诉后15日内一次性付清86万元本金。建安公司向二审法院申请撤回上诉后，并未履行还款义务。关于石山公司的做法，下列哪一表述是正确的?[2]

A. 可依和解协议申请强制执行

B. 可依一审判决申请强制执行

C. 可依和解协议另行起诉

D. 可依和解协议申请司法确认

【解析】本题考查二审和解撤回上诉后的效力。在二审中达成和解协议后选择撤回上诉，其法律后果是一审判决发生法律效力。因此，对于生效判决的权利人石山公司来讲，其可以申请强制执行一审判决，因此正确答案为B。

★考点归纳——两审终审的贯彻，在法律职业资格考试中，有若干情形，为了保证当事人的上诉权，只能调解，调解不成么么撤销原判发回重审，要么告知另行起诉，知识点比较零散，笔者总结如下：

1. 对当事人在第一审程序中已经提出的诉讼请求，原审人民法院未作审理、判决的，第二审人民法院可以根据当事人自愿的原则进行调解；调解不成的，发回重审。

2. 必须参加诉讼的当事人或者有独立请求权的第三人，在第一审程序中未参加诉讼，第二审人民法院可以根据当事人自愿的原则予以调解；调解不成的，发回重审。

3. 在第二审程序中，原审原告增加独立的诉讼请求或者原审被告提出反诉的，第二审人民法院可以根据当事人自愿的原则就新增加的诉讼请求或者反诉进行调解；调解不成的，告知当事人另行起诉。

双方当事人同意由第二审人民法院一并审理的，第二审人民法院可以一并裁判。

4. 一审判决不准离婚的案件，上诉后，第二审人民法院认为应当判决离婚的，可以根据当事人自愿的原则，与子女抚养、财产问题一并调解；调解不成的，发回重审。

---

〔1〕 2017年卷三45题答案为：B

〔2〕 2017年卷三46题答案为：B

双方当事人同意由第二审人民法院一并审理的，第二审人民法院可以一并裁判。

综上所述，总结如下表所示：

当事人在一审中已提出的诉讼请求，原审人民法院未作审理、判决。	调解不成，发回重审。	
必须参加诉讼的当事人或者有独三在一审中没有参加诉讼。	调解不成，发回重审。	
一审判决不准离婚，二审法院认为应当判决离婚的，对财产分割和子女抚养问题。	调解不成，发回重审。	此两种情形中，如果当事人同意二审法院一并审理的，可以由二审法院一并审理。
原告新增独立的诉讼请求或者被告提出反诉的。	调解不成，告知另诉。	

第十四专题
审判监督程序

本专题属于高频考查章节，但考点比较集中，考生主要掌握以下内容：（1）法院基于审判监督权提起再审的具体程序以及再审、提审与重审在其主体、适用具体程序以及文书效力方面的区别。（2）人民检察院抗诉的抗诉主体与抗诉的法定情形；检察建议的主体与适用范围；人民检察院检察监督与当事人申请再审的关系。（3）当事人申请再审的法定期间、法定情形、法定管辖与案件范围。（4）遗漏的必要共同诉讼人申请再审的条件以及人民法院的处理。（5）法院对再审案件审理时的具体程序规定，例如不同主体引起再审程序后的审理法院，再审审理范围，再审程序中特殊的规定。

【本专题复习建议】

审判监督程序即再审程序，是指对已经生效的判决、裁定、调解书，认为确有错误，对案件再行审理的程序，这是与二审的本质区别，因为二审的对象是尚未生效的判决、裁定。理解再审程序一定要注意理解再审程序实际上包括两个程序，其一为再审的启动程序，主要解决原生效裁判是否确有错误，是否需要进行再审；如果原生效判决可能确有错误，则作出再审的裁定，本案进入重新审理阶段；其二为重新审理程序，主要是启动再审后对案件进行重新审理，而再审没有独立的审理程序，适用原来的一审或二审程序进行审理，经过审理程序后，维持原判决的效力，或者撤销原判决作出新的判决。

（一）在再审启动程序中，注意各主体启动再审的方式

1. 法院启动再审，包括生效裁判作出法院院长提交审委会讨论决定对本院作出的生效裁判启动再审。上级法院发现下级法院的生效裁判可能确有错误，可以对该案启动再审。

2. 检察院启动再审，上级检察院发现下级法院生效裁判存在法定情形，可以向（自己的）同级法院提起抗诉；如果是地方各级人民检察院发现自己的同级法院生效裁判存在法定情形，可以提请上级检察院向（该上级检察院的同级）法院提起抗诉，当然也可以直接向同级人民法院提出检察建议，并报上级检察院备案。当然，最高检认为最高法的生效裁判存在法定情形，可以直接向最高法提出抗诉。对于检察院的抗诉，接受抗诉的法院应当在30日内裁定再审。

3. 当事人向法院申请再审，当事人认为生效裁判存在法定情形，可以自裁判生效之日起6个月内申请再审〔有以下情形：（1）有新证据，足以推翻原判决、裁定；（2）原判决、裁定认定事实主要证据是伪造的；（3）据以作出原判决、裁定的法律文书被撤销或者

变更的；（4）审判人员审理该案时有贪污受贿，徇私舞弊，枉法裁判行为的；该 6 个月从知道或者应当知道之日起算]。当事人申请再审，应当向作出生效裁判的上一级人民法院提出，但是如果双方当事人都是公民或者一方当事人人数众多，则为了方便当事人申请再审，当事人可以向作出生效裁判的法院提出申请。当事人申请再审，不停止原生效法律文书的执行。

4. 当事人向检察院申请检察建议或者抗诉。以下三种情形中，当事人可以向人民检察院申请检察建议或者抗诉：（1）法院驳回当事人再审申请的；（2）法院逾期未对再审申请作出裁定的；（3）再审判决、裁定有明显错误的。对于当事人的申请，人民检察院应当在三个月内作出是否提出检察建议或者抗诉的决定，当事人不得再次向人民检察院申请检察建议或者抗诉。

（二）在再审程序中，注意的问题是

1. 再审案件的法院

（1）法院启动的再审。上级法院启动的再审，可以自己提审，也可以指令原审法院或者其他下级法院重新审理。如果生效裁判作出法院启动的再审，应当由自己重新审理。

（2）检察院抗诉启动的再审，原则上由接受抗诉的法院重新审理（提审），但如果是因为证据问题，检察院抗诉的，接受抗诉的法院可以指令下级法院重新审理，但是如果该案经过该下级法院重新审理过的除外。

（3）当事人申请再审而裁定再审的案件由中级以上法院审理；但当事人依法选择向基层法院申请再审的除外；当事人向最高院、高院申请而裁定再审的案件，由本院提审或者交由其他法院再审，也可以交由原审法院再审。（此处情形比较复杂，详见讲义卷中"考点例解"）

2. 再审的程序

再审没有独立的审理程序，只是适用原来的一审或者二审程序进行重新审理。原生效裁判是一审作出的，适用一审程序重新审理，原生效裁判是二审作出或者现在是上级法院提审的，适用二审程序重新审理。

3. 法院裁定再审后，应当裁定中止原判决、裁定、调解书的执行；但是追索赡养费、扶养费、抚养费、抚恤金、医疗费用、劳动报酬等案件，可以不中止执行；注意，此处说明在再审的审理过程中，原生效裁判的效力是中止的，而不能予以撤销，只有在经过重新审理后作出新的判决时，才能确定原生效裁判是否确有错误而明确予以维持或者撤销。

4. 再审的范围限于原审范围，当事人增加变更诉讼请求，提起反诉等不属于再审的范围。

5. 再审的结案。按照审判监督程序决定再审或者提审的案件，由再审或者提审的法院在作出新的判决、裁定中确定是否撤销、改变或者维持原判决、裁定；达成调解协议的，应当制作调解书，调解书送达后，原判决、裁定视为撤销；在再审中，原审原告可以撤回起诉，但再审中撤回起诉后，当事人不能再次起诉。

考点一　审判监督程序概述

知识体系

再审的对象：**已经生效**的判决、裁定、调解书。	
判决	例外： 1. 特别程序、非讼程序不适用再审； 2. 再审判决，当事人不得申请再审； 3. 判决解除婚姻关系的判决书和裁定书，不得申请再审。 注意：当事人就离婚案件的财产分割问题申请再审： A. 如果涉及判决中已经分割的财产，审查符合再审条件的立案再审； B. 如果涉及判决书中未作处理的夫妻共同财产，告知当事人另行起诉。
裁定	不予受理和驳回起诉的裁定可以再审。
调解书	符合法定情形可以再审： （1）法院启动再审——调解书确有错误； （2）当事人申请再审——调解书违背自愿或者合法原则； （3）检察院抗诉或者提出检察建议——调解书违背国家利益、社会公共利益。

考点讲解

一、再审概述

审判监督程序即再审程序，是指对已经生效的判决、裁定、调解书，认为确有错误，对案件再行审理的程序。理解再审程序一定要注意理解再审程序实际上包括两个程序，其一为再审的启动程序，主要解决原生效裁判是否确有错误，是否需要进行再审；其二为再审的审理程序，主要是启动再审后适用一审或者二审程序对案件进行重新审理。这是理解审判监督程序的基础！很多考生之所以在再审程序的学习中存在巨大障碍，原因即是将这两个程序混为一谈，故为了帮助考生真正厘清再审程序，本专题将打破传统教科书中编写体例，按照再审的启动程序和再审的审理程序进行讲述。故本专题与传统教科书的体例不同，但笔者认为对于考生理解再审程序是有裨益的。

二、再审的对象：已经生效的判决、裁定、调解书

1. 判决，注意以下例外规定：

（1）特别程序、非讼程序的判决不适用再审；

（2）判决解除婚姻关系的案件，不得申请再审；

（3）再审判决，当事人不得申请再审，如果认为再审判决确有错误的，可以申请检察监督。

理解：再审判决当事人不得申请再审，但是人民法院可以依职权对再审判决进行再审；人民检察院也可以依据当事人的申请对再审判决提出抗诉，从而引起再审。

2. 裁定，不予受理和驳回起诉的裁定可以再审。

3. 调解书，符合法定情形可以再审：

（1）法院启动再审——调解书确有错误；

（2）当事人申请再审——调解书违背自愿或者合法原则；

（3）检察院抗诉或者提出检察建议——调解书违背国家、社会公共利益。

考点二　再审的启动

知识体系

法院启动再审		1. 各级法院院长认为本院已生效的判决、裁定和调解书确有错误，需要再审的，提交审判委员会讨论决定； 2. 最高法院对各级法院，上级法院对下级法院已经生效的判决、裁定、调解书认为确有错误，有权提审或者指令下级法院再审。
当事人申请再审	法定情形	同检察院抗诉的法定情形；或者调解书违背自愿或合法原则的。
	申请再审的法定期间	1. 判决、裁定生效后6个月内； 2. 起算：原则上从判决裁定生效之日起算； 但有以下情形：①有新证据，足以推翻原判决、裁定；②原判决、裁定认定事实主要证据是伪造的；③据以作出原判决、裁定的法律文书被撤销或者变更的；④审判人员审理该案有贪污受贿，徇私舞弊，枉法裁判行为的；从知道或者应当知道之日起算。 注意：此处6个月为不变期间。（不适用中止、中断、延长的规定）
当事人申请再审	申请程序	1. 原则上可以向上一级法院申请再审； 2. 两种情形（①当事人一方人数众多或②双方都是公民的案件）当事人可以向上一级法院申请再审，也可以向原审法院申请再审；在这两种情形下，一方当事人向上一级法院申请再审，另一方当事人向原审法院申请再审，无法协商一致的，由原审法院受理。
	申请的效力	申请再审不停止原判决、裁定执行。
	再审申请的审查与处理	法院在收到再审申请书之日起三个月内审查，特殊情况，院长批准延长； 1. 符合法定情形——裁定再审； 2. 不符合法定情形——裁定驳回申请。

续表

检察院启动再审	方式		抗诉和检察建议。
	启动程序		1. 最高检对各级法院，上级检察院对下级法院已经生效的判决、裁定，发现有法定情形或者调解书损害国家利益或社会公共利益的应当提出抗诉； 2. 地方各级检察院发现同级法院生效判决、裁定有法定情形之一，或者调解书违背国家利益或社会公共利益的可以向同级法院提出检察建议，并报上级检察院备案，或者提请上级检察院向同级法院提起抗诉。
	法定情形		（1）有新证据，足以推翻原判决、裁定； （2）原判决、裁定认定基本事实缺乏证据证明的； （3）原判决、裁定认定事实主要证据是伪造的； （4）原判决、裁定认定事实的主要证据未经质证的； （5）对审理案件需要的主要证据，当事人因客观原因不能自行收集，书面申请人民法院调查收集，人民法院未调查收集的； （6）原判决、裁定适用法律确有错误的； （7）审判组织组成不合法或者依法应当回避的审判人员没有回避的； （8）无诉讼行为能力人未经法定代理人代为诉讼或者应当参加诉讼的当事人因不能归责于本人或者其诉讼代理人的事由未参加诉讼的； （9）违反法律规定，剥夺当事人辩论权利的； （10）未经传票传唤，缺席判决的； （11）原判决、裁定遗漏或者超出诉讼请求的； （12）据以作出原判决、裁定的法律文书被撤销或者变更的； （13）审判人员审理该案有贪污受贿，徇私舞弊，枉法裁判行为的。 **考点提示**：根据 2012 年修正案，管辖错误不再是申请再审的法定理由。
	抗诉的效果		接受抗诉的法院应当在收到抗诉书之日起 30 日内作出再审裁定。 **考点提示**：对于检察院的抗诉，接受抗诉的法院应当在 30 日内直接作出再审裁定，而不能对检察院的抗诉进行审查。
	前置程序：当事人申请检察建议或抗诉	情形	1. 法院驳回当事人再审申请的； 2. 法院逾期未对再审申请作出裁定的； 3. 再审判决、裁定有明显错误的。
		审查与处理	检察院 3 个月内审查，作出提出或者不予提出检察建议或抗诉的决定；当事人不得再次向检察院申请检察建议或抗诉。

○ 考点讲解

一、人民法院启动再审程序

1. 本院启动再审：各级法院院长认为本院已生效的判决书、裁定书和调解书确有错误，需要再审的，提交审判委员会讨论决定；

2. 上级法院启动再审：最高法院对各级法院，上级法院对下级法院已经生效的判决、裁定、调解书认为确有错误，有权提审或者指令下级法院再审。

二、当事人申请再审

（一）申请再审的条件

1. 申请再审的主体：有权申请再审的只能是当事人及其法定代理人。

【注意】当事人的变更。根据《民诉司法解释》第375条的规定，当事人死亡或者终止的，其权利义务承继者可以根据民事诉讼法第206条、第208条的规定申请再审。

判决、调解书生效后，当事人将判决、调解书确认的债权转让，债权受让人对该判决、调解书不服申请再审的，人民法院不予受理。

2. 申请再审的对象：确有错误的生效判决与裁定，以及违反自愿原则或者内容违法的调解书。

【注意】

（1）不予受理和驳回起诉的裁定，当事人可以申请再审。

（2）不能申请再审的裁判：

A. 对已经发生法律效力的解除婚姻关系的判决、调解书，不得申请再审。但是，这里需要注意的是，不能申请再审的仅仅是解除婚姻关系判决、调解书中的身份部分，因为离婚判决、调解书生效后，任何一方当事人有权再婚；而对于财产分割关系则应具体问题具体对待，即对解除婚姻关系判决、调解书中已涉及的财产分割问题，完全可以申请再审；对解除婚姻关系判决、调解书中未涉及的财产分割问题，则应告知当事人另行起诉。（《民诉司法解释》第382条）

B. 按照特别程序、督促程序、公示催告程序、破产程序等非讼程序审理的案件不能申请再审。（《民诉司法解释》第380条）

C. 再审判决、裁定不得申请再审，但可以申请人民检察院进行检察监督。

3. 管辖法院

根据《民事诉讼法》第206条的规定，当事人可以向上一级人民法院申请再审；当事人一方人数众多或者当事人双方为公民的案件，也可以向原审人民法院申请再审。

根据《民诉司法解释》第379条的规定，当事人一方人数众多或者当事人双方为公民的案件，当事人分别向原审人民法院和上一级人民法院申请再审且不能协商一致的，由原审人民法院受理。

4. 申请再审的法定事由

对于判决、裁定当事人申请再审的法定事由：

（1）有新的证据，足以推翻原判决、裁定的。

根据《民诉司法解释》第387条的规定，再审申请人提供的新的证据，能够证明原判决、裁定认定基本事实或者裁判结果错误的，应当认定为《民事诉讼法》第207条第1项规定的情形。对于符合前款规定的证据，人民法院应当责令再审申请人说明其逾期提供该证据的理由；拒不说明理由或者理由不成立的，依照《民事诉讼法》第68条第2款和本解释第102条的规定处理。

根据《民诉司法解释》第388条的规定，再审申请人证明其提交的新的证据符合下列情形之一的，可以认定逾期提供证据的理由成立：①在原审庭审结束前已经存在，因客观原因于庭审结束后才发现的；②在原审庭审结束前已经发现，但因客观原因无法取得或者在规定的期限内不能提供的；③在原审庭审结束后形成，无法据此另行提起诉讼的。再审申请人提交的证据在原审中已经提供，原审人民法院未组织质证且未作为裁判根据的，视为逾期提供证据的理由成立，但原审人民法院依照《民事诉讼法》第68条规定不予采纳的除外。

（2）原判决、裁定认定的基本事实缺乏证据证明的。

（3）原判决、裁定认定事实的主要证据是伪造的。

（4）原判决、裁定认定事实的主要证据未经质证的。

根据《民诉司法解释》第389条的规定，当事人对原判决、裁定认定事实的主要证据在原审中拒绝发表质证意见或者质证中未对证据发表质证意见的，不属于《民事诉讼法》第207条第4项规定的未经质证的情形。

（5）对审理案件需要的主要证据，当事人因客观原因不能自行收集，书面申请人民法院调查收集，人民法院未调查收集的。

（6）原判决、裁定适用法律确有错误的。

根据《民诉司法解释》第390条规定，有下列情形之一，导致判决、裁定结果错误的，应当认定为《民事诉讼法》第207条第6项规定的原判决、裁定适用法律确有错误：①适用的法律与案件性质明显不符的；②确定民事责任明显违背当事人约定或者法律规定的；③适用已经失效或者尚未施行的法律的；④违反法律溯及力规定的；⑤违反法律适用规则的；⑥明显违背立法原意的。

（7）审判组织的组成不合法或者依法应当回避的审判人员没有回避的。

（8）无诉讼行为能力人未经法定代理人代为诉讼或者应当参加诉讼的当事人，因不能归责于本人或者其诉讼代理人的事由，未参加诉讼的。

（9）违反法律规定，剥夺当事人辩论权利的。

根据《民诉司法解释》第391条的规定，原审开庭过程中有下列情形之一的，应当认定为《民事诉讼法》第207条第9项规定的剥夺当事人辩论权利：①不允许当事人发表辩论意见的；②应当开庭审理而未开庭审理的；③违反法律规定送达起诉状副本或者上诉状副本，致使当事人无法行使辩论权利的；④违法剥夺当事人辩论权利的其他情形。

（10）未经传票传唤，缺席判决的。

（11）原判决、裁定遗漏或者超出诉讼请求的。

根据《民诉司法解释》第392条规定，《民事诉讼法》第207条第11项规定的诉讼请求，包括一审诉讼请求、二审上诉请求，但当事人未对一审判决、裁定遗漏或者超出诉讼请求提起上诉的除外。

（12）据以作出原判决、裁定的法律文书被撤销或者变更的。

根据《审判监督程序解释》第10条的规定，原判决、裁定对基本事实和案件性质的认定系根据其他法律文书作出，而上述其他法律文书被撤销或变更的，人民法院可以认定为该项规定的情形。

根据《民诉司法解释》第393条的规定，《民事诉讼法》第207条第12项规定的法律文书包括：①发生法律效力的判决书、裁定书、调解书；②发生法律效力的仲裁裁决书；③具有强制执行效力的公证债权文书。

（13）审判人员审理该案件时有贪污受贿，徇私舞弊，枉法裁判行为的。

根据《民诉司法解释》第394条规定，审判人员审理该案件时有贪污受贿、徇私舞弊、枉法裁判行为，是指已经由生效刑事法律文书或者纪律处分决定所确认的行为。

对于调解书，申请再审的事由是调解书违反自愿原则、内容违法。

5. 申请再审的期限（《民事诉讼法》第 212 条）

当事人申请再审，应当在判决、裁定、调解书发生法律效力后 6 个月内提出；

下列情形，自知道或者应当知道之日起 6 个月内提出：（1）有新的证据，足以推翻原判决、裁定的；（2）原判决、裁定认定事实的主要证据是伪造的；（3）据以作出原判决、裁定的法律文书被撤销或者变更的；（4）审判人员审理该案件时有贪污受贿，徇私舞弊，枉法裁判行为的。

注意：当事人申请再审的期间为不变期间，不适用中止、中断和延长的规定。

6. 提交再审申请书、生效裁判、身份证明、相关证据材料。

（二）受理再审申请

1. 对当事人申请再审的法定条件进行形式审查，符合形式条件的，应当受理；

人民法院应当自收到符合条件的再审申请书等材料之日起五日内向再审申请人发送受理通知书，并向被申请人及原审其他当事人发送应诉通知书、再审申请书副本等材料。（《民诉司法解释》第 385 条）

2. 当事人申请再审，有下列情形之一的，人民法院不予受理：

（1）再审申请被驳回后再次提出申请的；

（2）对再审判决、裁定提出申请的；

（3）在人民检察院对当事人的申请作出不予提出再审检察建议或者抗诉决定后又提出申请的。

（三）对再审申请的审查

1. 审查期限：人民法院应当自收到再审申请书之日起 3 个月内进行审查。有特殊情况需要延长的，由本院院长批准。

2. 审查组织：人民法院受理再审申请后，应当组成合议庭予以审查。（《审判监督程序解释》第 7 条）

3. 审查内容：人民法院受理申请再审案件后，应当依照民事诉讼法第 207 条、第 208 条、第 211 条等规定，对当事人主张的再审事由进行审查。（《民诉司法解释》第 386 条）

4. 审查方式：

（1）迳行裁定

根据《审判监督程序解释》第 11 条的规定，人民法院认为申请再审事由成立的，应当迳行裁定再审。

当事人申请再审超过《民事诉讼法》第 212 条规定的期限，或者超出民事诉讼法第 207 条所列明的再审事由范围的，人民法院应当裁定驳回再审申请。

（2）调卷审查

根据《审判监督程序解释》第 12 条的规定，人民法院认为仅审查再审申请书等材料难以作出裁定的，应当调阅原审卷宗予以审查。

（3）询问当事人

根据《民诉司法解释》第 397 条的规定，人民法院根据审查案件的需要决定是否询问当事人。新的证据可能推翻原判决、裁定的，人民法院应当询问当事人。

5. 审查程序中特殊情形的处理：

（1）审查再审申请期间，被申请人及原审其他当事人依法提出再审申请的，人民法院应当将其列为再审申请人，对其再审事由一并审查，审查期限重新计算。经审查，其中一方再审申请人主张的再审事由成立的，应当裁定再审。各方再审申请人主张的再审事由均不成立的，一并裁定驳回再审申请。(《民诉司法解释》第398条)

（2）审查再审申请期间，再审申请人申请人民法院委托鉴定、勘验的，人民法院不予准许。(《民诉司法解释》第399条)

（3）审查再审申请期间，再审申请人撤回再审申请的，是否准许，由人民法院裁定。

再审申请人经传票传唤，无正当理由拒不接受询问的，可以按撤回再审申请处理。(《民诉司法解释》第400条)

人民法院准许撤回再审申请或者按撤回再审申请处理后，再审申请人再次申请再审的，不予受理，但有《民事诉讼法》第207条第1项、第3项、第12项、第13项规定情形，自知道或者应当知道之日起6个月内提出的除外。(《民诉司法解释》第401条)

（4）终结审查(《民诉司法解释》第402条)

再审申请审查期间，有下列情形之一的，裁定终结审查：①再审申请人死亡或者终止，无权利义务承继者或者权利义务承继者声明放弃再审申请的；②在给付之诉中，负有给付义务的被申请人死亡或者终止，无可供执行的财产，也没有应当承担义务的人的；③当事人达成和解协议且已履行完毕的，但当事人在和解协议中声明不放弃申请再审权利的除外；④他人未经授权以当事人名义申请再审的；⑤原审或者上一级人民法院已经裁定再审的。⑥有本解释第383条第1款规定情形的。

（5）人民法院审查再审申请期间，人民检察院对该案提出抗诉的，人民法院应依照民事诉讼法第218条的规定裁定再审。申请再审人提出的具体再审请求应纳入审理范围。(《审判监督程序解释》第17条)

6. 审查结果(《民诉司法解释》第395条)

裁定再审：审查认为申请再审事由成立的；

裁定驳回再审申请：申请再审事由不成立，或者当事人申请再审超过法定申请再审期限、超出法定再审事由范围等不符合民事诉讼法和本解释规定的申请再审条件的。

【注意】驳回再审申请的裁定一经送达，即发生法律效力。

三、检察院启动再审

（一）法定情形

1. 判决、裁定与当事人申请再审的法定情形相同；

2. 调解书损害国家利益或社会公共利益的。

（二）启动方式：抗诉和检察建议

A. 最高检对各级法院，上级检察院对下级法院已经发生效力的判决、裁定、调解书有法定情形应当（向同级法院）提出抗诉；

B. 地方各级检察院发现同级法院已经生效判决、裁定有法定情形之一，或者调解书损害国家利益或违背社会公共利益的可以向同级法院提出检察建议，并报上级检察院备案，或者提请上级检察院向同级法院提起抗诉。

注意：只有抗诉可以直接启动再审程序；而检察建议，并不直接引起再审程序，只有人民法院认为其正确，通过法院审判监督权而启动再审程序。

（三）检察院抗诉的效果

接受抗诉的法院应当在收到抗诉书之日起30日内作出再审裁定。

★提 示 对于检察院抗诉的案件，接受抗诉的法院应当在 30 日直接作出再审的裁定，不能对检察院的抗诉进行审查，也不能作出不再审的裁定。

（四）当事人申请检察院提出检察建议或抗诉

1. 法定情形：

（1）法院驳回当事人再审申请的；

（2）法院逾期未对再审申请作出裁定的；

（3）再审判决、裁定有明显错误的。

2. 审查与处理：

（1）检察院对该申请应当在 3 个月内审查，作出提出或者不予提出检察建议或抗诉的决定；

（2）当事人不得再次向检察院申请检察建议或抗诉。

★提 示

（1）检察院作出不予提出检察建议或者抗诉决定后当事人不得向检察院申请检察建议或者抗诉，同时，根据当事人申请再审部分的讲述，在此种情形下，当事人也不得再向法院申请再审，说明检察院作出的不予提出检察建议或者抗诉的决定具有终局性。

（2）人民检察院除对损害国家利益、社会公共利益的发生法律效力的判决、裁定、调解书可以依职权提出抗诉外，其他情形应当依据当事人的申请而提出。

3. 抗诉和检察建议的区别

（1）适用的检察院不同，前者由最高人民检察院和上级人民检察院行使，即生效裁判作出的人民法院的上一级人民检察院行使，最高人民法院作出的生效裁判除外；后者由与生效裁判作出的人民法院的同级人民检察院行使。

（2）适用的范围不同，前者适用于具备法定事由的判决、裁定、调解书；后者不仅适用于具备法定事由的判决、裁定、调解书，还适用于对审判监督程序以外的其他审判程序中审判人员的违法行为。

（3）法律后果不同，前者必然引起再审程序，后者不必然引起再审程序。

四、案外人启动再审程序

（一）被遗漏的必要共同诉讼人申请再审（《民诉司法解释》第 422 条）

必须共同进行诉讼的当事人因不能归责于本人或者其诉讼代理人的事由未参加诉讼的，可以根据民事诉讼法第 207 条第 8 项规定（无诉讼行为能力人未经法定代理人代为诉讼或者应当参加诉讼的当事人，因不能归责于本人或者其诉讼代理人的事由，未参加诉讼的），自知道或者应当知道之日起 6 个月内申请再审，但符合本解释第 423 条规定情形的除外。

人民法院因前款规定的当事人申请而裁定再审，按照第一审程序再审的，应当追加其为当事人，作出新的判决、裁定；按照第二审程序再审，经调解不能达成协议的，应当撤销原判决、裁定，发回重审，重审时应追加其为当事人。

（二）执行中案外人申请再审（《民诉司法解释》第 423 条、第 424 条）

根据民事诉讼法第 234 条规定，案外人对驳回其执行异议的裁定不服，认为原判决、裁定、调解书内容错误损害其民事权益的，可以自执行异议裁定送达之日起 6 个月内，向作出原判决、裁定、调解书的人民法院申请再审。

根据民事诉讼法第 234 条规定，人民法院裁定再审后，案外人属于必要的共同诉讼当事人的，依照本解释第 422 条第 2 款规定处理。案外人不是必要的共同诉讼当事人的，人民法院仅审理原判决、裁定、调解书对其民事权益造成损害的内容。经审理，再审请求成立的，撤销或者改变原判决、裁定、调解书；再审请求不成立的，维持原判决、裁定、调解书。

▶ ★提 示《民诉司法解释》根据是否进入了执行程序将案外人划分为两类：第一类进入执行程序前的案外人，仅限于被遗漏的必要共同诉讼人。该案外人可以直接申请启动再审程序；第二类是执行程序中的案外人，包括了被遗漏的必要共同诉讼人和对执行标的主张实体权利的人。执行程序中案外人申请再审的前置程序是提出执行异议，且该执行异议与生效裁判有关。

考点三　再审的审理程序

📖 知识体系

审理法院	法院决定再审的案件	本院启动	本院再审。		
		上级法院启动	本院提审或者指令下级法院再审。		
	检察院抗诉的案件	A. 由接受抗诉的法院审理； B. 有法定情形（1）～（5）（即证据问题）可以交下级法院审理，但是经该下级法院再审的除外。			
	当事人申请的再审	A. 因当事人申请而裁定再审的案件由中级以上法院审理，但当事人依法选择向基层法院申请再审的除外； B. 最高院、高院裁定再审的案件，由本院再审或者交由其他法院再审，也可以交由原审法院再审。		
		生效裁判作出法院	申请再审的法院	再审该案的法院	
		基层法院	中级法院	该中院	
			＊该基层法院	该基层法院	
		中级法院	高级法院	该高院、该中院（原审法院）或者其他中院	
			＊该中级法院	该中级法院	
		高级法院	最高法院	最高院、该高院（原审法院）或者其他高院	
			＊该高院	该高院	
		最高院	最高院	最高院	
		注：＊是指符合法定条件向原审法院申请再审的情形，即当事人一方人数众多或双方都是公民的情形。			
	注意	以下情形不得指令原审法院再审： （1）原审人民法院对该案无管辖权的； （2）审判人员在审理该案时有贪污受贿、徇私舞弊、枉法裁判行为的； （3）原判决、裁定是原审人民法院审判委员会讨论作出的； （4）其他不宜指令原审人民法院再审的。			

续表

再审程序	中止执行	法院决定再审后，应当裁定中止原判决、裁定、调解书的执行；但是追索赡养费、扶养费、抚养费、抚恤金、医疗费用、劳动报酬等案件，可以不中止执行。
	重组合议庭	再审法院审理再审案件，应当另行组成合议庭。
	审理程序	（1）原生效裁判是一审法院作出的，按一审程序审理，所作裁判可以上诉； （2）原生效裁判是二审法院作出的，按二审程序审理，所作裁判是生效裁判； （3）上级法院提审的，按二审程序审理，所作裁判是生效裁判。
再审的范围		1. 审理范围不超过再审申请或者抗诉范围； 2. 当事人超出原审范围增加、变更诉讼请求的，不属于再审范围（再审范围有限原则）； 3. 涉及国家利益、社会公共利益，或者当事人在原审诉讼中已经依法要求增加、变更诉讼请求，原审未予审理，且客观上不能形成其他诉讼的除外。
再审的结果	裁判	按照审判监督程序决定再审或者提审的案件，由再审或者提审的法院在作出新的判决、裁定中确定是否撤销、改变或者维持原判决、裁定。
	调解	达成调解协议的，应当制作调解书，调解书送达后，原判决、裁定视为撤销。
	撤回起诉	一审原告在再审审理程序中申请撤回起诉，经其他当事人同意，且不损害国家利益、社会公共利益、他人合法权益的，人民法院可以准许。裁定准许撤诉的，应当一并撤销原判决。 **考点提示**：在再审中撤回起诉后重复起诉的，人民法院不予受理。
关于小额诉讼程序的再审		当事人对小额诉讼案件的判决、裁定，向原审法院申请再审的，人民法院应当受理。申请再审事由成立的，应当裁定再审，组成**合议庭**进行审理。作出的再审判决、裁定，当事人不得上诉。 当事人以不应按小额诉讼案件审理为由向原审人民法院申请再审的，人民法院应当受理。理由成立的，应当裁定再审，组成**合议庭**审理。作出的再审判决、裁定，当事人可以上诉。

考点讲解

一、审理法院

1. 法院启动的再审：
（1）本院启动的再审，由本院审理；
（2）上级法院启动的再审，由该上级法院提审或指令下级法院再审。

2. 检察院启动的再审：
（1）原则上由接受抗诉的法院再审（接受抗诉的法院是原生效裁判的上级法院，故应当是提审）；
（2）有法定情形（1）～（5）（即证据问题），可以交给下级法院审理，但是经下级法院再审审理过的除外。

3. 当事人申请的再审：
（1）因当事人申请而裁定再审的案件由中级以上法院审理；但当事人依法选择向基层法院申请再审的除外；

（2）最高院、高院裁定再审的案件，由本院再审或者交由其他法院再审，也可以交由原审法院再审。

4. 不得指令原审法院再审的情形：

（1）原审人民法院对该案无管辖权的；

（2）审判人员在审理该案时有贪污受贿、徇私舞弊、枉法裁判行为的；

（3）原判决、裁定是原审人民法院审判委员会讨论作出的；

（4）其他不宜指令原审人民法院再审的。

二、再审程序

1. 中止原判执行：按照再审程序决定再审后，应当裁定中止原判决、裁定、调解书的执行；但是追索赡养费、扶养费、抚养费、抚恤金、医疗费用、劳动报酬等案件，可以不中止执行。

2. 重组合议庭：再审法院审理再审案件，应当另行组成合议庭。

3. 审理程序：再审没有独立的审理程序，而是适用一审或二审程序重新审理。

（1）原生效裁判是第一审法院作出的，按照第一审程序审理，所作裁判可以上诉；

（2）原生效裁判是第二审法院作出的，按照第二审程序审理，所作裁判是终审裁判；

（3）上级法院按照审判监督程序提审的，按照二审程序审理，所作裁判是终审裁判。

三、再审的范围

1. 审理范围不超过再审申请或者抗诉范围。

2. 当事人超出原审范围增加、变更诉讼请求的，不属于再审范围（注意：此处即再审范围有限原则，考试经常予以考查）。

3. 涉及国家利益、社会公共利益，或者当事人在原审诉讼中已经依法要求增加、变更诉讼请求，原审未予审理，且客观上不能形成其他诉讼的除外。

【经典真题】

（2010年卷三82题）关于再审程序的说法，下列哪些选项是正确的？[1]

A. 在再审中，当事人提出新的诉讼请求的，原则上法院应根据自愿原则进行调解，调解不成的告知另行起诉

B. 在再审中，当事人增加诉讼请求的，原则上法院应根据自愿原则进行调解，调解不成的裁定发回重审

C. 按照第一审程序再审案件时，经法院许可原审原告可撤回起诉

D. 在一定条件下，案外人可申请再审

【解析】根据《民诉司法解释》第405条，当事人超出原审范围增加、变更诉讼请求的，不属于再审范围（再审范围有限原则），所以对当事人提出的新的诉讼请求，不属于再审的范围，AB选项均为错误选项；C选项中适用一审程序再审，原告可以撤回起诉，正确；D选项中，详见执行程序中案外人对执行标的的异议，法院裁定驳回案外人异议后，案外人不服，如果与原生效裁判无关，案外人可以向法院提起案外人异议之诉；但是如果

----

〔1〕 2010年卷三82题答案为：CD

认为原判决、裁定错误的，可以依照审判监督程序处理，即案外人对执行标的异议程序中，案外人有可能申请再审。

四、再审的结案

1. 裁判：按照审判监督程序决定再审或者提审的案件，由再审或者提审的法院在作出新的判决、裁定中确定是否撤销、改变或者维持原判决、裁定；

达成调解协议的，应当制作调解书，调解书送达后，原判决、裁定视为撤销。

🔲★提 示 对于原生效裁判，只能在经过重新审理程序后，在新的判决、裁定中予以明确是否撤销，而不能在裁定再审时予以撤销，因为裁定再审只是说明原生效裁判可能确有错误，而需要重新审理，但不能确定其错误而予以撤销。所以，在再审作出新判决撤销原判之前，即再审的审理过程中，原生效裁判依然是有法律效力的，只是因为其可能确有错误，而中止其执行。

2. 调解：在再审中达成调解协议的，应当制作调解书，调解书送达后，原判决、裁定视为撤销。

3. 撤回起诉：一审原告在再审审理程序中申请撤回起诉，经其他当事人同意，且不损害国家利益、社会公共利益、他人合法权益的，人民法院可以准许。裁定准许撤诉的，应当一并撤销原判决。

一审原告在再审审理程序中撤回起诉后重复起诉的，人民法院不予受理。

五、关于小额诉讼程序的再审问题

当事人对小额诉讼案件的判决、裁定，向原审法院申请再审的，人民法院应当受理。申请再审事由成立的，应当裁定再审，组成合议庭进行审理。作出的再审判决、裁定，当事人不得上诉。

当事人以不应按小额诉讼案件审理为由向原审人民法院申请再审的，人民法院应当受理。理由成立的，应当裁定再审，组成合议庭审理。作出的再审判决、裁定，当事人可以上诉。

第十五专题
非讼程序

> 本专题的督促程序与公示催告程序为高频考试内容。主要掌握：（1）申请支付令的条件和支付令的法律效力；（2）支付令异议的构成条件与成立后的法律后果；（3）公示催告的特点；（4）利害关系人的权利；（5）除权判决的效力。

【本专题复习建议】

特别程序包括选民资格，宣告失踪、死亡，认定公民无、限制民事行为能力，认定财产无主，确认调解协议效力，实现担保物权。特别程序的共同特点在于不解决民事权利义务纠纷，所以不适用调解、辩论原则，如果组成合议庭审理，人民陪审员不得参加特别程序的合议庭。另外，特别程序均由基层人民法院管辖（确认调解协议案件除外），并且实行一审终审制度，不适用审判监督程序。选民资格案件或者其他重大疑难案件由审判员组成合议庭，其他案件由审判员一人独任审理。

由债权人向法院申请，法院向债务人发出支付令，督促债务人在15日内履行债务，债务人如对债权债务关系有异议，则可在15日内提出书面异议，15日内，既不履行债务，又不提出书面异议的，法院可以强制执行。

法院收到债务人提出的书面异议后，经形式审查，异议成立的，裁定终结督促程序，支付令失效；支付令失效的，转入诉讼程序，但申请支付令一方当事人不同意起诉的除外；如申请方当事人不同意起诉，应当自收到终结督促程序裁定之日起7日内向人民法院提出，否则视为同意转入诉讼程序。

债务人对债务本身没有异议，只是提出缺乏清偿能力、延缓债务清偿期限、变更债务清偿方式等异议的，不构成异议，不影响支付令效力。口头异议无效。债务人收到支付令后，不在法定期间提出书面异议，而向其他法院起诉的，不影响支付令效力。

考试中需要大家注意的是支付令的生效时间，是作出之日生效，15日之后当事人不提出异议，也不履行的，产生强制执行力，强制执行力和法律效力是截然不同的两个法律概念。

公示催告程序是指票据持有人因票据被盗、遗失或者灭失，或者法律规定的其他事件，法院根据当事人的申请，以公告的方式催告利害关系人在一定期间内申报权利，如果逾期没人申报或者申报被驳回，根据申请人的申请，依法作出除权判决，宣告票据无效，同时失票人取得票据权利的制度。

利害关系人应当在公示催告期间向法院申报权利；法院收到申报后，应裁定终结公示催告程序；申请人和申报人可以通过起诉方式解决争议；在公示催告期间无人申报，或者申报被驳回，法院根据申请人申请，判决宣告票据无效；判决应当公告，自判决公告之日起，申请人有权向支付人请求支付；

可见公示催告程序分为两个阶段，一是公示催告阶段，一是除权判决阶段。其中公示催告阶段独任制，由审判员一人独任审理；除权判决阶段为合议制，由审判员组成合议庭审理。

考点一　特别程序

📖 知识体系

一、特别程序概说	
适用范围	选民资格，宣告失踪、死亡，认定公民无、限制民事行为能力，认定财产无主，确认调解协议效力，实现担保物权。
主要特点	1. 均由基层人民法院管辖（确认调解协议案件除外）； 2. 一审终审，且不适用审判监督程序，如发现认定事实或适用法律确有错误，由原审法院按特别程序规定撤销原判决，作出新判决；当事人、利害关系人也可以向法院提出异议； 对确认调解协议和准许实现担保物权的裁定，当事人有异议的，应当自收到裁定之日起15日内提出；利害关系人有异议的，自知道或者应当知道其民事权益受到侵害之日起6个月内提出； 3. 审判组织：选民资格案件或者其他重大疑难案件，由审判员组成合议庭；其他案件由审判员一人独任审理。

二、选民资格案件	
起诉	公民不服选举委员会对选民资格的申诉所作的处理决定，可以在选举日的5日前向选区所在地基层法院起诉。
审理	法院受理选民资格案件后，必须在选举日前审结； 审理时，起诉人、选举委员会的代表和有关公民必须参加； 法院的判决书，应当在选举日前送达选举委员会和起诉人，并通知有关公民。

三、宣告失踪、宣告死亡案件			
	情形	起算	公告期间
宣告失踪	公民下落不明满2年	1. 通常从失踪人下落不明次日起算； 2. 意外事件下落不明从意外事件发生次日起算； 3. 战争期间下落不明，从战争结束次日起算。	3个月
宣告死亡	公民下落不明满4年		1年
	因意外事件下落不明满2年		
	因意外事件下落不明，经有关机关证明不可能生存		3个月
管辖	下落不明人住所地基层人民法院。		

续表

处理	1. 判决宣告失踪、死亡，宣告失踪的，法院指定财产代管人，代管人申请变更代管的，比较特别程序审理；其他申请变更的，以原指定代管人为被告，通过诉讼程序审理。宣告死亡的，发生继承；婚姻关系解除；2. 或者判决驳回申请。
亡者归来	经本人或者利害关系人申请，作出新判决，撤销原判决。

四、认定公民无、限制民事行为能力

申请人	近亲属或者其他利害关系人。
管辖	该公民住所地基层人民法院管辖。
代理人	由该公民的近亲属（申请人除外）为代理人，近亲属推诿的，由法院指定其中一人为代理人，该公民健康状况允许的，应当询问本人意见。
判决	申请有事实依据的，判决认定其为无民事行为能力人、限制民事行为能力人；申请没有事实依据的，应当判决予以驳回。
判决的撤销	根据被认定为无、限制民事行为能力人或者监护人申请，证实其无、限制民事行为能力原因已消除的，应当作出新判决，撤销原判决。

五、认定财产无主案件

启动	公民、法人和其他组织申请。
管辖	财产所在地基层人民法院。
受理与判决	受理申请后，经审查核实，应当发出财产认领公告： A. 公告满一年无人认领，判决认定财产无主，收归国家或者集体所有； B. 公告期间，有人对该财产提出请求，人民法院裁定终结特别程序，告知申请人另行起诉，适用普通程序审理。
判决的撤销	判决认定财产无主后，原财产所有人或者继承人出现，在诉讼时效期间可以对财产提出请求，审查属实后，应当作出新判决，撤销原判决。

六、确认调解协议效力

申请	由双方当事人自调解协议生效之日起30日内，共同向相关法院提出书面或口头申请。
管辖	1. 级别管辖：基层法院或中级法院（包括专门法院） 2. 地域管辖： （1）法院邀请调解：由邀请法院管辖； （2）调解组织的自行调解：当事人住所地、标的物所在地、调解组织所在地的法院。
不予受理	当事人申请司法确认调解协议，有下列情形之一的，法院裁定不予受理： （1）不属于人民法院受理范围的； （2）不属于收到申请的人民法院管辖的； （3）申请确认婚姻关系、亲子关系、收养关系等身份关系无效、有效或者解除的； （4）涉及适用其他特别程序、公示催告程序、破产程序审理的； （5）调解协议内容涉及物权、知识产权确权的。 人民法院受理申请后，发现有上述不予受理情形的，应当裁定驳回当事人的申请。

续表

处理结果	审查符合规定的		裁定调解协议有效，一方不履行，对方当事人可以申请强制执行。
	审查不符合规定的	情形	（1）违反法律强制性规定的； （2）损害国家利益、社会公共利益、他人合法权益的； （3）违背公序良俗的； （4）违反自愿原则的； （5）内容不明确的； （6）其他不能进行司法确认的情形。
		处理	裁定驳回申请；当事人可以变更或重新达成调解协议，或向法院起诉。

七、实现担保物权

申请	担保物权人以及其他有权请求实现担保物权的人申请。	
管辖	担保财产所在地或担保物权登记地基层人民法院； 实现担保物权案件属于海事法院等专门人民法院管辖的，由专门人民法院管辖。	
审查	实现担保物权案件可以由审判员一人独任审查； 担保财产标的额超过基层人民法院管辖范围的，应当组成合议庭进行审查。	
处理	审查符合规定	裁定拍卖、变卖担保财产，当事人可以依据该裁定申请执行。
	不符合规定	裁定驳回申请，当事人可以起诉。

○考点讲解

一、特别程序概说

1. 特别程序适用范围：选民资格案件，宣告失踪、死亡案件，认定公民无、限制民事行为能力案件，认定财产无主案件，确认调解协议效力案件，实现担保物权案件。

★提　示 注意理解特别程序的重要基础——特别程序并不解决争议，所以特别程序不是诉讼程序（选民资格案件除外）。不能适用调解、辩论原则，且人民陪审员不能参加特别程序的合议庭；如果在审理过程中发现属于民事权益争议的，应当裁定终结特别程序，告知利害关系人通过诉讼方式解决争议。

2. 共同特点：

（1）均由基层人民法院管辖，确认调解协议案件除外。

（2）一审终审，判决书送达生效；且不适用审判监督程序。如当事人、利害关系人认为判决、裁定有错误的，可以向作出该判决、裁定的人民法院提出异议。人民法院经审查，异议成立或者部分成立的，作出新的判决，裁定撤销或者改变原判决、裁定；异议不成立的，裁定驳回。

注意：对确认调解协议和准许实现担保物权的裁定，当事人有异议的，应当自收到裁定之日起15日内提出；利害关系人有异议的，自知道或者应当知道其民事权益受到侵害之日起6个月内提出。

（3）审判组织：选民资格案件或者其他重大疑难案件，由审判员组成合议庭；其他案件由审判员一人独任审理。

（4）审限：立案之日起 30 日内或者公告期满后 30 日内审结，院长批准可以延长；选民资格案件必须在选举日前审结。

二、选民资格案件

（《民事诉讼法》第 188 条）公民不服选举委员会对选民资格的申诉所作的处理决定，可以在选举日的五日以前向选区所在地基层人民法院起诉。

（《民事诉讼法》第 189 条）人民法院受理选民资格案件后，必须在选举日前审结。

审理时，起诉人、选举委员会代表和有关公民必须参加。

人民法院的判决书，应当在选举日前送达选举委员会和起诉人，并通知有关公民。

▶★提　示

1. 申诉前置：公民不服选民名单应该先向选举委员会申诉，对申诉处理决定不服才能起诉。

2. 起诉时间：选举日 5 日前。

3. 管辖：选区所在地基层人民法院。

4. 起诉人的范围：起诉的公民可以是自己的选民资格受到选民名单侵犯的公民，也可能是其他公民，即不要求起诉人是选民本人或者与案件有利害关系。

三、宣告失踪、死亡案件

1. 实体法回顾：宣告失踪、死亡的实体法要件

	情形	起算	公告期间
宣告失踪	公民下落不明满 2 年	1. 通常从失踪人下落不明次日起算；2. 意外事件下落不明从意外事件发生次日起算；3. 战争期间下落不明，从战争结束次日起算。	3 个月
宣告死亡	公民下落不明满 4 年		1 年
	因意外事件下落不明满 2 年		1 年
	因意外事件下落不明，经有关机关证明不可能生存		3 个月

2. 程序法上的要点

（1）启动：利害关系人申请；

（2）管辖：下落不明人住所地基层人民法院；

（3）处理和法律后果：①判决宣告失踪、死亡或者判决驳回申请。

②判决宣告失踪的，人民法院应当指定财产代管人。失踪人的财产代管人经人民法院指定后，代管人申请变更代管的，比照民事诉讼法特别程序的有关规定进行审理。申请理由成立的，裁定撤销申请人的代管人身份，同时另行指定财产代管人；申请理由不成立的，裁定驳回申请。失踪人的其他利害关系人申请变更代管的，人民法院应当告知其以原指定的代管人为被告起诉，并按普通程序进行审理。

③判决宣告死亡的，财产发生继承，婚姻关系解除。

（4）亡者归来：经本人或者利害关系人申请，作出新判决，撤销原判决。

【经典真题】

（2017 年卷三 47 题）李某因债务人刘某下落不明申请宣告刘某失踪。法院经审理宣告

刘某为失踪人，并指定刘妻为其财产代管人。判决生效后，刘父认为由刘妻代管财产会损害儿子的利益，要求变更刘某的财产代管人。关于本案程序，下列哪一说法是正确的？[1]

A. 李某无权申请刘某失踪
B. 刘父应提起诉讼变更财产代管人，法院适用普通程序审理
C. 刘父应向法院申请变更刘妻的财产代管权，法院适用特别程序审理
D. 刘父应向法院申请再审变更财产代管权，法院适用再审程序审理

【解析】本题考查变更财产代管人的程序。变更财产代管人的程序因提出主体不同而不同。指定失踪人的财产代管人申请变更代管的，比照民事诉讼法特别程序的有关规定进行审理。失踪人的其他利害关系人申请变更代管的，人民法院应当告知其以原指定的代管人为被告起诉，并按普通程序进行审理。本案中刘父是失踪人的其他利害关系人，其申请变更代管的，人民法院应当适用普通程序审理。答案为B。

四、认定公民无、限制民事行为能力

1. 启动：近亲属或者其他利害关系人申请。

2. 管辖：该公民住所地基层法院。

3. 鉴定：法院受理后必要时应当对被请求认定为无、限制民事行为能力的人进行鉴定。申请人提供鉴定意见的，应当对鉴定意见进行审查。

4. 选定代理人：由该公民的近亲属（申请人除外）为代理人，近亲属推诿的，由法院指定其中一人为代理人，该公民健康状况允许的，应当询问本人意见。

5. 判决：（1）申请有事实依据的，判决认定其为无民事行为能力人、限制民事行为能力人；（2）申请没有事实依据的，应当判决予以驳回。

6. 判决的撤销：根据被认定为无、限制民事行为能力或者监护人申请，证实其无、限制民事行为能力原因已消除的，应当作出新判决，撤销原判决。

五、认定财产无主案件

1. 启动：公民、法人和其他组织申请。

2. 管辖：财产所在地基层法院。

3. 受理与判决：受理申请后，经审查核实，应当发出财产认领公告。

（1）公告满1年无人认领，判决认定财产无主，收归国家或者集体所有；

（2）公告期间，有人对该财产提出请求，人民法院裁定终结特别程序，告知申请人另行起诉，适用普通程序审理。

4. 判决的撤销：判决认定财产无主后，原财产所有人或者继承人出现，在诉讼时效期间可以对财产提出请求，审查属实后，应当作出新判决，撤销原判决。

六、确认调解协议效力案件

1. 启动：针对经依法设立的调解组织调解达成的调解协议，由双方当事人自调解协议生效之日起30日内，共同向相关法院提出书面或口头申请。

---

[1] 2017年卷三47题答案为：B

2. 管辖:

(1) 级别管辖:基层法院或中级法院(包括专门法院)

(2) 地域管辖:

①法院邀请调解:由邀请法院管辖;

②调解组织的自行调解:当事人住所地、标的物所在地、调解组织所在地的法院。

3. 受理:当事人申请司法确认调解协议,有下列情形之一的,人民法院裁定不予受理:

(1) 不属于人民法院受理范围的;

(2) 不属于收到申请的人民法院管辖的;

(3) 申请确认婚姻关系、亲子关系、收养关系等身份关系无效、有效或者解除的;(理解:案件性质不适合调解)

(4) 涉及适用其他特别程序、公示催告程序、破产程序审理的;(理解:并非诉讼程序,不存在纠纷)

(5) 调解协议内容涉及物权、知识产权确权的。

人民法院受理申请后,发现有上述不予受理情形的,应当裁定驳回当事人的申请。

4. 处理

(1) 经审查,符合规定的裁定调解协议有效,一方不履行,对方当事人可以申请强制执行;

(2) 经审查有下列情形之一规定的,裁定驳回申请,当事人可以通过变更或重新达成调解协议,或向法院起诉等方式解决纠纷:

①违反法律强制性规定的;

②损害国家利益、社会公共利益、他人合法权益的;

③违背公序良俗的;

④违反自愿原则的;

⑤内容不明确的;

⑥其他不能进行司法确认的情形。

总结:驳回申请的情形有三,一是违反合法原则,二是违背自愿原则,三是内容不明确(因为人民法院出具的确认裁定书可以强制执行,内容不明确无法执行,确认后无意义)。

七、实现担保物权案件

1. 启动:担保物权人以及其他有权请求实现担保物权的人申请

理　解
其他有权请求实现担保物权的人指的是抵押人、出质人、财产被留置的债务人或者所有权人等。因为如果担保物权人怠于行使担保物权,将有可能损害这些权利人的权利,故其也有权请求实现担保物权。

2. 管辖:担保财产所在地或担保物权登记地基层法院(《民事诉讼法》第 203 条)

根据《民诉司法解释》第 363 条,实现担保物权案件属于海事法院等专门人民法院管辖的,由专门人民法院管辖。

3. 审查：

实现担保物权案件可以由审判员一人独任审查。

担保财产标的额超过基层人民法院管辖范围的，应当组成合议庭进行审查。

4. 处理：人民法院经（形式）审查

（1）当事人对实现担保物权无实质性争议且实现担保物权条件成就的，裁定准许拍卖、变卖担保财产；

（2）当事人对实现担保物权有部分实质性争议的，可以就无争议部分裁定准许拍卖、变卖担保财产；

（3）当事人对实现担保物权有实质性争议的，裁定驳回申请，并告知申请人向人民法院提起诉讼。

▶★提 示 经形式审查当事人对实现担保物权有实质性争议的，说明不符合实现担保物权条件，故裁定驳回申请；而实现担保物权作为特别程序，并不解决实体权利义务纠纷，故当事人可以通过起诉等方式解决实体权利义务纠纷。

【经典真题】

（2014年卷三第44题）甲公司与银行订立了标的额为8000万元的贷款合同，甲公司董事长美国人汤姆用自己位于W市的三套别墅为甲公司提供抵押担保。贷款到期后甲公司无力归还，银行向法院申请适用特别程序实现对别墅的抵押权。关于本案的分析，下列哪一选项是正确的？[1]

A. 由于本案标的金额巨大，且具有涉外因素，银行应向W市中院提交书面申请

B. 本案的被申请人只应是债务人甲公司

C. 如果法院经过审查，作出拍卖裁定，可直接移交执行庭进行拍卖

D. 如果法院经过审查，驳回银行申请，银行可就该抵押权益向法院起诉

【解析】本题考查实现担保物权程序。

首先，实现担保物权属于特别程序，特别程序均由基层人民法院管辖而不论数额的大小等因素，所以A选项错误。根据《民事诉讼法》第203条规定，实现担保物权案件由担保财产所在地或者担保物权登记地基层法院管辖，所以本案应由房屋所在地或者抵押权登记地的基层法院管辖。

其次，关于当事人，根据《民事诉讼法》第203条规定，应当由担保物权人或者其他有权人提出申请，作为申请人。而本案中的被申请人除了债务人之外还应当列担保人汤姆为被申请人。因为实现担保物权的裁定将涉及担保人汤姆的财产权利，如果不将其作为被申请人，将会导致裁定对其没有约束力，无法实现担保物权，所以B选项表述错误。

再次，根据《民事诉讼法》第204条规定，人民法院受理申请后，经审查，符合法律规定的，裁定拍卖、变卖担保财产，当事人可以根据该裁定向人民法院申请执行；不符合法律规定的（即对该担保物权产生纠纷），裁定驳回申请，当事人可以向人民法院提起诉讼。所以，C选项错误，因为该裁定的执行需要当事人申请，而法院不能直接移交执行。D选项正确。

---

〔1〕 2014年第44题答案为：D

考点二　非讼程序之——督促程序

知识体系

要件	1. 请求给付金钱或者汇票、本票、支票、股票、债券、国库券、可转让的存款单等有价证券； 2. 请求给付的金钱或者有价证券已到期且数额确定； 3. 债权人和债务人之间没有对待给付义务； 4. 债务人在我国境内且未下落不明（**支付令可以留置送达、但不能公告送达**）； 5. 支付令能够送达债务人； 6. 向有管辖权的人民法院提出书面申请； 7. 债权人未向人民法院申请诉前保全。
管辖	债务人住所地<u>基层</u>法院。
支付令的效力	1. 支付令自作出之日起生效； 2. 债务人应当在收到支付令之日起 15 日内清偿债务，或者向法院提出书面异议； 3. 债务人在 15 日内既不提出异议，又不履行义务，债权人可以向法院申请执行。
债务人的异议	**异议的构成条件** 1. 支付令异议需在收到支付令之日起 15 日内以书面形式提出。 2. 支付令异议只能针对债务是否存在以及债务数额的大小等债务本身提出不同意见和主张。 注意：债权人基于同一债权债务关系，在同一支付令申请中向债务人提出多项支付请求，债务人仅就其中一项或者几项请求提出异议的，不影响其他各项请求的效力。 债权人基于同一债权债务关系，就可分之债向多个债务人提出支付请求，多个债务人中的一人或者几人提出异议的，不影响其他请求的效力。 3. 债务人向作出支付令的法院提出或起诉。
	异议效力 法院收到债务人提出的书面异议后，经形式审查，异议成立的，裁定终结督促程序，支付令失效； 支付令失效的，转入诉讼程序，但申请支付令一方当事人不同意起诉的除外；如申请方当事人不同意起诉，应当自收到终结督促程序裁定之日起 7 日内提出，否则视为同意转入诉讼程序。
	几点说明 1. 债务人对债务本身没有异议，只是提出缺乏清偿能力、延缓债务清偿期限、变更债务清偿方式等异议的，不构成异议，不影响支付令效力； 2. 口头异议无效； 3. 债务人收到支付令后，不在法定期间提出书面异议，而向<u>其他</u>法院起诉的，不影响支付令效力。

考点讲解

一、概说

　　督促程序是一种非讼程序，并不解决实体争议，是一种实现没有争议的、关系明确的债权债务关系的便捷程序。由债权人向法院申请，法院向债务人发出支付令，督促债务人在 15 日内履行债务，债务人如对债权债务关系有异议，则可在 15 日内提出书面异议，15 日内，既不履行债务，又不提出书面异议的，支付令取得强制执行效力。如果经过审查，债务人异议成立，说明债权债务关系存在争议，故终结督促程序，转入诉讼程序解决争议，当然基于处分原则，申请人不同意起诉的除外。

二、程序要点

（一）支付令

1. 支付令的申请，即债权人向人民法院请求签发支付令，要求债务人履行义务的行为。根据我国《民事诉讼法》第 221 条和《民诉司法解释》第 429 条的规定，债权人申请支付令，符合下列条件的，基层人民法院应当受理，并在收到支付令申请书后 5 日内通知债权人：

（1）请求给付金钱或者汇票、本票、支票、股票、债券、国库券、可转让的存款单等有价证券。

（2）请求给付的金钱或者有价证券已到期且数额确定，并写明了请求所根据的事实、证据。

（3）债权人没有对待给付义务。

（4）债务人在我国境内且未下落不明；该款规定排除了对支付令公告送达的适用。

（5）支付令能够送达债务人。

（6）收到申请书的人民法院有管辖权。有管辖权的人民法院是指债务人住所地的基层人民法院。两个以上人民法院都有管辖权的，债权人可以向其中一个基层人民法院申请支付令。债权人向两个以上有管辖权的基层人民法院申请支付令的，由最先立案的人民法院管辖。基层人民法院受理申请支付令案件，不受债权金额的限制；

（如果是受理的条件，此条件为：收到申请书的人民法院有管辖权）

（7）债权人未向人民法院申请诉前保全。

不符合前款规定的，人民法院应当在收到支付令申请书后五日内通知债权人不予受理。

基层人民法院受理申请支付令案件，不受债权金额的限制。

2. 对支付令申请的审查和处理

对支付令申请的审查由审判员一人进行，经过审查，分别处理：

（1）驳回债权人申请

根据《民诉司法解释》第 430 条的规定，人民法院受理申请后，由审判员一人进行审查。经审查，有下列情形之一的，裁定驳回申请：

第一，申请人不具备当事人资格的；

第二，给付金钱或者有价证券的证明文件没有约定逾期给付利息或者违约金、赔偿金，债权人坚持要求给付利息或者违约金、赔偿金的；

第三，要求给付的金钱或者有价证券属于违法所得的；

第四，要求给付的金钱或者有价证券尚未到期或者数额不确定的。

人民法院受理支付令申请后，发现不符合本解释规定的受理条件的，应当在受理之日起 15 日内裁定驳回申请。

对于驳回申请的裁定，债权人不得上诉。

（2）向债务人发出支付令

经审查，对于符合发出支付令条件的，应当向债务人发出支付令；人民法院发出支付令后，即应当送达债务人。支付令制作发出后，即产生督促债务人履行义务或者督促债务人提出书面异议的法律效力。

3. 支付令的法律效力

支付令的法律效力不同于一般文书，非常特殊，主要体现在支付令所具有的不同法律效力的发生时间不同。就一般文书而言，一旦生效，则该文书所具有的各种效力同时产生，如判决书所具有的确认双方当事人之间实体权利义务关系的效力与强制执行的效力等同时产生；而支付令则与此不同，支付令具有督促效力与强制执行力，但两者却不是同时产生的。

（1）支付令的督促效力，即督促债务人提出书面异议或者履行支付令所确定的实体义务的效力，自支付令制作发出即产生。

（2）支付令的强制执行力，是在债务人接到支付令后15日内不提出书面异议时才产生，如果债务人针对支付令所确定的实体义务提出书面异议，则支付令虽然具有督促效力，但不产生强制执行力。

4. 撤销支付令

根据《民诉司法解释》第443条的规定，人民法院院长发现本院已经发生法律效力的支付令确有错误，认为需要撤销的，应当提交本院审判委员会讨论决定后，裁定撤销支付令，驳回债权人的申请。

（二）支付令异议

1. 支付令异议的条件

也称为债务人异议，即债务人对支付令所确定的实体义务本身提出不同意见和主张。提出支付令异议，需要注意其法定的条件：

（1）支付令异议需在收到支付令之日起15日内以书面形式提出。债务人超过法定期间提出异议的，视为未提出异议。债务人的口头异议无效。

（2）支付令异议只能针对债务是否存在以及债务数额的大小等债务本身提出不同意见和主张。债务人对债务本身没有异议，只是提出缺乏清偿能力、延缓债务清偿期限、变更债务清偿方式等异议的，不影响支付令的效力。（《民诉司法解释》第438条）

注意：债权人基于同一债权债务关系，在同一支付令申请中向债务人提出多项支付请求，债务人仅就其中一项或者几项请求提出异议的，不影响其他各项请求的效力（《民诉司法解释》第434条）。

债权人基于同一债权债务关系，就可分之债向多个债务人提出支付请求，多个债务人中的一人或者几人提出异议的，不影响其他请求的效力（《民诉司法解释》第435条）。

（3）债务人向法院起诉是否构成支付令异议，取决于其向哪一个法院起诉。债务人向支付令的制作人民法院起诉，构成支付令异议；如果债务人向其他有管辖权的人民法院起诉，则不能构成债务人异议。

注意：债权人起诉则有不同的后果。债权人就同一债权债务关系向任何法院起诉，皆会导致督促程序的终结。原理在于，民事诉讼程序覆盖了督促程序。

2. 支付令异议的审查

人民法院收到债务人提出的书面异议后，进行形式审查，对支付令异议的理由在客观上是否成立不进行审查，仅审查债务人提出的支付令异议是否符合法律规定的支付令异议条件。

根据《民诉司法解释》第 437 条的规定，经形式审查，债务人提出的书面异议有下列情形之一的，应当认定异议成立，裁定终结督促程序，支付令自行失效：

（1）本解释规定的不予受理申请情形的；

（2）本解释规定的裁定驳回申请情形的；

（3）本解释规定的应当裁定终结督促程序情形的；

（4）人民法院对是否符合发出支付令条件产生合理怀疑的。

注意：此处的审查为形式审查。

3. 支付令异议的撤回

是指债务人提出支付令异议申请后，基于其处分权，在人民法院作出终结督促程序或者驳回异议裁定前将其撤回的行为。根据《民诉司法解释》第 439 条的规定，人民法院作出终结督促程序或者驳回异议裁定前，债务人请求撤回异议的，应当裁定准许。债务人对撤回异议反悔的，人民法院不予支持。

4. 支付令异议成立的法律后果

人民法院收到债务人提出的书面异议后，经审查，异议成立的，则产生三个方面的法律后果：

（1）裁定终结督促程序；

（2）支付令自行失效，债权人不得依据该支付令申请人民法院强制执行；

（3）支付令失效的，转入诉讼程序，但申请支付令的一方当事人不同意提起诉讼的除外。根据《民诉司法解释》第 440 条的规定，支付令失效后，申请支付令的一方当事人不同意提起诉讼的，应当自收到终结督促程序裁定之日起 7 日内向受理申请的人民法院提出；申请支付令的一方当事人不同意提起诉讼的，不影响其向其他有管辖权的人民法院提起诉讼。第 441 条规定，支付令失效后，申请支付令的一方当事人自收到终结督促程序裁定之日起 7 日内未向受理申请的人民法院表明不同意提起诉讼的，视为向受理申请的人民法院起诉。债权人提出支付令申请的时间，即为向人民法院起诉的时间。

【经典真题】

例1（2017 年卷三 83 题）甲公司购买乙公司的产品，丙公司以其房产为甲公司提供抵押担保。因甲公司未按约支付 120 万元货款，乙公司向 A 市 B 县法院申请支付令。法院经审查向甲公司发出支付令，甲公司拒绝签收。甲公司未在法定期间提出异议，而以乙公司提供的产品有质量问题为由向 A 市 C 区法院提起诉讼。关于本案，下列哪些表述是正确的？[1]

A. 甲公司拒绝签收支付令，法院可采取留置送达

B. 甲公司提起诉讼，法院应裁定中止督促程序

C. 乙公司可依支付令向法院申请执行甲公司的财产

D. 乙公司可依支付令向法院申请执行丙公司的担保财产

[解析] 本题考查支付令的送达和效力，以及向其他法院起诉是否构成异议。

根据《民诉司法解释》第 431 条的规定，向债务人本人送达支付令，债务人拒绝接收的，人民法院可以留置送达。A 正确；根据《民诉司法解释》第 433 条的规定，债务人在

---

〔1〕 2017 年卷三 83 题答案为：AC

收到支付令后，未在法定期间提出书面异议，而向其他人民法院起诉的，不影响支付令的效力。本题中甲公司向其他法院起诉，不影响督促程序的进行和支付令的效力，支付令在督促期间届满后即发生强制执行效力，因此，B 错误，C 正确，D 错误。本题正确答案为 AC。

例 2（2016 年卷三 82 题）单某将八成新手机以 4000 元的价格卖给卢某，双方约定：手机交付卢某，卢某先付款 1000 元，待试用一周没有问题后再付 3000 元。但试用期满卢某并未按约定支付余款，多次催款无果后，单某向 M 法院申请支付令。M 法院经审查后向卢某发出支付令，但卢某拒绝签收，法院采取了留置送达。20 天后，卢某向 N 法院起诉，以手机有质量问题要求解除与单某的买卖合同，并要求单某退还 1000 元付款。根据本案，下列哪些选项是正确的？[1]

  A. 卢某拒绝签收支付令，M 法院采取留置送达是正确的

  B. 单某可以依支付令向法院申请强制执行

  C. 因卢某向 N 法院提起了诉讼，支付令当然失效

  D. 因卢某向 N 法院提起了诉讼，M 法院应当裁定终结督促程序

【解析】本题考查支付令的送达、法律效力以及支付令异议的判断。根据《民诉司法解释》第 431 条的规定，向债务人本人送达支付令，债务人拒绝接收的，人民法院可以留置送达，A 项正确；根据《民事诉讼法》第 223 条第 3 款的规定，债务人在前款规定的期间不提出异议又不履行支付令的，债权人可以向人民法院申请执行，B 项正确；根据《民事诉讼法》第 223 条第 2 款的规定，债务人应当自收到支付令之日起 15 日内清偿债务，或者向人民法院提出书面异议。本案中，卢某是在收到支付令之日 20 日后向 N 区法院起诉，一则已经过了书面异议期，二则是向发出支付令以外的法院申请，所以卢某的起诉不构成支付令异议，CD 错误。

考点三　非讼程序之——公示催告程序

📘 知识体系

适用条件	1. 情形：一是按规定可以背书转让的票据被盗、遗失或者灭失；二是依法可以申请公示催告的其他事项； 2. 启动：票据合法持有人申请； 3. 管辖：票据支付地基层法院。
止付通知	法院决定受理申请，应当同时通知支付人停止支付，并在 3 日内公告，催促利害关系人申报权利，公示催告的期间由法院决定，但不得少于 60 日。
通知的效力	支付人收到通知后应停止支付；公示催告期间转让票据行为无效。

---

[1]　2016 年卷三 82 题答案为：AB

续表

利害关系人的申报	利害关系人应当在公示催告期间向法院申报权利； （司法解释规定，公示催告期限届满，除权判决作出前，利害关系人都可以申报） 法院收到申报后，应裁定终结公示催告程序； 申请人和申报人可以通过起诉方式解决争议。
除权判决	在公示催告期间无人申报，或者申报被驳回，法院根据申请人申请，判决宣告票据无效；判决应当公告，自判决公告之日起，申请人有权向支付人请求支付。
审理组织	公示催告阶段由审判员一人独任审理；判决宣告票据无效的，应组成合议庭审理。
对利害关系人的救济	利害关系人因正当理由不能在判决前向法院申报的，自知道或者应当知道判决公告之日起1年内，可以向作出判决的法院起诉。

考点讲解

一、概述

公示催告程序是指票据持有人因票据被盗、遗失或者灭失，或者法律规定的其他事件，法院根据当事人的申请，以公告的方式催告利害关系人在一定期间内申报权利，如果逾期没人申报或者申报被驳回，根据申请人的申请，依法作出除权判决，宣告票据无效，同时失票人取得票据权利的制度。

二、主要考点

1. 适用条件：

（1）情形：一是按规定可以背书转让的票据被盗、遗失或者灭失；二是依法可以申请公示催告的其他事项；

（2）启动：票据最后合法持有人申请；

（3）管辖：票据支付地基层法院。

2. 止付通知

法院决定受理申请，应当同时通知支付人停止支付，并在3日内公告，催促利害关系人申报权利，公示催告的期间由法院决定，但不得少于60日。

3. 止付通知的效力

支付人收到通知后应停止支付；公示催告期间转让票据行为无效。

4. 利害关系人的申报权利

在公示催告期间，或者公示催告期间届满后，人民法院尚未作出无效判决之前，对票据或者其他事项主张权利的人，可以向发出公示催告的人民法院申报权利。

利害关系人申报权利，人民法院应当通知其向法院出示票据，并通知公示催告申请人在指定的期间查看该票据。公示催告申请人申请公示催告的票据与利害关系人出示的票据不一致的，应当裁定驳回利害关系人的申报。

如果申报票据与利害关系人出示的票据一致，人民法院则应当裁定终结公示催告程序。公示催告程序因利害关系人申报权利而终结后，公示催告申请人或者申报人向人民法院提起诉讼，因票据权利纠纷提起的，由票据支付地或者被告住所地人民法院管辖；因非票据权利纠纷提起的，由被告住所地人民法院管辖。

5. 除权判决

在公示催告期间无人申报，或者申报被驳回，法院根据申请人申请，判决宣告票据无效；判决应当公告，自判决公告之日起，申请人有权向支付人请求支付。

⚑ ★提　示　除权判决只能根据申请人的申请，法院不能依职权作出除权判决。

6. 审理组织

公示催告阶段由审判员一人独任审理；判决宣告票据无效的，应当组成合议庭审理。

7. 对利害关系人的救济

利害关系人因正当理由不能在判决前向法院申报的，自知道或者应当知道判决公告之日起 1 年内，可以向作出判决的法院起诉；此时说明持票人和失票人之间的票据权利义务关系产生了纠纷，双方通过诉讼方式解决。

九民纪要第 106 条：利害关系人也有权基于基础法律关系向其直接前手退票并请求另行给付基础法律关系项下的对价。

【经典真题】

例 1（2017 年卷三 48 题）海昌公司因丢失票据申请公示催告，期间届满无人申报权利，海昌公司遂申请除权判决。在除权判决作出前，家佳公司看到权利申报公告，向法院申报权利。对此，法院下列哪一做法是正确的？[1]

A. 因公示催告期满，裁定驳回家佳公司的权利申报

B. 裁定追加家佳公司参加案件的除权判决审理程序

C. 应裁定终结公示催告程序

D. 作出除权判决，告知家佳公司另行起诉

【解析】本题考查申报权利的后果。根据《民事诉讼法》第 228 条和《民诉司法解释》第 450 条的规定，利害关系人申报权利的期间是除权判决作出前，对于利害关系人申报权利成立的，应当裁定终结公示催告程序。所以，C 正确。

例 2（2016 年卷三 83 题）大界公司就其遗失的一张汇票向法院申请公示催告，法院经审查受理案件并发布公告。在公告期间，盘堂公司持被公示催告的汇票向法院申报权利。对于盘堂公司的权利申报，法院实施的下列哪些行为是正确的？[2]

A. 应当通知大界公司到法院查看盘堂公司提交的汇票

B. 若盘堂公司出具的汇票与大界公司申请公示的汇票一致，则应当开庭审理

C. 若盘堂公司出具的汇票与大界公司申请公示的汇票不一致，则应当驳回盘堂公司的申请

D. 应当责令盘堂公司提供证明其对出示的汇票享有所有权的证据

【解析】本题考查对申报权利的审查与处理。根据《民诉司法解释》第 451 条的规定，利害关系人申报权利，人民法院应当通知其向法院出示票据，并通知公示催告申请人在指定的期间查看该票据。公示催告申请人申请公示催告的票据与利害关系人出示的票据不一致的，应当裁定驳回利害关系人的申报。AC 正确，BD 错误。

---

〔1〕 2017 年卷三 48 题答案为：C

〔2〕 2016 年卷三 83 题答案为：AC

第十六专题
执行程序

> 本专题是高频考查章节，主要集中在对执行的一般性规定以及特殊的执行措施上。考生应当重点掌握：（1）执行管辖；（2）执行行为异议；（3）案外人执行异议以及执行异议裁定不服的救济，案外人执行异议之诉，许可执行之诉；（4）执行和解；（5）执行担保；（6）执行第三人到期债权；（7）参与分配等。

【本专题复习建议】

执行是实现生效法律文书所确定的权利义务程序，并不解决当事人权利义务纠纷，所以不适用调解、辩论等。

一、执行的有关制度

1. 执行管辖。生效的民事判决、裁定，以及刑事判决、裁定的财产部分，由第一审法院或者与第一审法院同级的被执行财产所在地法院执行；两个以上法院均有管辖权的案件（共同管辖），权利人可以选择向其中一个法院申请执行（选择管辖），权利人先后向两个以上法院申请执行的，由最先立案的法院管辖，后立案的法院应当裁定撤销案件。被执行人可以自收到执行通知之日起 10 日内，向法院提出管辖权异议，经审查，异议不成立，裁定驳回，异议成立的，裁定撤销案件，当事人对执行管辖异议裁定不服，可以向上一级人民法院申请复议一次。

2. 执行的启动与开始。生效的法律文书执行，一般应由当事人申请（申请执行）；生效的具有给付赡养费、扶养费、抚养费内容的法律文书，民事制裁决定书，以及刑事附带民事判决、裁定、调解书，由审判庭移送执行机构执行（移送执行）；执行员接到申请执行书或者移交执行书，应当在 10 日内向被执行人发出执行通知，并可以立即采取强制措施。

3. **执行异议**。分为对执行行为的异议和案外人对执行标的的异议。对执行行为的异议指当事人或者其他利害关系人认为法院的执行行为违反法律规定，从而向法院提出书面异议，法院审查，异议成立的裁定撤销或者改正，异议不成立的裁定驳回，不服该裁定，可以自该裁定送达之日起 10 日内向上一级人民法院申请复议。案外人对执行标的的异议指案外人对执行的标的主张权利，向执行法院提出书面异议。法院审查，认为异议成立，裁定中止对该标的的执行，异议不成立，裁定驳回。对该裁定不服，如果认为原生效裁判错误，可以向作出该生效裁判的法院申请再审；如果与原生效裁判无关，可以通过提起执行异议之诉的方式解决。关于执行异议之诉：（1）案外人异议之诉：对驳回异议的裁定，案外人起诉作为原告，以申请人为被告；被申请人反对案外人异议的，作为共同被告；被申请人不反对案外人异议的，可以列其为第三人；诉讼请求成立的，判决不得执行该标的物，诉讼请求不成立的，判决驳回请求。（2）许可执行之诉：对中止执行的裁定，申请人起诉作为原告，以案外人为被告；被申请人反对申请人主张的，作为共同被告；被申请人不反对申请人主张的，可以列其为第三人；诉讼请求成立的，判决准许对该标的物的执行，诉讼请求不成立的，判决驳回请求。法院审理执行异议之诉适用普通程序。

4. 执行担保。执行中，被执行人向法院提供担保，经申请人同意，法院可以决定暂缓执行和暂缓执行的期限。在暂缓执行期间，被执行人或者担保人对担保财产有转移、隐藏、变卖、毁损等行为，可以恢复强制执行；在暂缓执行期限届满后仍不履行，可以直接执行担保财产或者裁定执行担保人财产，但应以担保人应当履行义务部分为限。

5. 执行和解。首先执行中不允许进行调解，但当事人可以自行和解，达成和解协议，由执行员记入笔录，双方当事人签名、盖章。关于和解协议的效力：（1）当事人达成和解协议后请求法院中止执行的，法院裁定中止执行；（2）当事人达成和解协议后向法院申请撤回执行申请的，法院裁定执行终结；（3）当事人之间的和解协议合法有效并已经履行完毕，法院应作执行结案处理（即裁定执行终结）。申请人因受欺诈、胁迫与被执行人达成和解协议或当事人一方不履行和解协议，法院可以根据对方当事人申请，恢复对原生效法律文书的执行，但和解协议中已经履行的部分应当扣除；和解协议已经履行完毕的，不予恢复执行。

6. 执行承担。在执行过程中，由于出现特殊情况，被执行义务由其他公民、法人或其他组织承担，从而裁定变更被执行人或追加被执行人。

7. 执行回转。执行完毕后，据以执行的法律文书确有错误被法院撤销的，对已经执行的财产，法院应当作出裁定，责令取得财产人返还，拒不返还的，强制执行。

8. 代位申请执行。被执行人不能清偿债务，但是对第三人享有到期债权，经申请执行人或被执行人申请，向第三人（次债务人）发出履行到期债务的通知。对于该通知，次债务人应当在收到通知后15日内向申请执行人履行债务，并不得向被执行人清偿；如果对债权债务关系有异议，应当在收到通知后15日内提出异议；在15日内次债务人既不履行债务，又不提出异议，法院可以裁定对其强制执行。第三人在15日内提出异议的（可以口头），法院对该异议不进行审查，并不能对该第三人强制执行。但是第三人提出自己没有能力或者自己与申请执行人无直接法律关系的，不属于异议。

9. 参与分配。参与分配适用于对金钱债务，如果被申请人是公民或者其他组织，有多个申请人对该被申请人享有债权且被执行人的财产不足以清偿所有债权，已经取得执行依据的申请人可以申请对被执行人的财产按比例受偿。

10. 执行中止。在执行中遇到如下情形，法院应当裁定中止执行：（1）申请人表示可以延期执行的；（2）案外人对执行标的提出确有理由的异议的；（3）作为一方当事人的公民死亡，需要等待继承人继承权利或承担义务；（4）作为一方当事人的法人或者其他组织中止，尚未确定权利义务承受人；（5）法院认为应当中止的其他情形。

11. 执行终结。在执行中遇到如下情形，法院应当裁定终结执行程序：（1）申请人撤销申请，申请人基于处分权放弃了权利，故没有必要继续执行，执行终结；（2）据以执行的法律文书被撤销的，执行失去了依据，故不能继续执行，执行终结；（3）作为被执行人的公民死亡，无遗产可供执行，又无义务承担人的；（4）追索赡养费、扶养费、抚养费案件的权利人死亡的；（5）被执行人（公民）因生活困难无力偿还借款，又无收入来源，丧失劳动能力；（6）法院认为应当终结的其他情形。

二、执行措施

执行措施的内容比较简单，主要掌握财产报告，迟延履行金，加倍支付迟延履行期间债务利息，赔礼道歉，恢复名誉等判决的替代履行措施以及其他执行威慑措施。

考点一　执行的有关制度

📖 知识体系

执行根据	1. 法院制作的具有执行内容的生效法律文书，包括民事判决、裁定、调解书与支付令和刑事裁判的财产部分； 2. 其他机关制作的由法院执行的法律文书，包括公证机关依法赋予强制执行效力的债权文书，仲裁机构制作的依法由法院强制执行的仲裁裁决书； 3. 人民法院制作的承认并执行外国法院判决、裁定或者外国仲裁机构裁决的裁定书。		
执行管辖	管辖的确定	1. 生效的民事判决、裁定，以及刑事判决、裁定的财产部分，由第一审法院或者与之同级的被执行财产所在地法院执行； 2. 发生法律效力的支付令，由制作支付令的法院负责执行； 3. 法律规定的由法院执行的其他法律文书，由被执行人住所地或者被执行财产所在地法院执行； 4. 两个以上法院都有管辖权的，当事人可以向其中一个法院申请执行，当事人向两个以上法院申请的，由最先立案的法院管辖，法院在立案前发现其他有管辖权的法院已经立案的，不得重复立案；立案后发现其他有管辖权的法院已经立案的，应当撤销案件；已经采取执行措施的，应当将控制的财产移交先立案的法院处理。	
	管辖权异议	异议提出	收到执行通知书之日起 10 日内。
		异议处理	异议成立——撤销执行案件，告知当事人向有管辖权的法院申请执行。 异议不成立——裁定驳回。
		救济	当事人对执行管辖权异议的裁定不服，可以向上一级法院申请复议。
		不停止执行	管辖权异议以及复议期间不停止执行。
	变更管辖法院	情形	有执行管辖权的法院收到执行申请之日起超过 6 个月未执行。
		程序	申请人可以向上一级法院申请执行。
		结果	上一级法院经审查，可以发出督促执行令，责令原法院在一定期限内执行，也可以作出裁定由本院执行或者指令其他法院执行。

执行的启动	移送执行	生效的法律文书执行，一般应由当事人申请，但生效的具有给付赡养费、扶养费、抚养费内容的法律文书，民事制裁决定书，以及刑事附带民事判决、裁定、调解书，由审判庭移送执行机构执行。	
	申请执行	1. 法律文书已经生效。	
		2. 申请人是生效法律文书确定的权利人或其继承人、权利承受人。	
		3. 当事人在法定期限（2年）内提出申请。	
		注意	此处的两年为**诉讼时效**： 1. 该两年适用中止、中断的规定； 2. 申请执行人超过申请执行时效期间向人民法院申请强制执行的，人民法院应予受理。被执行人对申请执行时效期间提出异议，人民法院经审查异议成立的，裁定不予执行。 被执行人履行全部或者部分义务后，又以不知道申请执行时效期间届满为由请求执行回转的，人民法院不予支持。
不予执行	1. 公证债权文书确有错误，法院裁定不予执行； 2. 仲裁裁决书符合法定情形。		
执行通知	执行员接到申请执行书或者移交执行书后应当在10日内向被执行人发出执行通知，并可以立即采取强制措施。		
对执行行为的异议	异议主体	当事人、利害关系人	
	理由和方式	认为执行行为违反法律规定，向负责执行的法院提出书面异议。	
	法院的处理	15日内审查，异议成立，裁定撤销或改正； 异议不成立，裁定驳回。	
	救济	对法院裁定不服的，可在送达之日起10日内向上一级法院申请复议。	
	异议不停止执行	异议审查和复议期间，不停止执行。被执行人、利害关系人提供充分有效的担保请求停止相应处分措施，可以准许；申请人提供充分、有效担保，要求继续执行的，应当继续执行。	
执行担保	适用条件	执行中，被执行人向法院提供担保（财产担保、第三人担保），经申请执行人同意，法院可以决定暂缓执行与暂缓执行的期限。	
	期限	担保有期限的，应与担保期限一致，但最长不超过1年。	
	义务人拒不履行义务的后果	1. 在暂缓执行期间，被执行人或者担保人转移、隐藏、变卖、毁损担保财产，可以恢复强制执行； 2. 暂缓执行期限届满后仍不履行，可以直接执行担保财产或者裁定执行担保人财产。	

续表

执行和解	和解	执行过程中，当事人可自行达成和解协议。
	效果	（1）当事人达成和解协议后请求法院中止执行的，法院裁定中止执行； （2）当事人达成和解协议后向法院申请撤回执行申请的，法院裁定执行终结； （3）当事人之间的和解协议合法有效并已经履行完毕，法院应作执行结案处理（即裁定执行终结）； （4）执行和解协议不具有强制执行力，具有契约效力。被执行人一方不履行执行和解协议的，申请执行人可以申请恢复执行，也可以就履行和解协议向执行法院起诉。
	恢复执行	申请人因受欺诈、胁迫与被执行人达成和解协议或当事人一方不履行和解协议，法院可以根据对方当事人申请，恢复对原生效法律文书的执行，但和解协议中已经履行的部分应当扣除；和解协议已经履行完毕的，不予恢复执行。
执行回转		执行完毕后，据以执行的法律文书确有错误被法院撤销的，对已经执行的财产，法院应当作出裁定，责令取得财产人返还，拒不返还的，强制执行。
代位申请执行	条件	1. 被执行人不能清偿债务，但对第三人享有到期债权； 2. 经申请执行人或者被执行人申请。
	对第三人的效力	1. 应当在收到通知后15日内向申请执行人履行债务，并不得向被执行人清偿； 2. 如果对债权债务关系有异议，在收到通知后15日内提出异议； 3. 既不履行债务，又不提出异议，法院可以裁定强制执行。
	关于异议	1. 异议原则上要求书面，但也允许口头； 2. 第三人在15日内提出异议的，不能对第三人强制执行，法院对异议无须审查； 3. 第三人提出自己没有履行能力或者自己与申请执行人无直接法律关系的，不属于异议； 4. 第三人提出部分异议的，对其没有提出异议的部分，可以执行；提出异议部分，无须审查，不能强制执行。
	对第三人的措施	1. 强制执行：第三人收到履行通知后不提出异议，也不履行的； 2. 第三人收到法院要求其向申请执行人履行到期债务通知后，擅自向被执行人履行，造成已向被执行人履行的财产不能追回，第三人应在已履行的财产范围内与被执行人承担连带责任，并可以追究其妨碍执行的责任。
	不得再代位执行	对该第三人作出强制执行的裁定后，第三人确无可供执行的财产，不得就第三人对他人享有的到期债权强制执行。
参与分配	条件	1. 被申请人是公民或者其他组织； 2. 有多个申请人对该被申请人享有债权； 3. 被执行人的财产不足以清偿所有债权； 4. 申请人已经取得执行依据。
	申请时间	执行程序开始后，被执行人的财产被执行完毕前。
执行承担		作为被执行人的公民死亡的，以其遗产偿还债务； 作为被执行人的法人或者其他组织终止的，由其权利义务承受人履行义务。

续表

	异议主体	案外人	
案外人对执行标的的异议	异议理由	案外人对执行标的主张权利	
	异议程序	在执行过程中应当提出书面异议	
	对异议的审查	法院应当自收到书面异议之日起15日内进行（实质）审查；审查期间可对财产采取查封、扣押、冻结等保全措施，但不得处分。	
	审查结果	异议成立	裁定中止对该标的的执行
		异议不成立	裁定驳回
	情形一、认为原判决裁定确有错误——审判监督程序		
	案外人对执行异议裁定不服，认为原生效判决、裁定确有错误的，可以自执行异议裁定送达之日起6个月内，向**作出原判决、裁定、调解书的人民法院**申请再审。		
	情形二、与原判决、裁定无关——执行异议之诉		
	案外人、当事人对执行异议裁定不服，认为与原生效判决、裁定无关的，可以自裁定送达之日起15日内向执行法院提起执行异议之诉。		
	当事人	**案外人起诉（案外人异议之诉）**：案外人为原告，申请人为被告；被申请人反对案外人异议的，作为共同被告；被申请人不反对案外人异议的，可以列其为第三人。	
		申请执行人起诉（许可执行之诉）：申请执行人为原告，案外人为被告；被申请人反对申请人主张的，作为共同被告；被申请人不反对申请人主张的，可以列其为第三人。	
	审理	人民法院审理执行异议之诉案件，适用普通程序。诉讼中，由案外人就其对执行标的享有足以排除强制执行的民事权益承担举证责任。	
	判决	申请人起诉（许可执行之诉）	胜诉	判决准许对该执行标的的执行
			败诉	判决驳回诉讼请求
		案外人起诉（案外人异议之诉）	胜诉	判决不准许对该标的的执行
			败诉	判决驳回诉讼请求
执行中止和终结	执行中止	（1）申请人表示可以延期执行的；（2）案外人对执行标的的提出确有理由的异议的；（3）作为一方当事人的公民死亡，需要等待继承人继承权利或承担义务；（4）作为一方当事人的法人或者其他组织中止，尚未确定权利义务承受人；（5）法院认为应当中止的其他情形。其他情形包括：法院已经受理以被执行人为债务人的破产申请的；被执行人确无财产可供执行的；执行标的物是其他法院或者仲裁机构正在审理的案件争议的标的物，需要等待该案件审理完毕确定权属的；当事人一方申请执行仲裁裁决，另一方申请撤销仲裁裁决的；被执行人申请不予执行仲裁裁决，并提供担保的。	
	执行终结	（1）申请人撤销申请；（2）据以执行的法律文书被撤销的；（3）作为被执行人的公民死亡，无遗产可供执行，又无义务承担人的；（4）追索赡养费、扶养费、抚养费案件的权利人死亡的；（5）被执行人（公民）因生活困难无力偿还借款，又无收入来源，丧失劳动能力；（6）法院认为应当终结的其他情形。	

○ 考点讲解

一、执行概说

执行是指法院的执行机构（执行局）依照法定程序，对生效的法律文书确定的给付内容，以国家强制力为后盾，依法采取强制措施，迫使义务人履行义务的行为。

执行程序和审判程序的关系：审判程序是确定法律权利义务关系的程序，执行程序是实现生效法律文书确定的权利义务关系的程序，并不解决纠纷，所以不适用辩论原则，不适用调解。

二、执行根据

执行必须要以生效的法律文书为根据，以下法律文书可以成为执行的根据：

1. 法院制作的具有执行内容的生效法律文书，包括民事判决、裁定、调解书与支付令，刑事裁判中的财产部分；

2. 其他机关制作的由法院执行的法律文书，包括公证机关依法赋予强制执行效力的债权文书，仲裁机构制作的依法由法院强制执行的仲裁裁决书；

3. 人民法院制作的承认并执行外国法院判决、裁定或者外国仲裁机构裁决的裁定书。

三、执行管辖

1. 管辖的确定

（1）法院裁判：生效的民事判决、裁定，以及刑事判决、裁定的财产部分，由第一审法院或者与第一审法院同级的被执行财产所在地法院执行；

（2）非讼程序文书：发生法律效力的确认调解协议裁定、实现担保物权的裁定、支付令由作出该裁定、支付令的法院或者与之同级的被执行财产所在地法院执行；认定财产无主的判决，由作出该判决的法院将无主财产收归国家或者集体所有；

（3）其他文书：法律规定的由法院执行的其他法律文书，由被执行人住所地或者被执行的财产所在地法院执行；

（4）共同管辖：两个以上法院都有管辖权的，当事人可以向其中一个法院申请执行，当事人向两个以上法院申请执行的，由最先立案的法院管辖，法院在立案前发现其他有管辖权的人民法院已经立案的，不得重复立案；立案后发现其他有管辖权的法院已经立案的，应当撤销案件；已经采取执行措施的，应当将控制的财产移交先立案的法院处理。

2. 执行管辖异议

（1）异议的提出：收到执行通知书之日起 10 日内；

（2）异议的处理：异议成立——裁定撤销案件，告知当事人向有管辖权的法院申请执行；异议不成立——裁定驳回；

（3）救济：当事人对执行管辖权异议的裁定不服，可以向上一级法院申请复议；

（4）管辖权异议、复议的效果：管辖权异议、复议期间不停止执行。

◆ ★提　示

诉讼管辖和执行管辖的异同：

	诉讼管辖	执行管辖
共同管辖与选择管辖	一个案件两个以上法院都有管辖权的，原告（或申请人）可以选择向其中一个法院起诉（或申请执行），原告（或申请人）先后向两个法院起诉（或申请执行）的，由最先立案的法院管辖	
后立案的法院如何处理	在诉讼中，后立案的法院应当裁定移送管辖	在执行中，后立案的法院应当裁定撤销案件
提出管辖权异议的时间	提交答辩状期间	收到执行通知书 10 日内
异议成立后的处理	裁定移送管辖	裁定撤销案件
管辖权异议的救济	上诉	上级复议

3. 变更管辖法院

（1）概说：为了保护当事人权利，防止法院消极拖延执行，法律规定具有执行管辖权的法院有条件执行而自收到申请执行之日起 6 个月内未执行，申请执行人可以向上一级法院申请，该上一级法院可以发出督促执行令以责令有执行管辖权法院限期执行，或者作出裁定由本院执行，或者指令其他法院执行。

（2）情形：有执行管辖权的法院收到执行申请之日起超过 6 个月未执行。

注意：公告期间、鉴定评估期间、管辖权争议处理期间、执行争议协调期间、暂缓执行、中止执行期间不计算在该 6 个月内。

（3）程序：执行申请人向上一级法院申请。

（4）处理：

A. 裁定由本院执行；

B. 裁定指令辖区内其他法院执行；

C. 作出督促执行令，责令执行法院限期执行。

四、执行的启动

1. 移送执行：执行生效的法律文书，一般应由当事人依法提出申请，但是下列文书可以直接由审判庭移送执行机构执行：

（1）生效的具有给付赡养费、扶养费、抚养费内容的法律文书；

（2）民事制裁决定书；

（3）刑事附带民事判决、裁定、调解书；

（4）审判人员认为应移送执行的其他法律文书。

2. 申请执行：生效法律文书上所确定的权利人根据生效法律文书，在对方不履行义务的情况下，向有管辖权的法院申请执行，申请执行应当满足下列条件：

（1）法律文书已经生效；

（2）申请人是生效法律文书确定的权利人或其继承人、权利承受人；

（3）当事人在法定期限（2 年）内提出申请。

注意：此处的两年为诉讼时效，且看《民诉司法解释》的如下规定：

（1）该 2 年适用中止、中断的规定。

（2）申请执行人超过申请执行时效期间向人民法院申请强制执行的，人民法院应予受理。被执行人对申请执行时效期间提出异议，人民法院经审查异议成立的，裁定不予执行。

（3）被执行人履行全部或者部分义务后，又以不知道申请执行时效期间届满为由请求执行回转的，人民法院不予支持。

可见申请执行的期限与诉讼时效一样。

回顾：诉讼时效的中止、中断

	时效中止	时效中断
情形	在申请执行时效期间的最后 6 个月内，因不可抗力或者其他障碍不能行使请求权	当事人申请执行；当事人双方达成和解协议；当事人一方提出履行要求；当事人一方同意履行义务
后果	从该障碍消除之日起，申请执行时效继续计算	从中断时起，申请执行时效重新计算

五、不予执行制度

1. 公证债权文书确有错误，法院裁定不予执行。
2. 仲裁裁决书符合法定情形（详见仲裁部分）。

六、执行通知

执行员应当在接到申请执行书或者移交执行书后 10 日内向被执行人发出执行通知，并可以立即采取强制措施。

★七、执行异议

执行异议分为对执行行为的异议和案外人对执行标的的异议，本部分内容历来是考生理解的难点。

（一）对执行行为的异议：指当事人和利害关系人对法院的执行行为提出质疑，而要求法院变更或停止执行行为。

（1）异议主体：当事人和利害关系人；

（2）异议理由：认为执行行为违反法律规定；

（3）异议程序：向负责执行的法院提出书面异议；

（4）法院处理：15 日内审查，异议成立，裁定撤销或改正；异议不成立，裁定驳回；

（5）救济：不服法院的裁定，可以自送达之日起 10 日内向上一级法院申请复议；

（6）异议不停止执行：异议审查和复议期间，不停止执行。被执行人、利害关系人提供充分有效的担保请求停止相应处分措施，可以准许；申请人提供充分、有效担保，要求继续执行的，应当继续执行。

考点归纳

在民事诉讼法中存在诸多复议的情形，并且有些复议为上级复议，有些复议为同级复议，笔者归纳如下（复议共有9处，其中4处为同级复议，5处为上级复议）：同级复议的包括：回避决定、保全裁定、先予执行裁定；上级复议的包括：罚款决定，拘留决定，执行管辖权异议的裁定，执行行为异议的裁定，被申请人、申请人或其他执行当事人对执行法院作出的变更、追加裁定或驳回申请的裁定。

【经典真题】

（2014年卷三49题）对于甲和乙的借款纠纷，法院判决乙应归还甲借款。进入执行程序后，由于乙无现金，法院扣押了乙住所处的一架钢琴准备拍卖。乙提出钢琴是其父亲的遗物，申请用一台价值与钢琴相当的相机替换钢琴。法院认为相机不足以抵偿乙的债务，未予同意。乙认为扣押行为错误，提出异议。法院经过审查，驳回该异议。关于乙的救济渠道，下列哪一表述是正确的？[1]

A. 向执行法院申请复议

B. 向执行法院的上一级法院申请复议

C. 向执行法院提起异议之诉

D. 向原审法院申请再审

【解析】本题考查执行异议。执行异议制度分为对执行行为的异议和案外人对执行标的的异议。其中执行行为异议是指当事人或者其他利害关系人认为执行行为违反法律规定，向执行法院提出书面异议，由法院审查并作出裁定，对于该裁定不服的，可以向上一级法院复议一次。案外人对执行标的的异议指案外人对执行标的主张权利，而向执行法院提出权利主张，法院审查后作出中止或者驳回的裁定，对该裁定不服的，如果是原生效裁定确有错误的通过审判监督程序处理；而与原生效裁判无关的，则可以通过另行起诉（案外人异议之诉或者许可执行之诉）方式处理。

题目中"乙认为扣押错误"可以看出异议的主体是当事人，所以只能是对执行行为的异议，而不是案外人对执行标的的异议（案外人对执行标的的异议的主体要求是案外人，而不能是当事人），且认为"扣押错误"显然是对执行行为的异议。根据上文分析可知，对执行行为的异议，法院作出裁定后当事人的救济途径是向上一级法院申请复议一次。所以直接选择B选项即可。

★（二）案外人对执行标的的异议

1. 异议主体：案外人。

2. 异议理由：案外人对执行标的主张权利。

3. 异议程序：在执行过程中向执行法院提出书面异议。

4. 对异议的审查：法院应当自收到书面异议之日起15日内进行审查；审查期间可对财产采取查封、扣押、冻结等保全措施，但不得处分。

5. 审查结果：异议成立的，裁定中止对该标的的执行；异议不成立的，裁定驳回案外人的异议。

---

〔1〕 2014年卷三49题答案为：B

6. 救济：如果是认为原判决、裁定错误的，依照审判监督程序处理；

如果与原判决、裁定无关，自裁定送达之日起 15 日内起诉（执行异议之诉）。

（1）审判监督程序处理

案外人对执行异议裁定不服，认为原生效判决、裁定确有错误的，可以自执行异议裁定送达之日起 6 个月内，向作出原判决、裁定、调解书的人民法院申请再审。

（2）执行异议之诉的比较

比较项	案外人执行异议之诉	申请人执行异议之诉（许可执行）
起诉条件	除符合《民事诉讼法》第 122 条规定外，还应当具备下列条件： ①案外人的执行异议申请已经被人民法院裁定驳回； ②有明确地排除对执行标的执行的诉讼请求，且诉讼请求与原判决、裁定无关； ③自执行异议裁定送达之日起 15 日内提起。 人民法院应当在收到起诉状之日起 15 日内决定是否立案。	除符合《民事诉讼法》第 122 条规定外，还应当具备下列条件： ①依案外人执行异议申请，人民法院裁定中止执行； ②有明确的对执行标的继续执行的诉讼请求，且诉讼请求与原判决、裁定无关； ③自执行异议裁定送达之日起 15 日内提起。 人民法院应当在收到起诉状之日起 15 日内决定是否立案。
当事人	原告：案外人。 被告：申请执行人，被执行人反对案外人异议的，被执行人为共同被告。 第三人：被执行人不反对案外人异议。	原告：申请执行人。 被告：案外人，被执行人反对申请执行人主张的，以案外人和被执行人为共同被告。 第三人：被执行人不反对申请执行人主张。
时效	自驳回执行异议裁定送达之日起 15 日内	自异议成立裁定送达之日起 15 日内
管辖	执行法院	
审理程序	普通程序	
举证责任	案外人对执行标的享有足以排除强制执行的民事权益承担举证责任	
处理	①案外人就执行标的享有足以排除强制执行的民事权益的，判决不得执行该执行标的； ②案外人就执行标的不享有足以排除强制执行的民事权益的，判决驳回诉讼请求。案外人同时提出确认其权利的诉讼请求的，人民法院可以在判决中一并作出裁判。 对案外人执行异议之诉，人民法院判决不得对执行标的执行的，执行异议裁定失效。	①案外人就执行标的不享有足以排除强制执行的民事权益的，判决准许执行该执行标的； ②案外人就执行标的享有足以排除强制执行的民事权益的，判决驳回诉讼请求。 对申请执行人执行异议之诉，人民法院判决准许对该执行标的的执行的，执行异议裁定失效，执行法院可以根据申请执行人的申请或者依职权恢复执行。

续表

比较项	案外人执行异议之诉	申请人执行异议之诉（许可执行）
与执行程序的关系	案外人执行异议之诉审理期间，人民法院不得对执行标的进行处分。申请执行人请求人民法院继续执行并提供相应担保的，人民法院可以准许。 被执行人与案外人恶意串通，通过执行异议、执行异议之诉妨害执行的，人民法院应当依照《民事诉讼法》第116条规定处理。申请执行人因此受到损害的，可以提起诉讼要求被执行人、案外人赔偿。	人民法院对执行标的的裁定中止执行后，申请执行人在法律规定的期间内未提起执行异议之诉的，人民法院应当自起诉期限届满之日起7日内解除对该执行标的采取的执行措施。

【经典真题】

例1（2017年卷三41题）易某依法院对王某支付其5万元损害赔偿金之判决申请执行。执行中，法院扣押了王某的某项财产。案外人谢某提出异议，称该财产是其借与王某使用的，该财产为自己所有。法院经审查，认为谢某异议理由成立，遂裁定中止对该财产的执行。关于本案的表述，下列哪一选项是正确的?[1]

A. 易某不服该裁定提起异议之诉的，由易某承担对谢某不享有该财产所有权的证明责任

B. 易某不服该裁定提起异议之诉的，由谢某承担对其享有该财产所有权的证明责任

C. 王某不服该裁定提起异议之诉的，由王某承担对谢某不享有该财产所有权的证明责任

D. 王某不服该裁定提起异议之诉的，由王某承担对其享有该财产所有权的证明责任

【解析】本题考查执行异议之诉的证明责任。根据《民诉司法解释》第311条的规定，案外人或者申请执行人提起执行异议之诉的，案外人应当就其对执行标的的享有足以排除强制执行的民事权益承担举证证明责任。即只要是提起执行异议之诉，无论由谁提起，均由案外人就其对执行标的的享有足以排除强制执行的民事权益承担举证证明责任。B正确。

例2（2015年卷三98~100题）张山承租林海的商铺经营饭店，因拖欠房租被诉至饭店所在地甲法院，法院判决张山偿付林海房租及利息，张山未履行判决。经律师调查发现，张山除所居住房以外，其名下另有一套房屋，林海遂向该房屋所在地乙法院申请执行。乙法院对该套房屋进行查封拍卖。执行过程中，张山前妻宁虹向乙法院提出书面异议，称两人离婚后该房屋已由丙法院判决归其所有，目前尚未办理房屋变更登记手续。

（1）（2015年卷三98题）对于宁虹的异议，乙法院的正确处理是：[2]

A. 应当自收到异议之日起15日内审查

B. 若异议理由成立，裁定撤销对该房屋的执行

C. 若异议理由不成立，裁定驳回

---

[1]　2017年卷三41题答案为：B

[2]　2015年卷三98题答案为：AC

D. 应当告知宁虹直接另案起诉

【解析】宁虹是对执行标的物房屋的所有权提出异议，人民法院应当在收到异议之日起15日内审查，若异议理由成立，裁定中止对该房屋的执行；若异议理由不成立，裁定驳回。因此，AC正确，B错误。在执行程序中，如果对执行标的物主张实体权利，只能先提出异议，而不能直接另案起诉，D错误。

（2）（2015年卷三99题）如乙法院裁定支持宁虹的请求，林海不服提出执行异议之诉，有关当事人的诉讼地位是：[1]

A. 林海是原告，张山是被告，宁虹是第三人

B. 林海和张山是共同原告，宁虹是被告

C. 林海是原告，张山和宁虹是共同被告

D. 林海是原告，宁虹是被告，张山视其态度而定

【解析】根据《民诉司法解释》第308条的规定："申请执行人提起执行异议之诉的，以案外人为被告。被执行人反对申请执行人主张的，以案外人和被执行人为共同被告；被执行人不反对申请执行人主张的，可以列被执行人为第三人。"D正确。

（3）（2015年卷三100题）乙法院裁定支持宁虹的请求，林海提出执行异议之诉，下列说法可成立的是：[2]

A. 林海可向甲法院提起执行异议之诉

B. 如乙法院审理该案，应适用普通程序

C. 宁虹应对自己享有涉案房屋所有权承担证明责任

D. 如林海未对执行异议裁定提出诉讼，张山可以提出执行异议之诉

【解析】执行异议之诉应当由执行法院管辖，本案中，执行法院为乙法院，A错误；根据《民诉司法解释》第310条的规定，人民法院审理执行异议之诉案件，适用普通程序。B项正确；根据谁主张谁举证的规则，宁虹对自己享有涉案房屋所有权承担证明责任，C正确；提出执行异议是执行异议之诉的前置程序，D错误。

★八、执行担保（《民事诉讼法》第238条）

执行担保是指在执行过程中，经执行权利人同意，执行义务人或者第三人（担保人）为履行生效法律文书确定的义务向法院提供担保，由法院决定暂缓执行的制度。

1. 执行担保的条件

（1）被执行人向执行法院提出申请并提供财产作为担保，也可以由第三人作担保。根据《民诉司法解释》第470条的相关规定：向人民法院提供执行担保的，可以由被执行人或者他人提供财产担保，也可以由他人提供保证。担保人应当具有代为履行或者代为承担赔偿责任的能力。他人提供执行保证的，应当向执行法院出具保证书，并将保证书副本送交申请执行人。被执行人或者他人提供财产担保的，应当参照民法典的有关规定办理相应手续。

（2）经申请人同意。

---

[1] 2015年卷三99题答案为：D

[2] 2015年卷三100题答案为：BC

2. 执行担保的效力

（1）执行担保书生效后，发生暂缓执行的后果，即中止原判决、裁定的执行；人民法院决定暂缓执行的，如果担保有期限，暂缓执行的期限应与担保期限一致，但最多不能超过 1 年。

（2）被执行人或担保人对担保的财产有转移、隐藏、变卖等行为的，人民法院可以恢复强制执行。

（3）执行担保期届满后，被执行人仍不履行的，人民法院可以直接执行担保财产或者担保人的财产。需要注意：执行担保人的财产应当以担保范围为限。

★九、执行和解（《民事诉讼法》第 237 条）

执行和解是指在执行过程中，当事人自愿协商达成合法有效的协议，并自觉履行后，结束执行程序的行为，是当事人行使处分权的表现。注意：在执行过程中允许当事人自行和解，但是不允许法院进行调解。

1. 执行和解的内容和形式

（1）内容：变更生效法律文书确定的权利义务主体、履行标的、期限、地点和方式等。

（2）形式：和解协议一般采用书面形式；如果是口头形式，执行人员应当将其记入笔录，并由双方当事人签字。

2. 执行和解的法律效力：

《最高人民法院关于执行和解若干问题的规定》（以下简称《民事执行和解规定》）

（1）**执行和解协议履行完毕，执行结案处理**。（《民事执行和解规定》第 8 条）

执行和解协议履行完毕，申请执行人因被执行人迟延履行、瑕疵履行遭受损害的，可以向执行法院另行提起诉讼。（《民事执行和解规定》第 15 条）

（2）**执行和解协议不具有强制执行力，具有契约效力**。

被执行人一方不履行执行和解协议的，申请执行人可以申请恢复执行原生效法律文书，也可以就履行执行和解协议向执行法院提起诉讼。（《民事执行和解规定》第 9 条）

3. ★**申请执行人申请恢复原生效法律文书的时效、审查以及救济**

（1）时效：申请恢复执行原生效法律文书，适用《民事诉讼法》第 246 条第 2 款申请执行期间的规定。当事人不履行执行和解协议的，申请恢复执行期间自执行和解协议约定履行期间的最后一日起计算。（《民事执行和解规定》第 10 条）

（2）**不予恢复执行的情形**：申请执行人以被执行人一方不履行执行和解协议为由申请恢复执行，人民法院经审查，理由成立的，裁定恢复执行；有下列情形之一的，裁定不予恢复执行：①执行和解协议履行完毕后申请恢复执行的；②执行和解协议约定的履行期限尚未届至或者履行条件尚未成就的，但符合合同法第一百零八条规定情形的除外；③被执行人一方正在按照执行和解协议约定履行义务的；④其他不符合恢复执行条件的情形。（《民事执行和解规定》第 11 条）

（3）**恢复执行后**：①和解协议已经履行的部分，应当扣除。（《民诉司法解释》第 467 条）

②恢复执行后，对申请执行人就履行执行和解协议提起的诉讼，人民法院不予受理。（《民事执行和解规定》第 13 条）

4. **执行行为异议**：当事人、利害关系人认为恢复执行或者不予恢复执行违反法律规定

的，可以依照《民事诉讼法》第 232 条规定提出异议。(《民事执行和解规定》第 12 条)

5. ★申请人就履行执行和解协议提起诉讼

申请执行人就履行执行和解协议提起诉讼，执行法院受理后，可以裁定终结原生效法律文书的执行。执行中的查封、扣押、冻结措施，自动转为诉讼中的保全措施。(《民事执行和解规定》第 14 条)

★提 示 执行过程中，达成执行和解协议后，如果被执行人不履行和解协议，申请执行人可以在申请恢复执行原生效法律文书和就履行执行和解协议向执行法院提起诉讼两种救济方式中选择一种行使，不能同时行使。

【相关掌握】

1. 当事人达成以物抵债执行和解协议的，人民法院不得依据该协议作出以物抵债裁定。(《民事执行和解规定》第 6 条)

2. 申请执行人与被执行人达成和解协议后请求中止执行或者撤回执行申请的，人民法院可以裁定中止执行或者终结执行。(《民诉司法解释》第 466 条)

3. 执行期间因执行和解而中断，其期间自和解协议约定履行期限的最后一日起重新计算。(《民诉司法解释》第 468 条)

4. 当事人、利害关系人认为执行和解协议无效或者应予撤销的，可以向执行法院提起诉讼。执行和解协议被确认无效或者撤销后，申请执行人可以据此申请恢复执行。

被执行人以执行和解协议无效或者应予撤销为由提起诉讼的，不影响申请执行人申请恢复执行。(《民事执行和解规定》第 16 条)

【经典真题】

(2015 年卷三 49 题) 甲乙双方合同纠纷，经仲裁裁决，乙须偿付甲货款 100 万元，利息 5 万元，分 5 期偿还。乙未履行该裁决。甲据此向法院申请执行，在执行过程中，双方达成和解协议，约定乙一次性支付货款 100 万元，甲放弃利息 5 万元并撤回执行申请。和解协议生效后，乙反悔，未履行和解协议。关于本案，下列哪一说法是正确的?[1]

　A. 对甲撤回执行的申请，法院裁定中止执行

　B. 甲可向法院申请执行和解协议

　C. 甲可以乙违反和解协议为由提起诉讼

　D. 甲可向法院申请执行原仲裁裁决，法院恢复执行

【解析】 根据《民诉司法解释》第 467 条的规定，一方当事人不履行或者不完全履行在执行中双方自愿达成的和解协议，对方当事人申请执行原生效法律文书的，人民法院应当恢复执行，但和解协议已履行的部分应当扣除。和解协议已经履行完毕的，人民法院不予恢复执行。D 正确。应当注意几点：第一恢复执行应当依申请，不能依职权；第二恢复的是原生效法律文书的执行而不是和解协议的执行。

★十、执行承担

在执行程序中，由于出现特殊情况，被执行人的义务由其他公民、法人或者其他组织

---

[1] 2015 年卷三 49 题答案为：D

履行。具体体现为被执行人的变更和追加。

1. 作为被执行人的公民死亡，其遗产继承人没有放弃继承的，人民法院可以裁定变更被执行人，由该继承人在遗产的范围内偿还债务。继承人放弃继承的，以遗产管理人为被执行为。

2. 作为被执行人的法人或者其他组织分立、合并的，其权利义务由变更后的法人或者其他组织承受；作为法人的被执行人被注销的，如果依有关实体法的规定有权利义务承受人的，可以裁定该权利义务承受人为被执行人。

3. 其他组织在执行程序中不能履行法律文书确定的义务的，人民法院可以裁定执行对该其他组织依法承担义务的法人或者公民个人的财产。

4. 在执行中，作为被执行人的法人或者其他组织名称变更的，人民法院可以裁定变更后的法人或者其他组织为被执行人。

《最高人民法院关于民事执行中变更、追加当事人若干问题的规定》（2021 年 1 月 1 日施行）对执行程序中变更和追加当事人作了进一步明确的规定，考生需要注意如下内容：

1. 申请执行人将生效法律文书确定的债权依法转让给第三人，且书面认可第三人取得该债权，该第三人申请变更、追加其为申请执行人的，人民法院应予支持。

2. 作为被执行人的个人独资企业，不能清偿生效法律文书确定的债务，申请执行人申请变更、追加其投资人为被执行人的，人民法院应予支持。个人独资企业出资人作为被执行人的，人民法院可以直接执行该个人独资企业的财产。

个体工商户的字号为被执行人的，人民法院可以直接执行该字号经营者的财产。

3. 申请人申请变更、追加执行当事人的程序以及法院的处理。

（1）申请人应当向执行法院提交书面申请及相关证据材料。

（2）除事实清楚、权利义务关系明确、争议不大的案件外，执行法院应当组成合议庭审查并公开听证。经审查，理由成立的，裁定变更、追加；理由不成立的，裁定驳回。

（3）执行法院应当自收到书面申请之日起 60 日内作出裁定。有特殊情况需要延长的，由本院院长批准。

4. 对变更、追加裁定或驳回裁定不服的救济：申请复议。

（1）被申请人、申请人或其他执行当事人对执行法院作出的变更、追加裁定或驳回申请裁定不服的，可以自裁定书送达之日起 10 日内向上一级人民法院申请复议，但依据本规定应当提起诉讼的除外。

（2）上一级人民法院对复议申请应当组成合议庭审查，并自收到申请之日起 60 日内作出复议裁定。有特殊情况需要延长的，由本院院长批准。

（3）被裁定变更、追加的被申请人申请复议的，复议期间，人民法院不得对其争议范围内的财产进行处分。申请人请求人民法院继续执行并提供相应担保的，人民法院可以准许。

5. 对特殊情形下变更、追加裁定或驳回裁定不服的救济：提起执行异议之诉。

（1）被申请人或申请人对执行法院在下列情形作出的变更、追加裁定或驳回申请裁定不服的，可以自裁定书送达之日起 15 日内，向执行法院提起执行异议之诉。

第一，作为被执行人的有限合伙企业，财产不足以清偿生效法律文书确定的债务，申请执行人申请变更、追加未按期足额缴纳出资的有限合伙人为被执行人，在未足额缴纳出资的范围内承担责任的，人民法院应予支持。

第二，作为被执行人的企业法人，财产不足以清偿生效法律文书确定的债务，申请执行人申请变更、追加未缴纳或未足额缴纳出资的股东、出资人或依公司法规定对该出资承担连带责任的发起人为被执行人，在尚未缴纳出资的范围内依法承担责任的，人民法院应予支持。

第三，作为被执行人的营利法人，财产不足以清偿生效法律文书确定的债务，申请执行人申请变更、追加抽逃出资的股东、出资人为被执行人，在抽逃出资的范围内承担责任的，人民法院应予支持。

第四，作为被执行人的公司，财产不足以清偿生效法律文书确定的债务，其股东未依法履行出资义务即转让股权，申请执行人申请变更、追加该原股东或依公司法规定对该出资承担连带责任的发起人为被执行人，在未依法出资的范围内承担责任的，人民法院应予支持。

第五，作为被执行人的一人有限责任公司，财产不足以清偿生效法律文书确定的债务，股东不能证明公司财产独立于自己的财产，申请执行人申请变更、追加该股东为被执行人，对公司债务承担连带责任的，人民法院应予支持。

第六，作为被执行人的公司，未经清算即办理注销登记，导致公司无法进行清算，申请执行人申请变更、追加有限责任公司的股东、股份有限公司的董事和控股股东为被执行人，对公司债务承担连带清偿责任的，人民法院应予支持。

（2）被申请人提起执行异议之诉的，以申请人为被告。被申请人提起的执行异议之诉，人民法院经审理，按照下列情形分别处理：

理由成立的，判决不得变更、追加被申请人为被执行人或者判决变更责任范围；理由不成立的，判决驳回诉讼请求。

注意：诉讼期间，人民法院不得对被申请人争议范围内的财产进行处分。申请人请求人民法院继续执行并提供相应担保的，人民法院可以准许。

（3）申请人提起执行异议之诉的，以被申请人为被告。人民法院经审理，按照下列情形分别处理：

理由成立的，判决变更、追加被申请人为被执行人并承担相应责任或者判决变更责任范围；理由不成立的，判决驳回诉讼请求。

【经典真题】

例1.（2017年卷三49题）钱某在甲、乙、丙三人合伙开设的饭店就餐时被砸伤，遂以营业执照上登记的字号"好安逸"饭店为被告提起诉讼，要求赔偿医疗费等费用25万元。法院经审理，判决被告赔偿钱某19万元。执行过程中，"好安逸"饭店支付了8万元后便再无财产可赔。对此，法院应采取下列哪一处理措施？[1]

A. 裁定终结执行

B. 裁定终结本次执行

C. 裁定中止执行，告知当事人另行起诉合伙人承担责任

D. 裁定追加甲、乙、丙为被执行人，执行其财产

【解析】本题考查执行承担中被执行人的追加。根据《最高人民法院关于民事执行中

---

〔1〕　2017年卷三49题答案为：D

变更、追加当事人若干问题的规定》第 13 条第 2 款的规定，个体工商户的字号为被执行人的，人民法院可以直接执行该字号经营者的财产。结合本案，D 项正确。

十一、执行回转

执行完毕后，据以执行的法律文书确有错误被法院撤销的，对已经执行的财产，法院应当作出裁定，责令取得财产人返还，拒不返还的，强制执行。

已执行的标的物系特定物的应退还原物，不能退还原物的可折价抵偿；双方当事人对折价赔偿不能协商一致的，法院应终结执行回转。申请执行人可以另行起诉。

十二、代位申请执行

代位申请执行是指被执行人不能清偿债务，但是对第三人享有到期债权，经申请执行人或被执行人申请，向第三人（次债务人）发出履行到期债务的通知（简称履行通知）。

1. 条件

（1）被执行人不能清偿债务，但对第三人享有到期债权；

（2）经申请执行人或者被执行人申请。

2. 履行通知的效力

（1）次债务人应当在收到通知后 15 日内向申请执行人履行债务，并不得向被执行人清偿；

（2）如果对债权债务关系有异议，应当在收到通知后 15 日内提出异议；

（3）既不履行债务，又不提出异议，法院可以裁定对第三人强制执行。

3. 关于第三人的异议

（1）异议原则上要求书面，但允许口头；

（2）第三人在 15 日内提出异议的，不能对第三人强制执行，法院对异议不审查。

但是，第三人提出以下理由不属于异议，不影响履行通知的效力：

A. 自己没有履行能力；B. 自己与申请执行人无直接法律关系。

（3）第三人提出部分异议的，对其没有提出异议的部分，可以执行；提出异议部分，不审查，不能强制执行。

4. 对第三人的措施

（1）强制执行：第三人收到履行通知之日起 15 日内不提出异议，也不履行的；

（2）第三人收到法院要求其向申请执行人履行到期债务通知后，擅自向被执行人履行，造成已向被执行人履行的财产不能追回，第三人应在已履行的财产范围内与被执行人承担连带责任，并可以追究其妨碍执行的责任。

5. 不得再代位执行：对该第三人作出强制执行的裁定后，第三人确无可供执行的财产，不得就第三人对他人享有的到期债权强制执行。

6. 关于案外人对债权的异议

案外人针对被执行人对第三人的到期债权提出异议，比如案外人提出被执行人之债权已经转让于自己的异议，此时适用案外人对执行标的异议制度。

十三、参与分配

参与分配是执行程序开始后，因债务人的财产不足以清偿多个债权人的债权，申请执行人以外的其他债权人凭借有效的执行依据加入到已经开始的执行过程中，使各个债权人能够平等受偿的制度。

1. 适用条件：

（1）被申请人是公民或者其他组织；

▶ ★提 示 如果被申请人是法人，不能进行参与分配，因为对法人可以适用破产制度，不再适用参与分配制度。

（2）有多个申请人对该被申请人享有到期债权；

（3）被执行人的财产不足以清偿所有债权；

（4）申请人已经取得执行依据；起诉后尚未获得生效裁判的债权人不具有参与分配的资格；

▶ ★提 示 对人民法院查封、扣押、冻结的财产有优先权、担保物权的债权人，可以直接申请参与分配，主张优先受偿权。

（5）参与分配只适用于金钱债权。

2. 适用程序：债权人在执行程序开始后，被执行人的财产被执行完毕前申请。

3. 参与分配程序中的清偿顺序

参与分配执行中，执行所得价款扣除执行费用，并清偿应当优先受偿的债权后，对于普通债权，原则上按照其占全部申请参与分配债权数额的比例受偿。清偿后的剩余债务，被执行人应当继续清偿。债权人发现被执行人有其他财产的，可以随时请求人民法院执行。

4. 参与分配方案及异议

多个债权人对执行财产申请参与分配的，执行法院应当制作财产分配方案，并送达各债权人和被执行人。债权人或者被执行人对分配方案有异议的，应当自收到分配方案之日起15日内向执行法院提出书面异议。

5. 对于分配方案异议的处理

债权人或者被执行人对分配方案提出书面异议的，执行法院应当通知未提出异议的债权人、被执行人。

未提出异议的债权人、被执行人自收到通知之日起15日内未提出反对意见的，执行法院依异议人的意见对分配方案审查修正后进行分配；提出反对意见的，应当通知异议人。异议人可以自收到通知之日起15日内，以提出反对意见的债权人、被执行人为被告，向执行法院提起诉讼；异议人逾期未提起诉讼的，执行法院按照原分配方案进行分配。

十四、执行中止和终结

1. 执行中止

执行中止指在执行过程中，由于某种特殊情况而暂时停止执行程序，待该情况消除后再恢复执行的制度；执行中止应当使用裁定书，待执行中止的原因消除后，由当事人申请或法院依职权恢复执行程序，继续执行。

应当中止执行的情形包括：

（1）申请人表示可以延期执行的；

（2）案外人对执行标的提出确有理由的异议的；

（3）作为一方当事人的公民死亡，需要等待继承人继承权利或承担义务；

（4）作为一方当事人的法人或者其他组织终止，尚未确定权利义务承受人；

（5）法院认为应当中止的其他情形。

2. 执行终结

执行终结指在执行过程中，由于发生某些特殊情况，执行程序不可能或没有必要继续执行，从而裁定执行终结，非正常结束执行程序的制度。

执行过程中，引起执行终结的情况有：

（1）申请人撤销申请；申请人基于处分权放弃了权利，故没有必要继续执行，执行终结；（申请人撤销执行申请而终结执行后，可以在执行时效内再次申请执行）

（2）据以执行的法律文书被撤销的；执行失去了依据，故不能继续执行，执行终结；

（3）作为被执行人的公民死亡，无遗产可供执行，又无义务承担人的；

（4）追索赡养费、扶养费、抚养费案件的权利人死亡的；（赡养费、扶养费、抚养费的权利人死亡，没有赡养、扶养、抚育的必要，故终结执行；但是注意，权利人死亡才终结执行，如果义务人死亡，不一定会导致执行终结）

（5）被执行人（公民）因生活困难无力偿还借款，又无收入来源，丧失劳动能力；

（6）法院认为应当终结的其他情形。

考点二　执行措施

知识体系

财产报告	1. 被执行人未按照执行通知履行法律文书确定的义务，应当报告当前及收到执行通知之日起前1年的财产情况；拒绝或者虚假报告，可以对被执行人或者其法定代理人、有关单位主要负责人予以罚款、拘留； 2. 报告财产后，财产情况发生变动的，应当自变动之日起10日内补充报告； 3. 被执行人在报告期间履行全部债务的，应当裁定终结报告程序。		
强制支付迟延履行期间债务利息及迟延履行金	被执行人未按判决、裁定及其他法律文书指定的期间履行给付义务，应当加倍支付迟延履行期间债务利息；被执行人未履行其他义务的，应当支付迟延履行金。		
代履行	侵权人拒不执行生效判决，不为对方恢复名誉、消除影响的，法院可以采取公告、登报等方式，将判决书的主要内容与相关情况公布于众，费用由被执行人负担，并可以追究其妨碍执行的责任。		
限制出境	适用条件	A. 被执行人未履行法律文书确定的义务，且又有逃避履行的可能； B. 被执行人或者执行单位的法定代表人、负责人出境可能造成案件无法执行的。	
	适用	根据申请执行人的申请，必要时可以依职权。	
	对象	A. 被执行人； B. 被执行人为单位，可以对其法定代表人、主要负责人或者影响债务履行的直接责任人员采取； C. 被执行人是无民事行为能力人、限制民事行为能力人，可以对其法定代理人采取。	
	解除	A. 被执行人履行全部义务，执行法院应当及时解除； B. 被执行人提供充分、有效担保，可以解除； C. 申请执行人同意的，可以解除。	

续表

征信系统记录	被执行人拒不履行法律文书确定的义务，法院可以将被执行人或被执行单位的法定代表人、负责人不履行义务的信息记录在个人征信系统中。
媒体公布	被执行人拒不履行法律文书确定的义务，执行法院可以依职权或依申请将被执行人不履行法律文书确定的义务的信息通过媒体公布，公布费用由被执行人负担，申请执行人申请的，应当垫付。
其他执行措施	查询、冻结、划拨被执行人的存款；扣留、提取被执行人的收入；查封、扣押、拍卖被执行人的财产；搜查被执行人的财产；强制被执行人交付法律文书指定的财物或票证；强制被执行人迁出房屋或者退出土地；强制被执行人履行法律文书指定的行为；办理财产证照转移手续。
不得执行的财产	1. 被执行人及其所扶养家属生活所必需的物品、必需的生活费用、完成义务教育所必需的物品、荣誉表彰的物品； 2. 未公开的发明或未发表的著作； 3. 金融机构交存在人民银行的存款准备金和备付金、营业场所。

○考点讲解

在《民事诉讼法》中规定的执行措施纷繁复杂，诸如查询、冻结、划拨被执行人的存款；扣留、提取被执行人的收入；查封、扣押、拍卖被执行人的财产；搜查被执行人的财产；强制被执行人交付法律文书指定的财物或票证；强制被执行人迁出房屋或者退出土地；强制被执行人履行法律文书指定的行为；办理财产证照转移手续；限制出境；征信系统记录不履行义务的信息；媒体公布不履行义务信息。但是考查力度不大，考生只需要掌握如下重要措施即可。

一、财产报告制度

（1）适用：被执行人未按照执行通知履行法律文书确定的义务，应当报告当前及收到执行通知之日起前1年的财产情况（由人民法院向其发出报告财产令）；拒绝或者虚假报告，可以对被执行人或者其法定代理人、有关单位主要负责人予以罚款、拘留；

（2）补充报告：报告财产后，财产情况发生变动的，应当自变动之日起10日内补充报告；

（3）程序终结：被执行人在报告期间履行全部债务的，应当裁定终结报告程序。

二、强制支付迟延履行期间债务利息及迟延履行金

被执行人未按判决、裁定及其他法律文书指定的期间履行给付义务，应当加倍支付迟延履行期间债务利息；被执行人未履行其他义务的，应当支付迟延履行金。

【经典真题】

（2016年卷三84题）田某拒不履行法院令其迁出钟某房屋的判决，因钟某已与他人签订租房合同，房屋无法交给承租人，使钟某遭受损失，钟某无奈之下向法院申请强制执行。法院受理后，责令田某15日内迁出房屋，但田某仍拒不履行。关于法院对田某可以采取的

强制执行措施，下列哪些选项是正确的？[1]

  A. 罚款

  B. 责令田某向钟某赔礼道歉

  C. 责令田某双倍补偿钟某所受到的损失

  D. 责令田某加倍支付以钟某所受损失为基数的同期银行利息

【解析】本题考查对拒不履行生效法律文书可采取的强制执行措施。根据《民事诉讼法》第114条的规定，拒不履行生效法律文书的行为构成妨碍民事诉讼的行为，可以对当事人进行罚款和拘留，A项正确；本案判决仅涉及责令迁出房屋，并未有赔礼道歉的判项，B项错误；根据《民诉司法解释》第507条的规定：被执行人未按判决、裁定和其他法律文书指定的期间履行非金钱给付义务的，无论是否已给申请执行人造成损失，都应当支付迟延履行金。已经造成损失的，双倍补偿申请执行人已经受到的损失；没有造成损失的，迟延履行金可以由人民法院根据具体案件情况决定。本案属于非金钱义务，C项正确，D项错误。

三、限制出境

（1）适用条件：

A. 被执行人未履行法律文书确定的义务，且又有逃避履行法定义务的可能；

B. 被执行人或者执行单位的法定代表人、负责人出境可能造成案件无法执行。

（2）适用：根据申请执行人的申请，必要时可以依职权。

（3）对象：A. 被执行人；B. 被执行人为单位，可以对其法定代表人、主要负责人或者影响债务履行的直接责任人员采取；C. 被执行人是无民事行为能力人、限制民事行为能力人，可以对其法定代理人采取。

（4）解除：A. 被执行人履行全部义务，执行法院应当及时解除；B. 被执行人提供充分、有效担保，可以解除；C. 申请执行人同意的，可以解除。

四、征信系统记录

被执行人拒不履行法律文书确定的义务，法院可以将被执行人或被执行单位的法定代表人、负责人不履行义务的信息记录在个人征信系统中。

五、媒体公布

被执行人拒不履行法律文书确定的义务，执行法院可以依职权或依申请将被执行人不履行法律文书确定的义务的信息通过媒体公布，公布费用由被执行人负担，申请执行人申请的，应当垫付。

六、查封、扣押、拍卖、变卖被执行人的财产

被执行人未按执行通知履行法律文书确定的义务，法院有权查封、扣押、冻结、拍卖、变卖被执行人应当履行义务部分的财产。但应当保留被执行人及其所扶养家属的生活必需品。

注意下述特别规定：

---

[1]　2016年卷三84题答案为：AC

1. 拍卖优先原则。《民事诉讼法》第 254 条规定：财产被查封、扣押后，执行员应当责令被执行人在指定期间履行法律文书确定的义务。被执行人逾期不履行的，人民法院应当拍卖被查封、扣押的财产；不适于拍卖或者当事人双方同意不进行拍卖的，人民法院可以委托有关单位变卖或者自行变卖。国家禁止自由买卖的物品，交有关单位按照国家规定的价格收购。

2. 最高法院《关于法院民事执行中查封、扣押、冻结财产的规定》第 3 条规定，人民法院对被执行人的下列财产不得查封、扣押、冻结：（1）被执行人及其所扶养家属生活所必需的衣服、家具、炊具、餐具及其他家庭生活必需的物品；（2）被执行人及其所扶养家属所必需的生活费用。当地有最低生活保障标准的，必需的生活费用依照该标准确定；（3）被执行人及其所扶养家属完成义务教育所必需的物品；（4）未公开的发明或者未发表的著作；（5）被执行人及其所扶养家属用于身体缺陷所必需的辅助工具、医疗物品；（6）被执行人所得的勋章及其他荣誉表彰的物品；（7）根据《中华人民共和国缔结条约程序法》，以中华人民共和国、中华人民共和国政府或者中华人民共和国政府部门名义同外国、国际组织缔结的条约、协定和其他具有条约、协定性质的文件中规定免于查封、扣押、冻结的财产；（8）法律或者司法解释规定的其他不得查封、扣押、冻结的财产。

3. 最高法院《执行规定》第 31 条规定，人民法院对被执行人所有的其他人享有抵押权、质押权或留置权的财产，可以采取查封、扣押措施。财产拍卖、变卖后所得价款，应当在抵押权人、质押权人或留置权人优先受偿后，其余额部分用于清偿申请执行人的债权。

七、对买卖合同保留所有权之财产的执行

1. 被执行人将其财产出卖给第三人，第三人已支付部分价款并实际占有该财产，但依合同约定被执行人保留所有权的，法院可以查封、扣押、冻结（因为被执行人理论上存在取回权）。

（1）【第三人阻断取回权】第三人要求继续履行合同的，向法院交付全部余款后，裁定解除查封、扣押、冻结。

（2）【第三人不阻断取回权】法院执行该财产，第三人向被执行人主张违约责任。

2. 被执行人购买第三人的财产，已支付部分价款并实际占有该财产，第三人依合同约定保留所有权的，法院可以查封、扣押、冻结。

（1）【第三人不主张取回权】保留所有权已办理登记的，第三人的剩余价款从该财产变价款中优先支付。

（2）【第三人主张取回权】第三人主张取回该财产的，可向法院提出针对执行标的的案外人异议。

【理论链接】《民法典》642 条：买受人只要按合同期限交付全部价款，则会阻断出卖人的取回权。

八、对特定物的执行

执行标的物为特定物的，应执行原物。原物确已毁损灭失的，经双方同意可折价赔偿；双方对折价赔偿不能协商一致的，法院应终结执行程序，申请执行人可以另行起诉。（折价赔偿之诉）

九、对共有财产的执行

1. 对被执行人与其他人共有的财产，法院可以查封、扣押、冻结，并及时通知共有人。

2. 共有财产的分割方式

（1）协议分割：共有人协议分割共有财产，并经债权人认可的，法院可以认定有效。

（2）诉讼分割：共有人提起析产诉讼或者申请执行人代位提起析产诉讼的，法院应当准许。诉讼期间中止对该财产的执行。

十、限制消费

最高法院《关于限制被执行人高消费及有关消费的若干规定》对此进行了规定。

1. 被限制的消费行为

①乘坐交通工具时，选择飞机、列车软卧、轮船二等以上舱位；②在星级以上宾馆、酒店、夜总会、高尔夫球场等场所进行高消费；③购买不动产或者新建、扩建、高档装修房屋；④租赁高档写字楼、宾馆、公寓等场所办公；⑤购买非经营必需车辆；⑥旅游、度假；⑦子女就读高收费私立学校；⑧支付高额保费购买保险理财产品；⑨乘坐 G 字头动车组列车全部座位、其他动车组列车一等以上座位等其他非生活和工作必需的消费行为。

2. 限制消费措施的启动方式

限制高消费一般依申请执行人的书面申请而启动，必要时执行法院也可依职权启动。由法院向被执行人发出限制高消费令（由法院院长签发）。

3. 限制消费措施的适用范围

限制消费措施不只是适用于被执行人；如果被执行人是单位的，其法定代表人、主要负责人、影响债务履行的直接责任人员、实际控制人等也可被实施限制消费措施。但是，单位被执行人的法定代表人、主要负责人、影响债务履行的直接责任人员、实际控制人等因私消费以个人财产从事消费行为不在限制范围。

第十七专题
涉外民事诉讼程序

本专题不是传统的考试重点，考查主要集中在管辖、期间、送达以及司法协助。

【本专题复习建议】

委托中国律师代为诉讼原则指外国当事人在我国参加诉讼，需要委托律师代理诉讼的，只能委托中国律师代理诉讼，即外国律师不能以律师身份参加诉讼，但是并不妨碍外国人以非律师身份担任委托代理人。

牵连管辖。因合同纠纷或者其他财产权益纠纷，对在中国领域内没有住所的被告提起诉讼，如果合同在中国签订或者履行，或者诉讼标的物在中国，或者被告在中国有可供扣押的财产，或者被告在中国设有代表机构的，可以由合同签订地、合同履行地、诉讼标的物所在地、可供扣押的财产所在地、侵权行为地或者代表机构住所地法院管辖。

专属管辖。因在中国履行的中外合资经营企业合同、中外合作经营企业合同、中外合作勘探开发自然资源合同发生纠纷提起的诉讼，由中国法院管辖。

期间。注意答辩期间和上诉期间。被告在中国没有住所的，答辩期为收到副本后30日，被告申请延期的，是否准许由法院决定；在中国没有住所的当事人对判决、裁定的上诉期为30日，被上诉人答辩期为收到副本后30天；当事人可以申请延长上诉期、答辩期，是否准许由法院决定。

送达。对在中国境内没有住所的当事人送达文书，可以用传真、电子邮件等能够确认受送达人收悉的方式送达。注意涉外送达方式的对象是在中国没有住所的当事人，并且此时只要求确认受送达人能够收悉，与国内电子送达相区别（国内电子送达须经受送达人同意）。

司法协助。注意我国生效法律文书的域外承认和执行问题。对于我国法院的生效判决书，当事人可以直接向有管辖权的外国法院申请执行，或者向我国法院申请，由我国法院根据条约或者互惠关系请求外国法院承认和执行。对于我国仲裁机构的生效裁决书，当事人只能向有管辖权的外国法院申请承认和执行。

知识体系

涉外民事诉讼程序	指法院审理具有涉外因素的民事案件所涉及的程序。包括以下情形： 当事人涉外；产生、变更、消灭法律关系的事实在国外发生；标的物在国外。

续表

		委托中国律师 代理诉讼原则	外国当事人在我国参加诉讼，需要委托律师代理诉讼的，只能委托中国律师代理诉讼，外国律师不能以律师身份参加诉讼。
管辖		牵连管辖	因合同纠纷或者其他财产权益纠纷，对在中国领域内没有住所的被告提起诉讼，如果合同在中国签订或者履行，或者诉讼标的物在中国，或者被告在中国有可供扣押的财产，或者被告在中国设有代表机构的，可以由合同签订地、合同履行地、诉讼标的物所在地、可供扣押的财产所在地、侵权行为地或者代表机构住所地法院管辖。
		专属管辖	因在中国履行的中外合资经营企业合同、中外合作经营企业合同、中外合作勘探开发自然资源合同发生纠纷提起的诉讼，由中国法院管辖。
期间		答辩期间	被告在中国没有住所的，答辩期为收到起诉状副本后30日，被告申请延期的，是否准许由法院决定。
		上诉期间	在中国没有住所的当事人对判决、裁定的上诉期为判决书、裁定书送达之日起30日，被上诉人答辩期为收到上诉状副本后30天；当事人可以申请延长上诉期、答辩期，是否准许由法院决定。
		审限	法院审理涉外民事案件不受一审、二审审限的限制。
送达		**对在中国领域内没有住所的当事人送达文书，可以采用下列方式：** 1. 依照条约规定方式送达； 2. 外交途径； 3. 我国驻外使领馆代为送达：我国司法机关直接委托我国驻当事人所在国使领馆向该国中国籍当事人送达法律文书； 4. 向受送达人委托的人送达； 5. 向受送达人设在我国的代表机构送达； 6. 邮寄送达：需要受送达人所在国法律允许；邮寄之日起满3个月，送达回证没有退回的，根据各种情况足以认定已经送达的，期间届满日即视为送达； 7. 电子送达：采用传真、电子邮件等能够**确认受送达人收悉**的方式送达； 8. 公告送达：上述方式均不能送达时，可公告送达，公告之日起满3个月视为送达。
司法协助		一般司法协助（代为送达文书、调查取证）	1. 外国驻中国使领馆可以向其本国公民送达文书、调查取证，但不得违反中国法律，并不得采取强制措施； 2. 我国法院应外国法院的请求提供司法协助，依照中国法律规定的程序进行；外国法院请求采取特殊方式的，也可以按照其请求的特殊方式进行，但不得违反中国法律。
	特殊司法协助	对外国法院裁判的承认与执行	1. 直接由当事人向我国有管辖权的中级人民法院申请执行； 2. 由外国法院按照我国与外国间的条约关系或互惠关系向我国法院申请。
		对外国仲裁裁决的承认与执行	由当事人直接向被执行人住所地或财产所在地的中级人民法院申请。

🔷 考点讲解

一、概说

涉外民事诉讼程序是指我国法院审理具有涉外因素的民事案件所涉及的程序。

具体而言是指下列因素涉外：当事人涉外；产生、变更、消灭法律关系的事实发生在国外；标的物在国外。

二、涉外民事诉讼的一些原则

1. 适用我国民事诉讼法：法院审理涉外民事案件，只能适用中国民事诉讼法；

2. 遵守国际条约原则：法院审理涉外案件，应遵守我国缔结或参加的国际条约，国际条约与国内法冲突的，适用条约规定，但我国声明保留的除外；

3. 委托中国律师代理诉讼原则：外国人、无国籍人或者外国企业、组织在我国起诉、应诉，需要委托律师代理诉讼的，只能委托中国律师代理诉讼，外国律师不能以律师身份参加诉讼。

三、管辖

1. 牵连管辖：因合同纠纷或者其他财产权益纠纷，对在中国领域内没有住所的被告提起诉讼，如果合同在中国签订或者履行，或者诉讼标的物在中国，或者被告在中国有可供扣押的财产，或者被告在中国设有代表机构的，可以由合同签订地、合同履行地、诉讼标的物所在地、可供扣押的财产所在地、侵权行为地或者代表机构住所地法院管辖。

2. 协议管辖：涉外合同或者其他财产权益纠纷案件，除依照《民事诉讼法》第34条规定约定与争议有实际联系地点的人民法院管辖外，也可以约定与争议有实际联系地点的外国法院管辖，但依照《民事诉讼法》规定由中国法院专属管辖的案件除外。

3. 专属管辖：在中国履行的中外合资经营企业合同、中外合作经营企业合同、中外合作勘探开发自然资源合同发生的纠纷，由中国法院管辖。（《民事诉讼法》第266条）

四、期间

1. 答辩期间：被告在中国没有住所的，答辩期为收到起诉状副本后30日，被告申请延期的，是否准许由法院决定；

2. 上诉期间：在中国没有住所的当事人对判决、裁定上诉期为判决书、裁定书送达之日起30日，被上诉人答辩期为收到上诉状副本后30天；当事人可以申请延长上诉期、答辩期，是否准许由法院决定；

3. 审限：法院审理涉外民事案件不受一审、二审审限的限制。

五、送达

对在中国境内没有住所的当事人送达诉讼文书，可以采用下列方式送达：

1. 依照条约规定方式送达；

2. 外交途径：人民法院—我国外交机关—受送达国驻我外交机关—受送达国外交机关—该国有管辖权法院—受送达人；

3. 我国驻外使领馆代为送达：我国司法机关直接委托我国驻当事人所在国使领馆向该

国中国籍当事人送达法律文书;

4. 向受送达人委托的人送达;

5. 向受送达人设在我国的代表机构送达;

6. 邮寄送达:需要受送达人所在国法律允许;邮寄之日起满 3 个月,送达回证没有退回的,根据各种情况足以认定已经送达的,期间届满日即视为送达;

7. 采用传真、电子邮件等能够确认其收悉的方式送达;

8. 公告送达:上述方式均不能送达时,可公告送达,公告之日起满 3 个月视为送达。

★提 示

1. 以上送达方式的适用对象是在我国境内没有住所的当事人,而不是外国人;

即只要在中国境内没有住所,不论是中国人还是外国人,均适用以上规定;反之,如果在中国境内有住所,哪怕是外国人也不能适用以上方式送达;

2. 对在中国境内没有住所的当事人适用电子送达时,与国内的电子送达规定不一样,请考生注意区别:

(1)国内电子送达的考点在于电子送达的前提是受送达人同意,通过确定其能收悉的方式。(2)对在中国境内没有住所的当事人通过传真、电子邮件方式送达诉讼文书的前提是确认其能收悉即可。

六、司法协助

1. 一般司法协助(代为送达文书、调查取证):外国驻中国使领馆可以向其本国公民送达文书、调查取证,但不得违反中国法律,并不得采取强制措施;

我国法院应外国法院的请求提供司法协助,依照中国法律规定的程序进行;外国法院请求采取特殊方式的,也可以按照其请求的特殊方式进行,但不得违反中国法律。

2. 特殊司法协助(外国法院判决和仲裁裁决的承认和执行)

(1)对外国法院裁判的承认与执行

基本路径	当事人申请或外国法院请求→中国法院审查→裁定承认→发出执行令
管辖	外国法院作出的生效裁判,需要我国法院承认和执行的,可由当事人直接向我国有管辖权的中级法院申请承认和执行,也可由外国法院依照国际条约或按照互惠原则请求我国法院承认和执行。
程序类型	(1)适用合议制,但并非普通程序。 (2)法院的审查结果适用裁定方式,而非判决。
一事不再理	(1)同一案件,我国法院作出判决后,不再审查外国裁判的承认执行申请。 (2)外国裁判已被我国法院承认,当事人就同一争议向我国法院起诉的,不予受理。

(2)对外国仲裁裁决的承认与执行:只能由当事人直接向被执行人住所地或财产所在地中级人民法院申请。

▓ 第十八专题
仲裁概述与仲裁协议

> 本专题的仲裁协议属于重点内容，主要掌握：（1）仲裁协议的有效、无效与时效；（2）仲裁协议效力异议；（3）仲裁协议效力的扩张；（4）仲裁条款的独立性。

【本专题复习建议】

本专题注意仲裁的范围包括平等主体之间的合同或者其他财产权益纠纷。婚姻、收养、监护、扶养、继承纠纷不能进行仲裁。仲裁范围要窄于民事诉讼。同时注意仲裁和诉讼的比较。仲裁的基本制度有：协议仲裁制度，仲裁必须以仲裁协议为基础，没有仲裁协议就没有仲裁；或裁或审制度，仲裁和诉讼两种纠纷解决方式，当事人只能择一进行；一裁终局制度，仲裁裁决作出就生效。

考点一　仲裁概述

∧∨ 知识体系

可以仲裁	财产纠纷（平等主体之间的合同纠纷和其他财产权益纠纷）
不能仲裁	1. 婚姻、收养、监护、扶养、继承纠纷 2. 依法应当由行政机关处理的行政争议
注意	劳动争议和农业承包合同纠纷的仲裁，不适用《仲裁法》，由法律另行规定

○ 考点讲解

一、仲裁的范围

1. 可以仲裁的纠纷：财产纠纷（平等主体之间的合同纠纷和其他财产权益纠纷）。

2. 不能仲裁的纠纷：

（1）婚姻、收养、监护、扶养、继承纠纷；

（2）依法应当由行政机关处理的行政争议。

3. 劳动争议和农业集体经济组织内部的农业承包合同纠纷可以仲裁，但不是《仲裁法》意义上的仲裁，由法律另行规定。

二、仲裁的原则与制度

1. 基本原则

（1）自愿原则：是仲裁最重要的原则，主要体现在当事人是否将纠纷提交仲裁，将哪些纠纷提交仲裁，提交哪个仲裁委员会仲裁，仲裁庭如何组成，由谁组成，仲裁的审理方式，开庭方式等均由当事人自主选定。

（2）根据事实，符合法律规定，公平合理原则：以事实为依据，以法律为准绳，同时在法律没有规定或规定不完善时可以按照公平合理的一般原则解决纠纷。

（3）独立仲裁原则：仲裁独立进行，不受行政机关、社会团体、个人的干预，仲裁委员会之间独立，没有隶属关系，同时，仲裁庭独立裁决案件，仲裁委员会以及其他行政机关、社会团体、个人不得干预。

2. 基本制度

（1）协议仲裁：仲裁必须依据当事人之间订立的有效仲裁协议，没仲裁协议就没仲裁。

（2）或裁或审：有效的仲裁协议排除法院对案件的司法管辖权；只有在没有仲裁协议或者仲裁协议无效的情况下，法院才可以行使司法管辖权予以审理。

（3）一裁终局：仲裁裁决一经作出，即为终局裁决；当事人就同一纠纷再申请仲裁或者向法院起诉，仲裁委员会或者法院不予受理。

考点二　仲裁协议

知识体系

形式	书面形式（仲裁条款、仲裁协议书、其他书面形式）
内容	1. 请求仲裁的意思表示； 2. 仲裁事项：争议事项具有可仲裁性； 3. 选定的仲裁委员会（明确、具体）。

续表

仲裁协议的效力	效力体现	1. 对当事人——纠纷发生后应当向仲裁协议约定的仲裁机构申请仲裁。如果一方起诉，另一方享有以存在仲裁协议为由对抗法院管辖权的权利。 2. 对法院——排除法院对案件的司法管辖权。 3. 对仲裁委员会——授予其管辖权并限定其仲裁范围。 ★注意：法院的应诉管辖权（《仲裁法》第26条） 当事人达成仲裁协议，一方起诉未声明有仲裁协议，人民法院受理后，另一方在首次开庭前提交仲裁协议的，应当驳回起诉，但仲裁协议无效的除外；另一方在首次开庭前未对人民法院受理该案提出异议的，视为放弃仲裁协议，人民法院应当继续审理。
	仲裁条款的独立性	仲裁协议独立于合同的内容而存在，合同的变更、解除、终止或者无效，不影响仲裁协议的效力。
	仲裁条款效力的扩张	1. 当事人订立仲裁协议后合并、分立的，仲裁协议对其权利义务的继受人有效，另有约定的除外； 2. 当事人订立仲裁协议后死亡的，仲裁协议对承继其仲裁事项中的权利义务的继承人有效，另有约定的除外； 3. 债权债务全部或者部分转让的，仲裁协议对受让人有效，但当事人**另有约定、在受让债权债务时受让人明确反对**或者**不知有单独仲裁协议**的除外。
	仲裁协议效力的确认	**确认机关** 1. 法院裁定； 2. 仲裁委员会决定； **注意：法院的确认权优先** 当事人对仲裁协议的效力有异议，一方当事人申请仲裁机构确认仲裁协议效力，另一方当事人请求法院确认仲裁协议效力，如果仲裁机构先于法院接受申请并已作出决定，法院不予受理；如果仲裁机构接受申请后尚未作出决定，法院应予受理，同时通知仲裁机构终止仲裁。
		时间　对仲裁协议效力有异议，应当在**仲裁庭首次开庭前**提出。
	仲裁协议的无效与失效	1. 无效： A. 以口头方式订立的仲裁协议无效； B. 约定的仲裁事项超出法律规定的仲裁范围，仲裁协议无效； C. 无民事行为能力人、限制民事行为能力人订立的仲裁协议无效； D. 一方采取胁迫手段，迫使对方订立仲裁协议的，该协议无效； E. 仲裁协议对仲裁事项没有约定或约定不明确，或者仲裁协议对仲裁委员会没有约定或者约定不明确，当事人对此又达不成协议的，仲裁协议无效。 2. 失效： A. 该纠纷已经经过实体裁决（包括裁决被撤销、不予执行）； B. 当事人协议放弃已经签订的仲裁协议，使该仲裁协议失效（明示放弃、明示或者默示变更纠纷解决方式）； C. 期限届满。

考点讲解

仲裁协议是当事人自愿将他们之间已经发生或可能发生的争议提交仲裁解决的书面协议；根据协议仲裁原则，仲裁协议是仲裁的前提，没有有效的仲裁协议，就没有仲裁的进行。

一、仲裁协议的形式与类型

1. 仲裁协议要求书面形式，包括合同书、信件、数据电文（电报、传真、电子邮件等等），口头的仲裁协议无效。

2. 仲裁协议的类型：包括合同中的仲裁条款，单独的仲裁协议书，或者其他书面形式的仲裁协议。

二、仲裁协议的内容

仲裁协议应当包含以下三方面的内容：

1. 请求仲裁的意思表示，即当事人在仲裁协议中应当明确肯定地表达出将争议提交仲裁解决的意思表示。

注意：当事人约定争议可以向仲裁机构申请仲裁也可以向法院起诉的，仲裁协议无效；但一方向仲裁机构申请仲裁，另一方未在《仲裁法》第 20 条第 2 款规定期间（即仲裁庭首次开庭前）内提出异议的除外。

2. 仲裁事项，即当事人应当在仲裁协议中明确约定提交仲裁的具体争议事项。

注意：此处提交仲裁的事项应当具有可仲裁性！我国仲裁法规定的可仲裁事项仅限于平等主体（公民、法人和其他法院）之间的合同争议和其他财产争议。目前其他财产争议只限于财产侵权案件。

3. 要有选定的仲裁委员会，选定的仲裁委员会应当明确、具体、唯一，对于在实践中出现的一些问题，司法解释予以明确，在考试中屡有考查：

（1）仲裁协议约定的仲裁机构名称不准确，但能够确定具体的仲裁机构的，应当认定选定了仲裁机构；

（2）仲裁协议仅约定纠纷适用的仲裁规则的，视为未约定仲裁机构，但当事人达成补充协议或者按照约定的仲裁规则能够确定仲裁机构的除外；

（3）仲裁协议约定两个以上仲裁机构的，当事人可以协议选择其中的一个仲裁机构申请仲裁；当事人不能就仲裁机构选择达成一致的，仲裁协议无效；

（4）仲裁协议约定由某地的仲裁机构仲裁且该地仅有一个仲裁机构的，该仲裁机构视为约定的仲裁机构。该地有两个以上仲裁机构的，当事人可以协议选择其中的一个仲裁机构申请仲裁；当事人不能就仲裁机构选择达成一致的，仲裁协议无效；

【经典真题】

（2017 年卷三 85 题）住所在北京市 C 区的甲公司与住所在北京市 H 区的乙公司在天津市 J 区签订了一份买卖合同，约定合同履行发生争议，由北京仲裁委员会仲裁或者向 H 区法院提起诉讼。合同履行过程中，双方发生争议，甲公司到北京仲裁委员会申请仲裁，仲裁委员会受理并向乙公司送达了甲公司的申请书副本。在仲裁庭主持首次开庭的答辩阶段，乙公司对仲裁协议的效力提出异议。仲裁庭对此作出了相关的意思表示。此后，乙公司又向法院提出对仲裁协议的效力予以认定的申请。下列哪些选项是正确的？[1]

A. 双方当事人约定的仲裁协议原则有效

---

[1]　2017 年卷三 85 题答案为：BC

B. 仲裁庭对案件管辖权作出决定应有仲裁委员会的授权

C. 仲裁庭对乙公司的申请应予以驳回，继续审理案件

D. 乙公司应向天津市中级法院申请认定仲裁协议的效力

【解析】本题考查或裁或审仲裁协议的效力以及仲裁管辖权的决定主体。根据《仲裁法解释》第7条的规定，当事人约定争议可以向仲裁机构申请仲裁也可以向人民法院起诉的，仲裁协议无效。但一方向仲裁机构申请仲裁，另一方未在仲裁庭首次开庭前提出异议的除外。《仲裁法》第20条规定仲裁委员会与人民法院对仲裁协议效力异议均有认定权，且仲裁协议效力异议应当在仲裁庭首次开庭前提出。在仲裁实践中，北京仲裁委员会以及中国国际经济贸易仲裁委员会等仲裁规则中，均明确规定仲裁委员会授权仲裁庭对当事人的仲裁协议的效力以及仲裁管辖权问题进行审查。因此，A错误，BC正确。根据《仲裁法解释》第12条的规定，当事人向人民法院申请确认仲裁协议效力的案件，由仲裁协议约定的仲裁机构所在地的中级人民法院管辖；仲裁协议约定的仲裁机构不明确的，由仲裁协议签订地或者被申请人住所地的中级人民法院管辖。本案约定的是北京仲裁委员会，因此应当向北京市中级人民法院申请确认。D错误。本题答案为BC。

三、仲裁协议的效力

（一）效力的体现

1. 对当事人来说，仲裁协议的效力体现在约束双方当事人对纠纷解决方式的选择权。有有效的仲裁协议，发生纠纷后，双方当事人就应当通过向仲裁协议所约定的仲裁委员会申请仲裁的方式解决纠纷。如果一方向法院起诉，另一方则享有了妨诉抗辩权，可以以存在有效的仲裁协议对抗法院的管辖权。

2. 对仲裁委员会来说，授予其仲裁管辖权，并限定其仲裁的范围；仲裁机构作为社会组织，不具有国家公权力，而仲裁的约束力就来自于双方当事人通过仲裁协议对其授权；

3. 对法院来说，排除了法院的司法管辖权，这是或裁或审原则的体现：

（1）原则：当事人达成仲裁协议，一方向法院起诉，法院不予受理，但仲裁协议无效的除外。（《仲裁法》第5条规定）

（2）法院的应诉管辖权：当事人达成仲裁协议，一方起诉未声明有仲裁协议，人民法院受理后，另一方在首次开庭前提交仲裁协议的，人民法院应当驳回起诉，但仲裁协议无效的除外；另一方在首次开庭前未对法院受理该案提出异议的，视为放弃仲裁协议，人民法院应当继续审理。（《仲裁法》第26条）

（二）仲裁条款效力的独立性

仲裁协议独立存在，合同的变更、解除、终止或者无效，不影响仲裁协议的效力。

（三）仲裁条款效力的扩张

下列人员虽未与对方当事人签订仲裁协议，但是仍然受仲裁协议的约束：

1. 当事人订立仲裁协议后合并、分立的，仲裁协议对其权利义务的继受人有效，另有约定的除外。

2. 当事人订立仲裁协议后死亡的，仲裁协议对承继其仲裁事项中的权利义务的继承人有效，另有约定的除外。

3. 债权债务全部或者部分转让的，仲裁协议对受让人有效，但当事人另有约定、在受让债权债务时受让人明确反对或者不知有单独仲裁协议的除外。

★（四）仲裁协议效力的确认

1. 确认机关：当事人对仲裁协议的效力有异议的，可以请求仲裁委员会作出决定或者法院作出裁定。

2. 管辖：

由仲裁协议约定的仲裁机构所在地、仲裁协议签订地、申请人住所地、被申请人住所地的中级人民法院和专门人民法院管辖。

3. 法院确认优先：

当事人对仲裁协议的效力有异议的，可以请求仲裁委员会作出决定或者请求人民法院作出裁定。一方请求仲裁委员会作出决定，另一方请求人民法院作出裁定的，如果仲裁机构先于法院接受申请并已作出决定，法院不予受理；如果仲裁机构接受申请后尚未作出决定，法院应予受理，同时通知仲裁机构中止仲裁。

4. 异议的时间：当事人对仲裁协议效力有异议，应当在仲裁庭首次开庭前提出，如果当事人在仲裁庭首次开庭前没有对仲裁协议效力提出异议，而后向法院申请确认仲裁协议效力的，法院不予受理；后以仲裁协议无效为由向法院提出撤销、不予执行仲裁裁决的，不予支持。此即对仲裁协议的效力有异议的，必须在仲裁庭首次开庭前提出，否则仲裁委员会有权仲裁，之后不允许再对仲裁协议的效力提出异议。

5. 对仲裁协议效力异议处理的救济：

（1）仲裁机构对仲裁协议的效力作出决定后，当事人向人民法院申请确认仲裁协议效力或者申请撤销仲裁机构的决定的，人民法院不予受理。

（2）当事人在仲裁程序中对仲裁协议的效力提出异议，在仲裁裁决作出后又以此为由主张撤销仲裁裁决或者提出不予执行抗辩，经审查符合《仲裁法》第58条或者《民事诉讼法》第224条、第244条、第281条规定的，人民法院应予支持。

▶★提　示 人民法院对仲裁协议效力的认定程序

1. 管辖法院

《最高人民法院关于审理仲裁司法审查案件若干问题的规定》第2条：申请确认仲裁协议效力的案件，由仲裁协议约定的仲裁机构所在地、仲裁协议签订地、申请人住所地、被申请人住所地的中级人民法院或者专门人民法院管辖。

涉及海事海商纠纷仲裁协议效力的案件，由仲裁协议约定的仲裁机构所在地、仲裁协议签订地、申请人住所地、被申请人住所地的海事法院管辖；上述地点没有海事法院的，由就近的海事法院管辖。

注意：申请人向两个以上有管辖权的人民法院提出申请的，由最先立案的人民法院管辖。

2. 书面申请以及提交材料

《最高人民法院关于审理仲裁司法审查案件若干问题的规定》第5条明确规定申请仲裁协议效力确认案件的形式要件，即书面申请并提交相关的材料。

第5条　申请人向人民法院申请确认仲裁协议效力的，应当提交申请书及仲裁协议正本或者经证明无误的副本。

申请书应当载明下列事项：（1）申请人或者被申请人为自然人的，应当载明其姓名、性别、出生日期、国籍及住所；为法人或者其他组织的，应当载明其名称、住所以及法定代表人或者代表人的姓名和职务；（2）仲裁协议的内容；（3）具体的请求和理由。

当事人提交的外文申请书、仲裁协议及其他文件，应当附有中文译本。

3. 受理与审查

《最高人民法院关于审理仲裁司法审查案件若干问题的规定》第1条将申请确认仲裁协议效力案件纳入仲裁司法审查案件的范围，并于第7～11条对受理和审查做了明确规定。

（1）对于申请人的申请，人民法院应当在七日内审查决定是否受理。人民法院受理仲裁司法审查案件后，应当在五日内向申请人和被申请人发出通知书，告知其受理情况及相关的权利义务。

（2）不予受理的情形：A. 申请人提交的文件不符合第5条规定，经人民法院释明后提交的文件仍然不符合规定的，裁定不予受理。B. 申请人向对案件不具有管辖权的人民法院提出申请，人民法院应当告知其向有管辖权的人民法院提出申请，申请人仍不变更申请的，裁定不予受理。

申请人对不予受理的裁定不服的，可以提起上诉。

（3）驳回申请：人民法院立案后发现不符合受理条件的，裁定驳回申请。

对于裁定驳回申请的案件，申请人再次申请并符合受理条件的，人民法院应予受理。

当事人对驳回申请的裁定不服的，可以提起上诉。

（4）管辖权异议

人民法院受理仲裁司法审查案件后，被申请人对管辖权有异议的，应当自收到人民法院通知之日起15日内提出。人民法院对被申请人提出的异议，应当审查并作出裁定。

当事人对裁定不服的，可以提起上诉。

在中华人民共和国领域内没有住所的被申请人对人民法院的管辖权有异议的，应当自收到人民法院通知之日起30日内提出。

（5）审查

人民法院审查仲裁司法审查案件，应当组成合议庭并询问当事人。

4. 确认仲裁协议无效的程序

《最高人民法院关于仲裁司法审查案件报核问题的有关规定》（2018年1月1日起施行）明确规定了仲裁司法审查的报核制度。

人民法院经过审查，拟认定仲裁协议无效的，对于国内案件，以两级法院报核为原则，三级法院报核为特殊。即各中级人民法院或者专门人民法院办理非涉外涉港澳台仲裁司法审查案件，经审查拟认定仲裁协议无效，不予执行或者撤销我国内地仲裁机构的仲裁裁决，应当向本辖区所属高级人民法院报核；待高级人民法院审核后，方可依高级人民法院的审核意见作出裁定。对下列情形下的国内案件，应当再向最高人民法院报核，待最高人民法院审核后，方可依最高人民法院的审核意见作出裁定：（1）仲裁司法审查案件当事人住所地跨省级行政区域；（2）以违背社会公共利益为由不予执行或者撤销我国内地仲裁机构的仲裁裁决。

对于涉外涉港澳台案件，三级法院报核，各中级人民法院或者专门人民法院办理涉外涉港澳台仲裁司法审查案件，经审查拟认定仲裁协议无效，不予执行或者撤销我国内地仲裁机构的仲裁裁决，不予认可和执行香港特别行政区、澳门特别行政区、台湾地区仲裁裁决，不予承认和执行外国仲裁裁决，应当向本辖区所属高级人民法院报核；高级人民法院经审查拟同意的，应当向最高人民法院报核。待最高人民法院审核后，方可依最高人民法院的审核意见作出裁定。

（五）仲裁协议的无效和失效

1. 仲裁协议无效的情形，无效是指该协议自始无效：

（1）以口头方式订立的仲裁协议无效；

（2）约定的仲裁事项超出法律规定的仲裁范围，仲裁协议无效；

（3）无民事行为能力人或者限制民事行为能力人订立的仲裁协议无效；

（4）一方采取胁迫手段，迫使对方订立仲裁协议的，该协议无效；

（5）仲裁协议对仲裁事项没有约定或约定不明确，或者仲裁协议对仲裁委员会没有约定或者约定不明确，当事人对此又达不成协议的，仲裁协议无效。

2. 仲裁协议失效的情形，失效是指仲裁协议原本有效，但是由于发生了法定情形，失去了效力：

（1）该纠纷已经经过了实体裁决（只要仲裁委就该纠纷做出了实体裁决，哪怕该裁决后来被撤销或不予执行，原来的仲裁协议同样失去效力）；

（2）当事人协议放弃已经签订的仲裁协议，使该仲裁协议失效；

此处包括明示放弃以及明示或者默示变更纠纷解决方式，前者如重新达成协议约定放弃原仲裁协议，后者如一方向法院起诉，另一方在法院首次开庭前不提出仲裁协议，视为双方当事人以其起诉、应诉的实际行为变更了纠纷解决方式，原仲裁协议失效；

（3）期限届满：如果当时人在仲裁协议中约定了仲裁协议有效期的，超过该期限，仲裁协议失效。

本专题中的"司法与仲裁"属于高频考查内容。主要掌握：（1）申请撤销仲裁裁决的条件以及法院的处理；（2）申请不予执行的条件以及法院的处理；（3）撤销仲裁裁决与不予执行仲裁裁决的法律后果。

【本专题复习建议】

仲裁程序内容较为简单，考生要注意和诉讼程序进行对比，主要掌握的知识点内容包括：仲裁庭的组成；仲裁和解与调解；仲裁保全；仲裁裁决。

司法与仲裁一章主要涉及仲裁裁决的执行，撤销与不予执行。仲裁裁决是具有强制执行力的法律文书。撤销仲裁裁决。如果符合法定情形（①没有仲裁协议的；②裁决的事项不属于仲裁协议的范围或者仲裁委员会无权仲裁的；③仲裁庭的组成或者仲裁的程序违反法定程序的；④裁决所依据的证据是伪造的；⑤对方当事人隐瞒了足以影响公正裁决的证据的；⑥仲裁员在仲裁该案时有索贿受贿，徇私舞弊，枉法裁决行为的），当事人可以向仲裁委员会所在地中级人民法院申请撤销仲裁裁决。不符合法定情形，裁定驳回申请，符合法定情形，法院裁定撤销仲裁裁决。仲裁裁决撤销后，当事人可以重新达成仲裁协议申请仲裁或者向人民法院起诉。当然，如果法院审查查明裁决所依据的证据是伪造的或者对方当事人隐瞒了足以影响公正裁决的证据的，可以通知仲裁庭重新仲裁，法院应当在通知中说明理由，由仲裁庭决定是否重新仲裁，如果仲裁庭重新仲裁，不需另行组成仲裁庭，法院应当中止撤销程序；如果仲裁庭拒绝重新仲裁，法院应当恢复撤销程序。

不予执行仲裁裁决。情形与撤销仲裁裁决情形一样。当事人可以向执行法院申请不予执行仲裁裁决。法院裁定不予执行后，当事人可以重新达成仲裁协议仲裁或者向法院起诉。如果有下列情形，对当事人不予执行的申请不予支持：①当事人请求不予执行仲裁调解书；②当事人请求不予执行根据和解协议制作的裁决书；③当事人向人民法院申请撤销仲裁裁决被驳回后，又在执行程序中以同样理由提出不予执行的。

2018年1月1日生效的《最高人民法院关于司法审查案件报核问题的有关规定》中确立了涉外（包括涉港澳台）司法审查三级法院报核，和国内仲裁司法审查的两级法院报核制度。同时，在2018年3月1日生效的《最高人民法院关于人民法院办理仲裁裁决执行案件若干问题的规定》中确立了仲裁案外人申请不予执行仲裁裁决（调解书）的制度。

2018年1月1日生效的《最高人民法院关于审理仲裁司法审查案件若干问题的规定》第1条，明确规定了我国仲裁司法审查案件的范围，包括：（1）申请确认仲裁协议效力案件；（2）申请执行我国内地仲裁机构的仲裁裁决案件；（3）申请撤销我国内地仲裁机构的仲裁裁决案件；（4）申请认可和执行香港特别行政区、澳门特别行政区、台湾地区仲裁裁决案件；（5）申请承认和执行外国仲裁裁决案件；（6）其他仲裁司法审查案件。概括而言，包括三大类案件，第一，申请确认仲裁协议效力案件；第二，申请执行（或认可和执行、承认和执行）仲裁裁决；第三，撤销仲裁裁决的案件。

考点一　仲裁程序概述

知识体系

仲裁中的保全和证据保全	1. 当事人向仲裁委员会递交书面申请； 2. 仲裁委员会应当将当事人的申请按照民诉法规定提交人民法院（国内仲裁基层法院，涉外仲裁中级法院）； 3. 法院依照民诉法规定进行审查，并且裁定是否保全。		
仲裁庭的组成	仲裁庭的组成形式	独任仲裁还是由三名仲裁员合议仲裁：由当事人约定；当事人没在指定期限内约定的，由仲裁委主任指定。	
	仲裁庭的组成	三名仲裁员组成	当事人各自选定或者各自委托主任指定一名仲裁员，第三名仲裁员（即首席仲裁员）由当事人共同选定或者共同委托主任指定；当事人在规定期间没有选定的，由主任指定。
		独任庭	当事人共同选定或者共同委托主任指定。
仲裁员的回避	回避对象	仲裁员。	
	回避理由	1. 是本案当事人或者当事人、代理人的近亲属； 2. 与本案有利害关系； 3. 与本案当事人、代理人有其他关系，可能影响公正仲裁的； 4. 私自会见当事人、代理人，或者接受当事人、代理人请客送礼的。	
	回避方式	自行回避、申请回避。	
	回避决定	仲裁员——主任；主任——仲裁委员会。	
	回避后果	重新选定或者指定仲裁员。	
		由仲裁庭决定仲裁程序是否重新进行，当事人可以提出申请。	
仲裁审理方式	1. 开庭审理为原则，当事人协议不开庭的可以书面审理； 2. 不公开审理为原则，当事人协议公开的，可以公开，但涉及国家秘密的除外。		
撤回申请和缺席裁决	撤回申请	撤回后反悔的可以依据原仲裁协议重新仲裁。	
	视为撤回申请	1. 申请人经书面通知，无正当理由不到庭； 2. 申请人未经仲裁庭许可中途退庭的。	
	缺席裁决	被申请人经书面通知，无正当理由不到庭或未经许可中途退庭的。	

续表

和解	达成和解协议后的处理	1. 请求仲裁庭根据和解协议作出裁决书； 2. 撤回仲裁申请。
	撤回申请后反悔的	可以根据原仲裁协议申请仲裁。
调解	仲裁庭在作出裁决前，可先行调解；当事人自愿调解的，仲裁庭应当调解。	
	达成调解协议后的处理	制作**调解书**或者根据调解协议制作**裁决书**。
	调解书的生效	当事人签收后。
裁决	裁决的作出	少数服从多数为原则，形不成多数意见的按首席仲裁员意见作出裁决；不同意见可以记入笔录。
	裁决书 内容	仲裁请求、<u>争议事实</u>、<u>裁决理由</u>、裁决结果、仲裁费用负担、裁决日期。
	裁决书 签名	裁决书由仲裁员签名，对裁决持不同意见的仲裁员可以签名，也可不签。
	裁决书的补正 补正理由	文字错误；计算错误；已裁决，但裁决书遗漏的事项。
	裁决书的补正 补正方式	1. 当事人收到裁决书之日起30日内申请补正； 2. 仲裁庭自行补正。
	裁决书的效力	1. 裁决自作出之日起生效； 2. 当事人不得就已经裁决的事项再行申请仲裁，也不得起诉； 3. 仲裁裁决具有强制执行力。

考点讲解

一、仲裁中的保全和证据保全

在仲裁中仍然有保全和证据保全，其规定是一致的，所以一并说明，考生注意，在仲裁中申请证据保全和保全应当向仲裁委员会提出申请，而仲裁委员会作为社会机构，没有权力采取保全措施，故只能将当事人的申请提交法院，由法院依照民诉法规定作出裁定并采取保全措施。

1. 当事人向仲裁委员会递交保全书面申请；

2. 仲裁委员会应当将当事人的申请按照民诉法规定提交法院（国内仲裁基层法院，涉外仲裁中级法院）；

3. 由法院依照民诉法规定进行审查，并且裁定是否保全（对该裁定可依照民诉法规定复议一次，复议不停止裁定执行）。

★提 示 2012年《民事诉讼法》修订时，增加了仲裁前的保全（第101条）和仲裁前的证据保全（第81条）。仲裁前财产和行为保全，利害关系人直接向被保全财产所在地或被申请人住所地人民法院申请；仲裁前证据保全，利害关系人直接向证据所在地、被申请人住所地的人民法院申请。

申请人在人民法院采取保全措施后30日内不依法申请仲裁的，人民法院应当解除保全措施。

二、仲裁庭的组成

1. 仲裁庭的组成形式：仲裁庭有两种形式，一是三名仲裁员组成的合议仲裁庭，二是一名仲裁员组成的独任仲裁庭。

2. 仲裁庭的组成程序：

（1）先确定仲裁庭的组成形式：当事人约定合议仲裁还是独任仲裁，如果当事人在规定期限没有约定的，由仲裁委员会主任指定。

（2）再确定仲裁员

A. 合议仲裁庭仲裁员产生方式：先由当事人各自选定或者各自委托主任指定一名仲裁员，第三名仲裁员（即首席仲裁员）由当事人共同选定或者共同委托主任指定；

B. 独任仲裁庭仲裁员产生方式：与合议仲裁庭首席仲裁员产生方式一样，由当事人共同选定或者共同委托主任指定。

三、仲裁员的回避

1. 回避的对象：仲裁员。

2. 回避的理由：

（1）是本案当事人或者当事人、代理人的近亲属；

（2）与本案有利害关系；

（3）与本案当事人、代理人有其他关系，可能影响公正仲裁的；

（4）私自会见当事人、代理人，或者接受当事人、代理人请客送礼的。

3. 回避的方式：自行回避、申请回避。

4. 回避的决定权：仲裁员的回避由仲裁委员会的主任决定；仲裁委主任的回避由仲裁委员会决定。

5. 回避的后果：

（1）重新选定或指定仲裁员；

（2）当事人可申请已经进行的仲裁程序重新进行，由仲裁庭决定；仲裁庭也可以自行决定已经进行的仲裁程序重新进行。

四、仲裁的审理方式

1. 开庭审理为原则，当事人协议不开庭的可以书面审理；

2. 不公开审理为原则，当事人协议公开的，可以公开，但涉及国家秘密的除外。

综上，仲裁以不公开开庭审理为原则。

五、仲裁中的撤回申请和缺席裁决

1. 撤回仲裁申请：在仲裁审理过程中，申请人主动向仲裁庭提出请求，撤回仲裁申请，从而终结仲裁程序。

2. 按撤回申请处理：仲裁申请人经书面通知，无正当理由拒不到庭或未经许可中途退庭的，视为撤回仲裁申请。

3. 缺席裁决：被申请人经书面通知，无正当理由不到庭或未经许可中途退庭的，可以对该被申请人缺席裁决。

➡★提　示　撤回仲裁申请后反悔的，当事人可以依据原仲裁协议申请仲裁。

六、仲裁中的和解

1. 达成和解协议后的结案方式：撤回仲裁申请或请求仲裁庭根据和解协议制作裁决书。
2. 撤回仲裁申请后反悔的或者对方不履行和解协议的——根据原仲裁协议申请仲裁。

七、仲裁中的调解

1. 仲裁庭在作出裁决前，可先行调解；当事人自愿调解的，仲裁庭应当调解。
2. 达成调解协议后的处理：仲裁庭应当制作调解书或者根据协议制作裁决书。
对比：诉讼中不能根据调解协议制作判决书。
3. 调解书的生效：当事人签收后。

八、仲裁中的裁决

1. 裁决的作出：仲裁中跟民诉一样是以少数服从多数为原则，关键区别在于形不成多数意见时仲裁中是按照首席仲裁员的意见作出；评议中的不同意见可以记入笔录。
2. 裁决书的内容：仲裁请求、争议事实、裁决理由、裁决结果、仲裁费用的负担、裁决日期；其中争议事实和裁决理由部分当事人协议不愿写明的可以不写。
3. 裁决书的签名：裁决书由仲裁员签名，对裁决持不同意见的仲裁员可以签名，也可以不签名。
4. 裁决书的补正
（1）补正理由：文字错误；计算错误；仲裁中已经裁决，但裁决书遗漏的事项；
（2）补正方式：当事人申请补正（收到裁决书之日起30日内）；
仲裁庭自行补正。
注意：如果是裁决错误或者漏裁事项等实质性错误，是不能通过补正的方式纠正的。
5. 裁决书的效力
（1）仲裁裁决自作出之日起生效；
（2）当事人不得就已经裁决的事项再行申请仲裁，也不得起诉；
（3）仲裁裁决具有强制执行力。

【经典真题】

（2012年卷三85题）关于法院与仲裁庭在审理案件有关权限的比较，下列哪些选项是正确的?[1]

A. 在一定情况下，法院可以依职权收集证据，仲裁庭也可以自行收集证据
B. 对专门性问题需要鉴定的，法院可以指定鉴定部门鉴定，仲裁庭也可以指定鉴定部门鉴定
C. 当事人在诉讼中或仲裁中达成和解协议的，法院可以根据当事人的申请制作判决书，仲裁庭也可以根据当事人的申请制作裁决书
D. 当事人协议不愿写明争议事实和判（裁）决理由的，法院可以在判决书中不予写

---

〔1〕 2012年卷三85题答案为：AB

明，仲裁庭也可以在裁决书中不予写明

【解析】民事诉讼中，法院可以依据当事人的申请或者在法定条件下（涉及国家、社会第三人利益或者与当事人实体权利义务无关的程序性事实）依职权调查收集证据。根据《仲裁法》第43条规定，"当事人应当对自己的主张提供证据。仲裁庭认为有必要收集的证据，可以自行收集。"所以仲裁庭在一定条件下，可以自行收集证据，A选项正确。关于鉴定，诉讼中当事人可以申请进行鉴定，法院也可以依职权启动鉴定；根据《仲裁法》第44条，仲裁中仲裁庭有权启动对专门性问题的鉴定程序，鉴定机构既可由当事人约定，也可由仲裁庭指定，B选项正确。诉讼中，当事人申请根据和解协议或者调解协议制作判决书的，人民法院不予支持，而在仲裁中当事人可以申请仲裁庭根据和解或者调解协议制作裁决书，这是诉讼与仲裁的一个重大区别，C选项错误。关于裁判文书，诉讼中，适用普通程序审理的，法院应当写明事实和理由，适用简易程序审理的，双方当事人一致同意后可以对判决的事实和理由部分进行适当简化，但不是不予写明；而仲裁中，充分尊重当事人的自由选择，当事人协议不愿写明裁决事实和理由的，裁决书中可以不予写明，所以D选项错误。

考点二　司法与仲裁

一、司法对仲裁的支持——仲裁裁决的执行

1. 执行根据：仲裁裁决；
2. 启动程序：当事人申请；
3. 管辖法院：被执行人住所地或被执行财产所在地中级法院；
4. 法定期间内提出申请：2年（同民诉，可中止、中断）；
5. 一方申请执行裁决，另一方申请撤销裁决的，裁定中止执行。接下来有两种情况：
（1）法院裁定撤销裁决的，应当裁定终结执行；
（2）法院裁定驳回撤销申请的，应当裁定恢复执行。

二、司法对仲裁的监督——撤销仲裁裁决

考点归纳

依职权撤销仲裁裁决			法院认定该裁决违背社会公共利益的，应当裁定撤销。		
依申请撤销仲裁裁决	申请主体		当事人（仲裁申请人、被申请人）。		
	管辖权		仲裁委员会所在地中级法院。		
	法定情形		1. 国内仲裁裁决 当事人需要举证证明以下情形之一： （1）没有仲裁协议的； （2）裁决的事项不属于仲裁协议的范围或者仲裁委员会无权仲裁的； （3）仲裁庭的组成或者仲裁的程序违反法定程序的； （4）裁决所依据的证据是伪造的； （5）对方当事人隐瞒了足以影响公正裁决的证据的； （6）仲裁员在仲裁该案时有索贿受贿，徇私舞弊，枉法裁决行为的。 法院依职权审查的情形：是否违背社会公共利益。 2. 涉外仲裁裁决 当事人需要举证证明以下情形之一： （1）当事人在合同中没有订立仲裁条款或者事后没有达成书面仲裁协议的； （2）被申请人没有得到指定仲裁员或者进行仲裁程序通知的，或者被申请人由于其他不属于被申请人负责的原因未能陈述意见的； （3）仲裁庭的组成或仲裁程序与仲裁规则不符的； （4）裁决的事项不属于仲裁协议的范围或者仲裁机构无权仲裁的。 法院依职权审查的情形：是否违背社会公共利益。		
	审查期限		受理撤销申请之日起2个月。		
依申请撤销仲裁裁决	审查结果	无撤销情形	裁定驳回撤销仲裁裁决申请（该裁定不能上诉，驳回后，原仲裁裁决具有执行力）。		
		有撤销情形	撤销仲裁裁决（可以部分撤销可分的超裁部分）。		
			通知重新仲裁	情形	1. 仲裁裁决所根据的证据是伪造的； 2. 对方当事人隐瞒足以影响公正裁决的证据。
				重新仲裁的主体	仲裁庭
				注意	1. 通知重新仲裁后，法院应当裁定中止撤销程序； 2. 法院应当在通知中说明重新仲裁的理由； 3. 对该通知，由仲裁庭决定是否采纳，如仲裁庭拒绝重新仲裁，法院应当恢复撤销程序； 4. 重新仲裁无需重新组成仲裁庭。
撤销仲裁裁决的后果			当事人可以起诉或者重新达成仲裁协议仲裁。		

（一）申请撤销仲裁裁决的条件

1. 提出申请的主体：仲裁当事人，包括仲裁申请人与被申请人。

2. 管辖法院：仲裁委员会所在地中级人民法院。

3. 申请时限：当事人自收到仲裁裁决书之日起6个月内提出。

4. 必须有证据证明仲裁裁决出现法定应予撤销的情形：

我国对国内和涉外的司法监督采双轨制，分别规定了不同的申请撤销仲裁裁决的事由：

（1）国内仲裁裁决：

①没有仲裁协议的。《仲裁法解释》第18条进一步规定，没有仲裁协议指当事人没有达成仲裁协议。仲裁协议被认定无效或者被撤销的，视为没有仲裁协议。

②裁决的事项不属于仲裁协议的范围或者仲裁委员会无权仲裁的。

③仲裁庭的组成或者仲裁的程序违反法定程序的。《仲裁法解释》第20条进一步规定，该项是指违反仲裁法规定的仲裁程序和当事人选择的仲裁规则可能影响案件正确裁决的情形。

④裁决所根据的证据是伪造的。

⑤对方当事人隐瞒了足以影响公正裁决的证据的。

⑥仲裁员在仲裁该案时有索贿受贿，徇私舞弊，枉法裁决行为的。

（2）涉外仲裁裁决：

①当事人在合同中没有订立仲裁条款或者事后没有达成书面仲裁协议的；

②被申请人没有得到指定仲裁员或者进行仲裁程序通知的，或者被申请人由于其他不属于被申请人负责的原因未能陈述意见的；

③仲裁庭的组成或仲裁程序与仲裁规则不符的；

④裁决的事项不属于仲裁协议的范围或者仲裁机构无权仲裁的。

🔲★提　示　无论是国内仲裁裁决还是涉外仲裁裁决，法律均规定了人民法院依职权审查的事项，即仲裁裁决违背社会公共利益的，人民法院可裁定撤销仲裁裁决。该事项不需要当事人申请，也不需要当事人提出证据证明。

（二）法院对撤销仲裁裁决申请的审理

对当事人撤销仲裁裁决的申请，人民法院应当组成合议庭审理；根据审理的实际需要，人民法院可以要求仲裁机构作出说明或者向相关仲裁机构调阅仲裁案卷。在受理撤销裁决申请之日起两个月内作出撤销裁决或者驳回申请的裁定。

（三）法院对撤销仲裁裁决申请的审理结果

1. 裁定撤销仲裁裁决

★（1）裁定撤销、不予执行的程序：报核制度

《最高人民法院关于仲裁司法审查案件报核问题的有关规定》（2018年1月1日起施行）（以下简称《报核问题规定》）明确规定了仲裁司法审查的报核制度。报核制度针对拟认定仲裁协议无效、撤销仲裁裁决和不予执行（不予承认和执行）仲裁裁决的情形。

A. 涉外（港澳台）仲裁：三级法院报核

《报核问题规定》第2条第1款：各中级人民法院或者专门人民法院办理涉外涉港澳台仲裁司法审查案件，经审查拟认定仲裁协议无效，不予执行或者撤销我国内地仲裁机构的仲裁裁决，不予认可和执行香港特别行政区、澳门特别行政区、台湾地区仲裁裁决，不予承认和执行外国仲裁裁决，应当向本辖区所属高级人民法院报核；高级人民法院经审查拟

同意的，应当向最高人民法院报核。待最高人民法院审核后，方可依最高人民法院的审核意见作出裁定。

B. 国内仲裁：两级法院报核

《报核问题规定》第 2 条第 2 款：各中级人民法院或者专门人民法院办理非涉外涉港澳台仲裁司法审查案件，经审查拟认定仲裁协议无效，不予执行或者撤销我国内地仲裁机构的仲裁裁决，应当向本辖区所属高级人民法院报核；待高级人民法院审核后，方可依高级人民法院的审核意见作出裁定。

C. 国内仲裁的特殊规定：三级法院报核

《报核问题规定》第 3 条：本规定第 2 条第 2 款规定的非涉外涉港澳台仲裁司法审查案件，高级人民法院经审查，拟同意中级人民法院或者专门人民法院以违背社会公共利益为由不予执行或者撤销我国内地仲裁机构的仲裁裁决的，应当向最高人民法院报核，待最高人民法院审核后，方可依最高人民法院的审核意见作出裁定。

（2）部分撤销。《仲裁法解释》第 19 条规定，当事人以仲裁裁决事项超出仲裁协议范围为由申请撤销仲裁裁决，经审查属实的，人民法院应当撤销仲裁裁决中的超裁部分。但超裁部分与其他裁决事项不可分的，人民法院应当撤销仲裁裁决。

（3）对于人民法院依法作出的撤销裁决的裁定，当事人不能上诉，也不能申请再审。

（4）撤销仲裁裁决的后果：仲裁裁决撤销后，当事人可以重新达成仲裁协议仲裁，也可以向法院起诉。

2. 裁定驳回撤销仲裁裁决的申请

经审查，对于不具备法定撤销仲裁裁决情形的，裁定驳回撤销仲裁裁决的申请。该裁定不能上诉。

注意：《仲裁法解释》第 26 条规定：当事人向人民法院申请撤销仲裁裁决被驳回后，又在执行程序中以相同理由提出不予执行抗辩的，人民法院不予支持。

3. 通知仲裁庭重新仲裁

当事人申请撤销国内仲裁裁决的案件，如果具备下列情形：（1）仲裁裁决所根据的证据是伪造的；（2）对方当事人隐瞒了足以影响公正裁决的证据的，人民法院可以通知仲裁庭在一定期限内重新仲裁。人民法院应当在通知中说明要求重新仲裁的具体理由。仲裁庭在人民法院指定的期限内开始重新仲裁的，人民法院应当裁定终结撤销程序；未开始重新仲裁的，人民法院应当裁定恢复撤销程序。

当事人对重新仲裁裁决不服的，可以在重新仲裁裁决书送达之日起 6 个月内依据《仲裁法》第 58 条规定向人民法院申请撤销。

三、司法对仲裁的监督——不予执行仲裁裁决

考点归纳

情况	与撤销仲裁裁决情形一致
管辖法院	受理执行申请的法院
时间	15 日内
裁定不予执行的程序	同撤销仲裁裁决的程序
不予支持不予执行申请的情况	（1）当事人请求不予执行仲裁调解书； （2）当事人请求不予执行根据和解协议制作的裁决书； （3）当事人向法院申请撤销仲裁裁决被驳回后，又以同样理由提出不予执行的。
不予执行的后果	当事人可以重新达成仲裁协议仲裁，也可以起诉
案外人申请不予执行仲裁裁决或仲裁调解书	书面申请，符合不予执行仲裁裁决或调解书条件

《最高人民法院关于人民法院办理仲裁裁决执行案件若干问题的规定》（2018 年 3 月 1 日生效，后文简称《仲裁裁决执行案件规定》）中对申请不予执行仲裁裁决的时间、法定事由、人民法院的处理等均作了进一步的规定。

（一）申请执行与不予执行仲裁裁决的条件和处理

项目	国内仲裁（《仲裁法》第 63 条，《民事诉讼法》第 237 条 2 款）	涉外仲裁（《仲裁法》第 71 条和《民事诉讼法》第 274 条 1 款）
不予执行的法定事由	（1）当事人在合同中没有订立仲裁条款的或事后没有达成书面仲裁协议的； （2）裁决的事项不属于仲裁范围或仲裁机构无权仲裁的； 《仲裁裁决执行案件规定》第 13 条：下列情形经人民法院审查属实的，应当认定为民事诉讼法第二百三十七条第二款第二项规定的"裁决的事项不属于仲裁协议的范围或者仲裁机构无权仲裁的"情形：①裁决的事项超出仲裁协议约定的范围；②裁决的事项属于依照法律规定或者当事人选择的仲裁规则规定的不可仲裁事项；③裁决内容超出当事人仲裁请求的范围；④作出裁决的仲裁机构非仲裁协议所约定。	（1）当事人在合同中没有订立仲裁条款或者事后没有达成书面仲裁协议的；（2）被申请人没有得到指定仲裁员或者进行仲裁程序通知的，或者被申请人由于其他不属于被申请人负责的原因未能陈述意见的；（3）仲裁庭的组成或仲裁程序与仲裁规则不符的；（4）裁决的事项不属于仲裁协议的范围或者仲裁机构无权仲裁的；

续表

(3) 仲裁庭的组成或者仲裁的程序违反法定程序的；《仲裁法解释》第20条：仲裁法第58条规定的"违反法定程序"，是指违反仲裁法规定的仲裁程序和当事人选择的仲裁规则可能影响案件正确裁决的情形。《仲裁裁决执行案件规定》第14条第1款：违反仲裁法规定的仲裁程序、当事人选择的仲裁规则或者当事人对仲裁程序的特别约定，可能影响案件公正裁决，经人民法院审查属实的。 (4) 裁决所根据的证据是伪造的；《仲裁裁决执行案件规定》第15条：①该证据已被仲裁裁决采信；②该证据属于认定案件基本事实的主要证据；③该证据经查明确属通过捏造、变造、提供虚假证明等非法方式形成或者获取，违反证据的客观性、关联性、合法性要求。 (5) 对方当事人隐瞒了足以影响公正裁决的证据的；《仲裁裁决执行案件规定》第16条：①该证据属于认定案件基本事实的主要证据；②该证据仅为对方当事人掌握，但未向仲裁庭提交；③仲裁过程中知悉存在该证据，且要求对方当事人出示或者请求仲裁庭责令其提交，但对方当事人无正当理由未予出示或者提交。 (6) 仲裁员在仲裁该案时有索贿受贿，徇私舞弊，枉法裁决行为的。 《关于审理仲裁司法审查案件若干问题的规定》第18条：仲裁员在仲裁该案时有索贿受贿，徇私舞弊，枉法裁决行为，是指已经由生效刑事法律文书或者纪律处分决定所确认的行为。 人民法院认定该裁决违背社会公共利益的，也可裁定不予执行程序不合法。 实体：裁决所根据的证据是伪造的； 对方当事人隐瞒了足以影响公正裁决的证据的； 仲裁员违反职业道德。	人民法院认定该裁决违背社会公共利益的，也可裁定不予执行。 程序不合法：(1)、(3)、(4) 与左同；多被申请人的程序保护——被申请人的知情权。

相同之处（执行条件、执行法院、审查方式、后果）	1. 申请执行的条件/不予执行的条件： 执行依据：有效的仲裁裁决书。 债务人拒绝履行债务。 申请执行期限：2年。 **申请不予执行的时间**：应当在执行通知书送达之日起15日内提出书面申请；有民事诉讼法第237条第2款第4、6项规定情形且执行程序尚未终结的，应当自知道或者应当知道有关事实或案件之日起15日内提出书面申请。（《仲裁裁决执行案件规定》第8条第1款） **注意**：（1）在申请不予执行期限届满前，被执行人已向有管辖权的人民法院申请撤销仲裁裁决且已被受理的，自人民法院驳回撤销仲裁裁决申请的裁判文书生效之日起重新计算期限。 （2）被执行人、案外人对仲裁裁决执行案件逾期申请不予执行的，人民法院应当裁定不予受理；已经受理的，应当裁定驳回不予执行申请。（《仲裁裁决执行案件规定》第19条1款） **管辖法院**：由被执行人住所地或者被执行的财产所在地的中级人民法院管辖。《仲裁法解释》第29条 **法定事由（要求一并提出）**：被执行人申请不予执行仲裁裁决，对同一仲裁裁决的多个不予执行事由应当一并提出。不予执行仲裁裁决申请被裁定驳回后，再次提出申请的，人民法院不予审查，但有新证据证明存在民事诉讼法第二百三十七条第二款第四、六项规定情形的除外。（《仲裁裁决执行案件规定》第10条） **形式要求**：应当提交申请书及裁决书正本或者经证明无误的副本。申请书应当载明下列事项： A. 申请人或者被申请人为自然人的，应当载明其姓名、性别、出生日期、国籍及住所；为法人或者其他组织的，应当载明其名称、住所以及法定代表人或者代表人的姓名和职务； B. 裁决书的主要内容及生效日期； C. 具体的请求和理由。 当事人提交的外文申请书、裁决书及其他文件，应当附有中文译本。 2. 审理： 人民法院对不予执行仲裁裁决案件应当组成合议庭围绕被执行人申请的事由、案外人的申请进行审查；对被执行人没有申请的事由不予审查，但仲裁裁决可能违背社会公共利益的除外。 被执行人、案外人对仲裁裁决执行案件申请不予执行的，人民法院应当进行询问；被执行人在询问终结前提出其他不予执行事由的，应当一并审查。人民法院审查时，认为必要的，可以要求仲裁庭作出说明，或者向仲裁机构调阅仲裁案卷。（《仲裁裁决执行案件规定》第11条） 人民法院对不予执行仲裁裁决案件的审查，应当在立案之日起两个月内审查完毕并作出裁定；有特殊情况需要延长的，经本院院长批准，可以延长一个月。（《仲裁裁决执行案件规定》第12条）

续表

3. 特殊情形的处理:

(1)《仲裁裁决执行案件规定》第 20 条:当事人向人民法院申请撤销仲裁裁决被驳回后,又在执行程序中以相同事由提出不予执行申请的,人民法院不予支持;当事人向人民法院申请不予执行被驳回后,又以相同事由申请撤销仲裁裁决的,人民法院不予支持。

在不予执行仲裁裁决案件审查期间,当事人向有管辖权的人民法院提出撤销仲裁裁决申请并被受理的,人民法院应当裁定中止对不予执行申请的审查;仲裁裁决被撤销或者决定重新仲裁的,人民法院应当裁定终结执行,并终结对不予执行申请的审查;撤销仲裁裁决申请被驳回或者申请执行人撤回撤销仲裁裁决申请的,人民法院应当恢复对不予执行申请的审查;被执行人撤回撤销仲裁裁决申请的,人民法院应当裁定终结对不予执行申请的审查,但案外人申请不予执行仲裁裁决的除外。

(2)《仲裁法解释》第 27 条:当事人在仲裁程序中未对仲裁协议的效力提出异议,在仲裁裁决作出后以仲裁协议无效为由主张撤销仲裁裁决或者提出不予执行抗辩的,人民法院不予支持。

当事人在仲裁程序中对仲裁协议的效力提出异议,在仲裁裁决作出后又以此为由主张撤销仲裁裁决或者提出不予执行抗辩,经审查符合仲裁法第 58 条或者民事诉讼法第 213 条、第 258 条规定的,人民法院应予支持。

(3)《仲裁裁决执行案件规定》第 14 条第 2、3 款:当事人主张未按照仲裁法或仲裁规则规定的方式送达法律文书导致其未能参与仲裁,或者仲裁员根据仲裁法或仲裁规则的规定应当回避而未回避,可能影响公正裁决,经审查属实的,人民法院应当支持;仲裁庭按照仲裁法或仲裁规则以及当事人约定的方式送达仲裁法律文书,当事人主张不符合民事诉讼法有关送达规定的,人民法院不予支持。

适用的仲裁程序或仲裁规则经特别提示,当事人知道或者应当知道法定仲裁程序或选择的仲裁规则未被遵守,但仍然参加或者继续参加仲裁程序且未提出异议,在仲裁裁决作出之后以违反法定程序为由申请不予执行仲裁裁决的,人民法院不予支持。

(4)《仲裁裁决执行案件规定》第 16 条第 2 款:当事人一方在仲裁过程中隐瞒已方掌握的证据,仲裁裁决作出后以已方所隐瞒的证据足以影响公正裁决为由申请不予执行仲裁裁决的,人民法院不予支持。

(5)《仲裁裁决执行案件规定》第 17 条:被执行人申请不予执行仲裁调解书或者根据当事人之间的和解协议、调解协议作出的仲裁裁决,人民法院不予支持,但该仲裁调解书或者仲裁裁决违背社会公共利益的除外。

(6)部分不予执行仲裁裁决。根据《民诉司法解释》第 477 条规定,仲裁机构裁决的事项,部分有民事诉讼法第 237 条第 2 款、第 3 款规定情形的,人民法院应当裁定对该部分不予执行。应当不予执行部分与其他部分不可分的,人民法院应当裁定不予执行仲裁裁决。

4. 裁定不予执行的程序:报核制度。

5. 裁定不予执行仲裁裁决的后果:《仲裁裁决执行案件规定》第 22 条第 1、2 款:人民法院裁定不予执行仲裁裁决、驳回或者不予受理不予执行仲裁裁决申请后,当事人对该裁定提出执行异议或者申请复议的,人民法院不予受理。人民法院裁定不予执行仲裁裁决的,当事人可以根据双方达成的书面仲裁协议重新申请仲裁,也可以向人民法院起诉。

★提　示 《仲裁裁决执行案件规定》中对于不予执行事由的进一步规定和解释，同样适用于撤销仲裁裁决的案件。

（二）案外人申请不予执行仲裁裁决或仲裁调解书

《最高人民法院关于人民法院办理仲裁裁决执行案件若干问题的规定》明确规定了对仲裁案外人的救济途径，即赋予其申请不予执行仲裁裁决的权利。

1. 案外人申请不予执行的条件（《仲裁裁决执行案件规定》第9条）

（1）书面申请；

（2）有证据证明仲裁案件当事人恶意申请仲裁或者虚假仲裁，损害其合法权益；

（3）申请的时间：

A. 案外人主张的合法权益所涉及的执行标的尚未执行终结；

B. 自知道或者应当知道人民法院对该标的采取执行措施之日起三十日内提出。

2. 人民法院裁定不予执行的条件（《仲裁裁决执行案件规定》第18条）

案外人根据本规定第9条申请不予执行仲裁裁决或者仲裁调解书，符合下列条件的，人民法院应当支持：

（1）案外人系权利或者利益的主体；

（2）案外人主张的权利或者利益合法、真实；

（3）仲裁案件当事人之间存在虚构法律关系，捏造案件事实的情形；

（4）仲裁裁决主文或者仲裁调解书处理当事人民事权利义务的结果部分或者全部错误，损害案外人合法权益。

被执行人、案外人对仲裁裁决执行案件申请不予执行，经审查理由成立的，人民法院应当裁定不予执行；理由不成立的，应当裁定驳回不予执行申请。（《仲裁裁决执行案件规定》第19条）

3. 对案外人申请不予执行仲裁裁决处理的救济

《仲裁裁决执行案件规定》第22条3款：人民法院基于案外人申请裁定不予执行仲裁裁决或者仲裁调解书，当事人不服的，可以自裁定送达之日起十日内向上一级人民法院申请复议；人民法院裁定驳回或者不予受理案外人提出的不予执行仲裁裁决、仲裁调解书申请，案外人不服的，可以自裁定送达之日起十日内向上一级人民法院申请复议。

注意： 对案外人申请不予执行仲裁裁决处理的救济与对当事人申请不予执行仲裁裁决的处理救济不同。

《仲裁裁决执行案件规定》第21条：人民法院裁定驳回撤销仲裁裁决申请或者驳回不予执行仲裁裁决、仲裁调解书申请的，执行法院应当恢复执行。

人民法院裁定撤销仲裁裁决或者基于被执行人申请裁定不予执行仲裁裁决，原被执行人申请执行回转或者解除强制执行措施的，人民法院应当支持。原申请执行人对已履行或者被人民法院强制执行的款物申请保全的，人民法院应当依法准许；原申请执行人在人民法院采取保全措施之日起30日内，未根据双方达成的书面仲裁协议重新申请仲裁或者向人民法院起诉的，人民法院应当裁定解除保全。

人民法院基于案外人申请裁定不予执行仲裁裁决或者仲裁调解书，案外人申请执行回转或者解除强制执行措施的，人民法院应当支持。